当代文学对话录

一米寂静

傅小平 著

广西师范大学出版社
·桂林·

一米寂静
YI MI JIJING

图书在版编目（CIP）数据

一米寂静 / 傅小平著. -- 桂林：广西师范大学出版社，2023.5
（当代文学对话录）
ISBN 978-7-5598-5921-1

Ⅰ. ①一… Ⅱ. ①傅… Ⅲ. ①作家－访问记－中国－现代 Ⅳ. ①K825.6

中国国家版本馆 CIP 数据核字（2023）第 048724 号

广西师范大学出版社出版发行

（广西桂林市五里店路 9 号　邮政编码：541004）
　网址：http://www.bbtpress.com
出版人：黄轩庄
全国新华书店经销
广西广大印务有限责任公司印刷
（桂林市临桂区秧塘工业园西城大道北侧广西师范大学出版社集团有限公司创意产业园内　邮政编码：541199）
开本：787 mm×1 092 mm　1/16
印张：24.25　　字数：360 千
2023 年 5 月第 1 版　2023 年 5 月第 1 次印刷
印数：0 001~5 000 册　定价：68.00 元

如发现印装质量问题，影响阅读，请与出版社发行部门联系调换。

目 录

I

莫　言　　在生活中，有时我是个旁观者 / 3
马　原　　我希望我的小说三百年后还有人看 / 26
叶兆言　　我永远都在探索文学的可能性 / 67
苏　童　　别了，先锋的江湖 / 97
毕飞宇　　书房里的时空关系令人沉醉 / 114
李　洱　　写作可以让每个人变成知识分子 / 126

II

贾平凹　　我没读过《百年孤独》/ 147
张贤亮　　我从不走套路 / 171
张　炜　　要清醒，要有一只不太糊涂的耳朵 / 181
韩少功　　文学的冷眼与热肠 / 209
李　锐　　我唯一的希望是能诚恳地写作 / 239
李佩甫　　现在还不是谈"伟大的中国小说"的时候 / 247
齐邦媛　　连生死都超然，你还激越吗？/ 304
张大春　　我认为自己是个小作家 / 311

III

哈　金　　文学的最高成就是深入人心 / 337
高尔泰　　过去了的事，就让它过去 / 371

I

莫 言

在生活中，有时我是个旁观者

莫言，原名管谟业，1955年出生于山东高密。

著有长篇小说《红高粱家族》《丰乳肥臀》《酒国》《生死疲劳》《天堂蒜薹之歌》《食草家族》《十三步》《檀香刑》《红树林》《四十一炮》《蛙》等多部，《白狗秋千架》《与大师约会》《师傅越来越幽默》等中短篇小说一百余部，并有剧作、散文等多部。其中多数作品被译成英、法、德、意、日文等。2011年获第八届茅盾文学奖，2012年获诺贝尔文学奖。

我一下子就想起那个场景来了，那是2010年夏天一个阳光灿烂的日子，我去复旦大学听在光华楼东辅楼举行的莫言创作研讨会。距会议室仅有几步之遥时，一位穿着制服、体格壮硕的保安大哥看着我，笃定地对我说：他是大师！我知道他说的是莫言。我略微感到吃惊，随后觉得该有所表示，就点点头表示赞同。开会在即，我匆匆进了会场，但一直到会议开始，他的"大师"之声都响在耳畔。至今我也没想清楚，这一声"大师"，是他读了莫言作品后为之折服藏在心里很久只待某个时机发出的由衷之叹，还是他在高校里耳濡目染欣欣然认同急切要在某一个场合与哪怕是一个他从未打过照面的人分享的赞赏之语。现在想来，在获诺贝尔文学奖之前，莫言作为"大师"的形象，大约就已经深入人心了。

　　那时的文学界还没给莫言加冕，即使是给予当代文学很高评价的评论家张清华也只是含蓄地说："当代文学虽然几乎没有伟大的作家，却出现了伟大的作品。"而他说的伟大作品里，无疑是包含了莫言的一两部长篇小说的。那时对莫言的作品虽然赞赏者甚众，却也不是没有对他激烈批评，乃至大加挞伐的。我刚入职媒体时就听同事做过一场"现场直播"，是我们一位记者在一线即时发回的报料，她目睹了莫言和一位知名评论家的交锋，最后下了个评断，这位评论家那一辀辘批评，哪里架得住莫言如黄河之水般奔腾不息的"我控诉"。如此一来，一向被认为宽容大度的莫言，也被打上了批评不得的标签。

　　想来是不经世事的懵懂，当我于2009年年底就《蛙》这部长篇新作去上海锦江饭店采访他时，一股脑儿向他抛出了很多质疑。那时，我只是想既然这部长篇我读出了那么些疑问，为什么就不能当着他的面问问他呢？话虽如此，我在赶去采访时，心里却直打鼓。现在想想，如果时间可以重来，我唯愿当时是准点到他入住的房间的，但因为怕迟到，我提早了太多，以至于我不得不来来回回在走廊里走着，等待的时间是如此漫长，似乎多等一秒钟，就多一份焦虑。

然而，到了正式采访时，我还是硬着头皮把那些会让一般作家感觉难堪的问题都抛给莫言了，他非但没有生气，反而极为诚恳地一一做了解答，说到紧要处，他还大度地说，要是出书前给我看看，就能避免一些遗憾了。这是他的谦辞，但在他说的时候，我却分明能感受到他的真诚。不确定当时我是不是被感动到迷糊，等走到大堂，才想起把围巾落在了他的房间里，只好问他拿了钥匙回去拿，等我赶回大堂，他和他的责编依然等在那里。他第二天从上海回到北京，我自觉质疑得过了，心有不安给他发了短信表达歉意，他很快就回了。他说，他刚进家门，我认真读了他的书，我批评得在理。

两年后，莫言以《蛙》获得第八届茅盾文学奖。又过了一年，莫言获得2012年诺贝尔文学奖，《蛙》可谓是助他获奖的"临门一脚"。这似乎反证了我当时的质疑有多么不公道，难道享有盛誉的这两项大奖能看走眼吗？但我想我是不必有此顾虑的。到现在，我也坚持认为，倘若做一个客观的评价，《蛙》很难说是莫言整体创作中最出色的一部。我想，莫言获奖，与其说是这两大奖项对《蛙》这部作品的认可，不如说是对他总体创作成就的褒奖；与其说《蛙》是莫言的巅峰力作，不如说这是两大奖项对莫言多年来坚持不懈的文学探索的一种激赏。

自从步入文坛，莫言就给人一种丰富多变的大家气象，但他最初的创作并没有摆脱拉美魔幻现实主义的影响。至今，当谈到《红高粱家族》，我们还会习惯性地从其中寻找马尔克斯的影子。也因此，围绕莫言到底是读完了《百年孤独》，还是的确如他自己所说，仅仅是看了这部伟大小说的开头，几乎成了众说纷纭的一段文坛轶事。当读者和评论家纠结于此类问题时，莫言早已一路高歌向前。经由《丰乳肥臀》《檀香刑》的闪转腾挪，到了《生死疲劳》，他开始大步后撤，他娴熟自如地运用章回体，似乎要唤回中国古典小说的活力。而到了《蛙》，他则令人意想不到地重拾在当今文坛上已少有人问津的书信体。这让人在困惑之余，不免发出一声惊叹：莫言到底还要变出什么花样！

其实，《蛙》更可看成一次朴素的写作。从整体来看，小说共分五部，分别以剧作家蝌蚪写给日本友人杉谷义人的五封信引出。尽管在文学形式上，小说用了书信体这一历史悠久的叙事模式，但其指向的内容无疑是当下的。它通过描述从事妇产科工作五十多年的乡村女医生"姑姑"的人生经历，反映新中国近六十年的农村生育史，以及实施计划生育国策所走过的艰巨而复杂的路程。

《蛙》是否果真如《莫言评传》作者叶开所说形成了完美结构，且其文字内敛而蕴含爆发力，达到很高境界，无疑值得商榷。可以肯定的是，莫言的"变"蕴含了他巨大的写作抱负。在复旦研讨会上，莫言在与会嘉宾发言之前谦逊地回顾了自己"浪得虚名"的三十年，"我也没想写自己童年往事的小说会成功，不免心中暗暗窃喜。如今操练了三十年，是否还得继续下去？最近十多年，我追求变的想法非常明确，在梦里也在变。但每个作家都有自己的局限性，我不知道自己的戏法是否会变光。总希望在下一部小说里和前一部有区别，甚至希望面目全非"。

事实上，无论莫言如何求变，从《生死疲劳》到《蛙》，他都执着于一个不变的梦想，即对现当代历史上的某一重大命题做出一种小说式的"解读"。这种有很强现实针对性的写作，对任何一个作家来说都是考验。我们不妨把《蛙》放到莫言的创作整体上来打量。或许，他意图通过不同的写作探索，构建一个包罗万象的叙事奇观，而写作的成败未必是他首先要考虑的问题。

这种大开大合，甚至带有某种英雄气概的写作，不能不归结于莫言的低姿态。从"作为老百姓的写作"到"把自己当罪人写"，莫言始终把自己放在"低处"。正是在"低处"，他获得了某种敞开，也因此收获了内心的开放与自由。且看他如何继承"低处"的民间文学传统。在2017年12月10日于上海举行的"中国文学传统的当代继承与转化"的对谈活动中,莫言说,所谓文学传统,实际上包含了两个层面。其一是文字记载下来的传统。"先秦散文,《诗经》《史记》,唐诗、宋词、元曲、明小说。这是印到纸上或者刻在碑上的文学作品,这样一种传统,上过学的人哪怕上过小学的人都学习过,也都在无形当中受过这样的熏染。"他的创作显然继承了这一传统。《檀香刑》就是一部继承了中国古典小说传统又借鉴了西方小说技术的混合文本;《生死疲劳》的叙事结构则借用了中国佛教传统中六道轮回的形式;他的很多中短篇小说创造性地利用了《西游记》《聊斋》等古代小说中的动物、地狱、幻境等神秘意象;他的话剧剧本《我们的荆轲》《霸王别姬》则是用现代思想对众所周知的经典历史传奇故事进行再创造。

文学传统的另一个层面,在莫言看来,是指没有印成书的、只在民间代代相传的属于口头文学、民间讲述的部分。他个人的创作更多受益于这一部分的影响。他小说和剧作中所呈现的民间传说、故乡风情、奇闻逸事、乡土小调,即是他童年时代记忆和幻想的产物,也是中国民间传统和民间文学主题的拓展和现代升华。莫言之所以特别看重民间文学,也因为如果能把这一部分转化到创作中去,最能体现文学的丰富性和多样性。"现在很多农民讲的话里面,民间的俗言俚语包含着很多语言化石,有很多看起来很土的话,如果你写到纸上就会发现它非常典雅,也许就是当年古人们所使用、所讲述的语言,一直在口头传承,最后就变成了民间的俗语。"

莫言能从民间文学中吸取养分是一方面,他能赋予民间文学的素材以现代意义,是更重要的另一方面,就像评论家陈思和说的那样,莫言作为一个来自民间的作家,却完全是以现代人的思维和审美来处理这些素材的。他举《透明的红萝卜》为例说,这部小说如果换成某些朴素的作家来写,可能就会写成一个发生在工地里面的、说话功能退化,而且有一点傻傻的孩子的故事。但莫言在他的叙事当中把文本做了复杂化的处理。小说里面有一块铁,铁匠诱惑那个小孩,让他用手抓烧红的铁。小孩拿了铁之后手就被烧焦了,他闻到了一股肉被烧焦的味道。那天晚上，他做了一个梦，梦中看到一个透明的烧红的闪着金光的萝卜。莫言没有写这个小孩手被烧焦了，皮肉坏了，怎么疼，他写这个小孩做了那么美好的梦，一个悲惨的现实在他的笔下变得那么梦幻，而且是那么美好的一个梦，在小孩想象当中最可爱的东西就是可以吃的萝卜。

这不免让人联想到莫言小时候因为挨饿吃煤的陈年往事。仿佛是对记忆的重述，莫言在《蛙》里也写了笔下人物陈鼻、王胆等吃煤的奇幻景观。他写得如此幽默诙谐，与其说让我们看着难过，倒不如说感受了又一次民间智慧的喷薄而出。人如其文，莫言天生幽默。他如今的"同事"张清华说，获诺奖前莫言出席活动，他每句话都可以让大家笑翻。我虽然没有因莫言的话笑翻过，却着实为他的包容和大度折服。犹记得，在2010年初北京图书订货会上，出版社为宣传《蛙》请来了书模，莫言连呼出乎意料的同时，旋即拿出"敢吃第一只螃蟹"的范儿坦然道，这是传统图书吸引读者眼球的一次有效尝试，并预言此后的图书宣传形式会更加绚烂；而此前在2009年底《蛙》的上海首发式上，他也不避讳与郭敬明"同台竞技"，还调侃道，有这位80后富豪作家捧场，他不给出场费，但会请他吃汉堡。他写在年轻作家新书封面或封底上的推荐语，也常常有"惊天地，泣鬼神"之状，每每读来让人忍俊不禁。莫言获诺奖后，有一次在老家接待诺奖得主勒克莱齐奥来访，当这位个子高大的作家弯腰进入他旧居低矮的门口时，有记者抢拍了照片后开玩笑道"我们让法国人低下了高贵的头颅"，莫言却给更名为"最是那一低头的温柔"，其幽默情状跃然纸上。

获奖后的莫言，就像张清华感慨的那样，总是面对着这么多摄像机，少了自由，讲话都没有原来那么有趣了。在2019年5月16日山西汾阳中学举行的"诺奖之后的莫言"研讨会上，作家苏童不禁感慨，诺奖之重，让莫言头顶桂冠，身披枷锁。"他所有的写作其实都是把那只手从枷锁里探出来，要把这个枷锁打碎，把桂冠摘下。"诺奖给莫言带来了巨大的声誉，显然也带来了无形的压力。"所以很多感受莫言有，我们没有，他的境遇与我们太不一样了。我们只能够设身处地去想象，想象他的状态,在这种状态下,他的写作真的不是那么容易的。"

好在获诺奖后,莫言经过五年的沉寂,于近年陆续发表了一些短篇小说、戏曲剧本和诗歌。虽然莫言自研讨会开场就声明"想说什么说什么,别光说好话",但持续近两个小时的研讨会,与会嘉宾说的大抵都是好话:有人说新作文体多元,有人看出他更节制了,也有人感佩莫言依然能对当下中国的复杂经验保持敏感。2020年8月,他的短篇小说集《晚熟的人》千呼万唤始出来,大多数读者是表示赞赏的,在当年10月24日于北京师范大学举行的"本土、现实、小说的回归——莫言近作研讨会"上,与会嘉宾也是一致给予好评。有人感慨莫言终于去除了"诺奖魔咒";有人看出他的小说里有改造的自传性和传奇性,但又非常克制,以历史事件和童年经验为主干完成了对记忆的重组;有人分析莫言小说叙事人称从复数到单数,小说故事从天马行空到贴地飞翔,叙事姿态从呐喊到彷徨。不管怎样,当年那种正面交锋的场面是难以再有了。这或许并不妨碍莫言对自己的写作有清醒的认识。他说,一个作家如果在某个方面跌倒了,爬起来的唯一办法就是用笔写作。他还在那本《盛典:诺奖之行》里忆及当年与张艺谋、姜文、巩俐在《红高粱》剧组的往事,感叹道:"现在我们都有名了,但可惜我们老了。""如果让我抛弃我所得的所有的奖项和荣誉回到青春岁月,我会毫不犹豫地回去。"

可是回得去吗?又有什么可以带我们回到过往?我想起三年前回老家,在一位朋友家里,看到他客厅沙发上放着一本《蛙》。我问:"你读莫言的书?"他说:"几年前在新华书店买的。前两天随手一翻就看进去了。他写的故事,就像我妈妈和我说过的故事。"他可不就是写的那个年代的故事?但没等我说,他就问,你见过莫言?我说,见过。他说,如果我见到他,我会问他为什么写这本书。我想他其实是不用问的,莫言说过,他该说的话都写进了他的作品里。但转念一想,为什么不可以问呢?他就这本书和我交流时,就说了很多他该说的话。

用幽默的笔调写沉痛人生,是生活中提炼出来的经验

傅小平:看了相关资料,无论是新闻或评论,都聚焦在《蛙》有哪些新的特点上。出版社寄来的试读本则干脆一一列举了新书的六大特点。但我觉得你自己说得更实在,如果"姑姑"这个人物形象塑造成功了,这部小说就有它面世的价值。其实也是大白话,绝大多数经典的小说都是由活生生的典型人物给撑起来的。此外,你说的另一句话让我印象深刻,就是用轻松的笔调写出非常痛苦的现象。换一种说法就是,用喜剧的形式表现出悲剧的内容。

莫 言:用轻松和幽默的笔调,写沉重、痛苦的人生,实际上是我从多年生活中提炼出来的一种经验。回首几十年来经历的现实生活,我本人的感受就是这样的。其实,老百姓的生存又何尝不是这样。在他们沉痛的生活内核之外,你总能看到饱含民间智慧的幽默的"外壳"。无论历经多少肉体的、精神的痛苦,借助幽默的、轻松的,或是阿Q的精神,他们总能获得幸福的感觉,汲取到一种生活下去的勇气和力量。

傅小平:有一种观点认为,喜剧是悲剧的最高形式。我们的作家写苦难、写痛苦总是喜欢刻意地写得让人压抑。你的小说反其道而行之,书中写王仁美被强制堕胎意外身亡,还有姑姑率领小狮子水上追捕王胆的章节就充满了喜剧性,同时让人读后有欲罢不能的强烈的痛感。遗憾的是,随着故事情节往前推进,这种充沛的阅读张力没有维持下去。读完全书再去回味,尽管对那两个章节印象深刻,但总体上感觉不到沉痛。我们说严肃的喜剧,都包含了一种崇高的悲剧精神。在这本书里,感觉这种悲剧性被过于喧嚣的喜剧感消解了。

莫 言:小说的后半部,故事开始进入当下生活,也就是进入了一种相对荒诞的生活状态，随之而来的就是悲剧精神的消解。虽然我们依然能感觉到那种痛感，比如叙述人蝌蚪退休后从北京回乡定居，发现触目所及已不再是他记忆中的高密东北乡了。而他曾经如此熟悉的形形色色的人物，也发生了很大的改变。当年的痴情少年王肝，变成了耍贫嘴的人；郝大手、秦河这样的民间艺人，处于半仙魔法的状态；曾经的万元户陈鼻成了酒店里的一个道具；小学同学袁腮开起了牛蛙养殖中心兼婴儿生产车间；而蝌蚪自己因为救济陈鼻的钱被一个邪恶的少年窃走，在追赶过程中反过来被其追杀……他痛苦地回想着种种不堪回首的个人经历。这些都不无痛感，但都充满了荒诞色彩。

因为荒诞，痛感注定要被消解。举个例子吧，马尔克斯写《百年孤独》，他写的是拉丁美洲大地上最为沉痛的历史经验。因为荒诞的介入，无论多少死亡事件，多少悲惨体验，给人的感觉都只是一个闹剧，一场梦境。那肯定不能给我们像王仁美走进手术室之前，表面上很幽默、让人笑，实际上却让人哭的尖锐的痛感。其实，不只是你读到的这部《蛙》，我的几部小说都有这样的情况。像《丰乳肥臀》，到后半部也有些泄气。因为进入现实社会，比如丰乳大赛的荒诞表演，不能不消解悲剧感。现在的社会太丰富，生活的变化太快，人的感受也越来越迟钝、麻木。对此，我也无能为力，因为这就是我们的生活。

傅小平：小说人物，都以人体器官命名，这绝对是破天荒的一个创举。可以和拉什迪的《午夜的孩子》媲美。不同的是，在《午夜的孩子》里，这些午夜出生的孩子都被赋予了特异功能。在你的小说里，用器官命名尽管在一定程度上能体现人物的性格特点和命运走向，但实际上只是你假设的某地的一种风俗。有意思的是，你小说中的陈鼻和《午夜的孩子》里面的萨里姆·西奈一样长了个奇特的鼻子，不同的是，西奈的鼻子能呼风唤雨，陈鼻的鼻子到后来只是让他成了酒店里扮演堂吉诃德的一个道具。两相对照，看似是一种反讽。

莫　言：都说贱名好养。在农村，我们偶尔能看到以人体器官命名的名字，比如张眉、李耳之类，我在小说中把这种现象扩大化了。当然，这并不是说，人体器官贱，但命名似乎能产生一种暗示，冥冥之中暗合了人物的命运走向。陈鼻之所以这样取名，因为他可能是一个中西混血儿，长了这么一个奇特的鼻子。因为有这么一个鼻子，后来才会阴差阳错成为那么一个道具。这个问题我也没想得特明白，不见得这样取名有什么深意，就是感觉比较有意味。

傅小平：用书信体这一历史悠久的小说模式，是你这本书的一大特点。这自然给小说叙事带来了便利，或许包含了你恢复小说叙事传统的一种努力。

莫　言：2002年我刚开始动笔写这部小说时，并没打算用书信体。当时写的初稿是，我作为一位剧作家在剧场观看一部叫作《蛙》的话剧，在观看的过程当中，我在回忆、联想，中间接受记者的采访，同时接到小说的人物原型姑姑的长途电话，她对我提出批评和指责。但写了十几万字之后，我就觉得太复杂了，给阅读带来障碍，于是放弃，另写了《生死疲劳》。直到三年多前我才重新拾起这个小说，我想应该尽量地使这部作品回到朴素的叙述。所以最终采用书信体的结构，但是在末尾还是用了话剧的形式，给朴素的叙述插上两个翅膀，因为这个话剧里注入了很多超现实的元素。

看小说的主体部分，我们就会发现，蝌蚪刚开始给杉谷义人写信，就是要告诉他姑姑的故事。但信写着写着，他就不由自主地把自己放进去，借机抒发自己的感受。到最后，讲述他自己的故事的冲动，甚至淹没了讲姑姑传奇经历的热情，姑姑的故事反而变成了一种附带。

傅小平：用书信体这种形式，就意味着必得给叙述人写信或者是写小说找到一个强烈的动机。写信的动机越强烈，小说就越有力量。小说中，日本友人杉谷义人来到高密，拜访了姑姑，对她印象深刻。他鼓励蝌蚪以写信的方式，告诉他姑姑的故事。这不失为一个很好的动机，但我感觉这个动机不够强烈，也就是说这个动机没有给叙述人蝌蚪非写不可的理由。相比之下，我觉得蝌蚪以自己的经历"现身说法"，渴望悔罪，或许是一个更强烈的动机。因为他不说出来会很憋闷，说出来就自然希望有能理解他的人倾听。遗憾的是这不是小说的主体。因此，我感觉书中蝌蚪给杉谷义人写的信和他讲姑姑的故事两个部分，在形成一种间离效果的同时，也给人感觉有些游离。

莫　言：说到动机，或许你还会问我为什么把写信对象设置成一个日本友人。有人以为他的原型是大江健三郎。其实不是。大江确实就在我开始写这部小说的那年去了我的故乡，也见过小说中姑姑的原型，我对他说了以姑姑为原型创作一部小说的想法，他表示了浓厚的兴趣。但他并不是杉谷义人的原型。因为，我和他从来没有通过书信，倒是有一次很长时间的对话，一切都要借助翻译进行，常是答非所问，与其说是对话，更可说是各人说各话。当然你可以说大江启发了我。其实我让蝌蚪写信给外国友人，只是说明了一个常识：我们不会把内心的隐秘告知自己特别熟悉的人；离自己远的人，却很有可能成为倾诉的对象，因为他不会对自己构成威胁。

忏悔的最好方式就是熬着，忍受各种各样的煎熬

傅小平：小说中的姑姑，不同于你以前塑造的形象，在世界人物画廊里也看不到相同类型。我有一个疑问，从常理上看，时代的冲击，必然会引起人激烈的心灵挣扎和思想斗争。然而，姑姑尽管行事干脆利落有大家风范，但她扮演得更多的是一个时代代言人的角色，自身几乎是没有主体性的。之所以我会有这样的印象，或许是因为从一个乡村接生员，到成为计划生育政策的忠实执行者，再到晚年的悔悟，姑姑几重身份和角色的转换之间缺少必要的过渡。我想这可能跟叙述人蝌蚪的限制性视角有关，就像你自己所说的为了表现长达六十年跨度的故事，只能摘取姑姑人生的精彩片段。然而片段是精彩了，但连接片段的线索却断了。

莫　言：这也是小说叙事中我感到的困惑。因为着力于塑造人物，太多展示时代背景，就会偏离主题，显得没必要。小说第一稿的时候，这种转换和过渡比较弱。尽管，姑姑到晚年也有些变化，她做的一些"违规"行为也透露了她复杂的内心世界。《收获》杂志的编辑廖增湖也跟我提过这个问题。所以，在剧本里面，我对姑姑的角色转换做了补充展示。姑姑跟蝌蚪一一回忆了三个女人临死前的话。张拳老婆临死前骂她不得好死；王仁美临死前说，姑姑，我好冷；王胆死前却说了句谢谢的话，因为尽管姑姑"害死"了她，却救了她的孩子。这三个女人濒临死亡时的三句话，其实表现了三种心境：一是刻骨的仇恨，一是无奈和痛苦，一是让人听之欲哭的谢意。姑姑也由此意识到生命的可贵。

姑姑经历了各个不同的历史时期，她身上强烈体现了那个时代的特征。从这个意义上看，我们可以说她扮演的是一个时代代言人的角色——姑姑迅速地从接生员转入计划生育执行者的角色，也就很好理解。在那样的时代背景下，我们不可能要求她去体味人家的痛苦。这就好比自家的房子倒了，压死了自己的亲人，自然会感到痛苦万分。然而，要是来了场大地震，所有人家都发生了死难，痛苦就给稀释了。像《生死疲劳》中蓝脸这样的人物是极个别的，他敢于和整个社会抗衡，也因为他的勇敢和极具个性，他成了我小说中塑造的人物。

这些年，我也在反思。有时我们是不是对身处某个时代的人物过于苛刻？

在今年的法兰克福书展上，我就讲到了全世界都在流传的一个故事——歌德和贝多芬结伴行走，遇到国王的仪仗队，歌德摘下礼帽对国王致敬，而贝多芬则迎着仪仗队扬长而去。我年轻时对歌德的行为表示很不屑，同时很钦佩贝多芬，钦佩他蔑视权贵、绝不媚俗的壮举。尽管这个故事最后被证明是虚构的，但它符合我们对贝多芬的想象。现在想来我反而觉得贝多芬这样的举动不是特别困难。歌德作为内心丰富和充满矛盾的人，能放下身价顺从习俗着实难能可贵。其实，贝多芬生活的那个年代，音乐家通常需要赞助人，当他贫困交加的时候，国王或贵妇人给予赞助，他能不感激涕零？但这并不妨碍贝多芬在音乐里表现出自由、独立的精神。这么想来，我很能理解和宽容姑姑的行为，虽然即使是到晚年，她也没有做出彻底的反思和忏悔。

傅小平：我有一种印象，小说太强调主题书写，过于强化姑姑的形象，感觉把其他人物给淹没了。小说中提到的几个女性，她们给我的印象更像是时代的符号，其性格发展的逻辑有些模糊。相比之下，叙述人蝌蚪的角色比较鲜明。我想这跟你作为一个作家的主体意识，在他身上得到了集中的体现有关。反之，作家的主体意识偏于弱化，他对自己笔下的人物的掌控就放松，这会让人物看起来游移、矛盾，却往往更能凸显其性格的丰富性和层次感。

莫　言：没仔细去想过这个问题。除了姑姑，我感觉王仁美这个女性形象比较鲜明、生动。她带有一定的傻劲，说的很多话，都带有三分傻气，非常好玩，且性格很豪爽。像陈鼻、王肝这些人物，随着时代发展，性格、命运有很大变化，但转换相对简单，没能多展开。而郝大手、秦河着墨少了一些。大概我把精力更多放在了塑造姑姑这个人物形象上，把讲故事的重心集中于营造人物的情境，比如，王仁美堕胎意外身亡那一段，我在创作的时候热泪盈眶，感觉到一种让我特别刺痛的东西。

傅小平：如果我说这是一部讲故事的小说，或者说是故事套故事的小说，大概你不会反对。尽管所有的小说归根结底都要讲故事。当然，这部故事套故事的小说,其实只是叙述人蝌蚪一个人讲的故事,而且他是以类似说书人的方式在讲,听他讲故事很痛快。但或许是太沉浸于自己的"说",就图说得痛快,在把故事讲得飞起来的同时,在一些地方也飘了起来。因为飘也就偏离了人物的内心世界。

莫　言:有可能,就像你说的,蝌蚪和小狮子散步碰到教授后的一番对话,往人性深处去理解的话,小狮子不会说"小跑,我真的不嫉妒,我一星半点儿嫉妒都没有,你去找个洋女人结婚吧,你们放开了生"之类的话,而是换一种说法。再比如领班碰到身着黑袍、面戴黑纱的毁容女士陈眉,或许会感到疑惑,甚至有点惧怕,而不会耍贫嘴说"不许你侮辱我们的人格!如果没有我们,社会就要乱套"。小说里面不可能每句话都是警句。当然,我自信精粹的对话也有不少。

说来遗憾,《蛙》没发表前我就发给编辑朋友看了,他们没有指出这个缺点。书已经出版了,就只能是遗憾了。写作就是这么一门遗憾的艺术,我常常想,如果以前的小说能推倒重写,肯定会写得更好,其实未必。曾有媒体质疑印在新书试读本封面上那句"伟大的长篇小说,没有必要像宠物一样遍地打滚赢得那些准贵族的欢心,也没有必要像鬣狗一样欢群吠叫。它应该是鲸鱼,孤独地遨游着,响亮而沉重地呼吸",这是我为自己的新书写的广告词。坦白地说,这话可以用来形容我写《丰乳肥臀》时的气势,但绝不适合《蛙》,写《蛙》时,我已经没有一点傲的感觉了。

傅小平:从小说叙述的传统看,但凡带有荒诞色彩的故事,它的一般思路是总体荒诞,细部真实,至少是叙述人感觉或是体验的真实。但在你的这部小说里,我感觉总体构架很真实,局部表现有些荒诞。你反其道而行之,怎样做到弥合真实和荒诞之间的裂隙?

莫　言:什么是真实?什么是荒诞?在我们这个社会里,是很难说清楚的东西。现实生活中它们的界限就是模糊的。荒诞有时候恰恰是我们在生活中所能看到的真实。就拿小说中那个"堂吉诃德"小饭馆来说,陈鼻在里面扮演堂吉诃德的角色是我的虚构,但现在哪个城市看不到借小说人物命名,并且刻意营造这种气氛的酒馆呢?我在瑞士一个咖啡馆,就碰到一件很有意思的事。里面有一张椅子据说是列宁坐过的,你坐上去就得多付一欧元。侍者知道我是从亚洲来的,他说你是从列宁的家乡来的,就免收你一欧元。我想他这么说,是因为我来自社会主义国家吧。文化现在都产业化了,成了各种有形无形的资源。去日本,要入住川端康成写伊豆舞女的那个房间,就要多付几千日元。可见全世界都这样。

傅小平: 要理解这部小说,姑姑宣布退休那晚醉酒后,误入洼地被无数青蛙包围、袭击的情境很关键。相关新闻、评论都注意到了,很多的理解偏向于认为这是姑姑对于自己行为的一种下意识的悔悟,其中包含了赎罪的意识。我个人感觉不完全是,我觉得在姑姑这个真实的梦境里,透露出了她对性的恐惧和幻想,也可以说是一种性的觉醒。总体上看,在小说中,姑姑是一个近乎没有性别或者说过于压制了性别观念的人,本身就有点不合理。

莫　言: 没有性哪来生育,性和生育本就是紧密相连的。在姑姑年轻时候生活的那个年代,社会把所有的女人都塑造成没性感觉的人,女性会自觉地以为自己身上体现出性特征是可耻的,因为那是代表资产阶级的东西。当然这并不能说她们就没有性意识、性幻想。

姑姑的梦境,我创作时就当它是一场噩梦,没想别的。在我的感觉里,青蛙的大腿和女人的大腿是一模一样的。小时候见到村民们饥饿时抓青蛙吃,咔嚓一声去掉青蛙的头,抓住青蛙修长的白白的腿就往嘴里送,就会让我产生一种恐怖的联想,所以我从来不吃青蛙。从这个角度去理解,姑姑的梦境,可能包含有性的意味。

当然，小说命名为"蛙"，从本意上讲并非探究性意识。在我的老家，蛙是一种神物，是多子的象征。蛙和娃娃的"娃"，女娲的"娲"，发音也相似。所以，小说中，小狮子说：为什么"蛙"与"娃"同音？为什么婴儿刚出母腹时哭声与蛙的叫声十分相似？为什么我们东北乡的泥娃娃塑像中，有许多怀抱着一只蛙？为什么人类的始祖叫女娲？"娲"与"蛙"同音，这说明人类的始祖是一只大母蛙，这说明人类就是由蛙进化而来，那种人由猿进化而来的说法是完全错误的……

傅小平：有一位女士一字不落读完了你最初发在《收获》杂志上的这部小说，她读后表示很不喜欢。在交流中，她发现她身边读过这部书的女性也有同样的阅读心态。是你的小说偏离了她们心中原有的期待？我想这一方面可能和姑姑这个人物形象传达出的特殊经验有关；另一方面可能源于这本书的总体构架。通常，在男权社会里，男人渴望生个男孩来传宗接代。小说中蝌蚪和两个女人的关系很有意思，都是女人主动要求生个男孩，似乎女人只有生出了男孩，才能真正确立起自己的地位，或者说才能成为一个真正的女人。我想这触动了一部分现代女性的敏感神经。另外就是代孕，它反映了当下社会的部分现实，却是女性丧失主体性的表现。你以为呢？

莫　言：写完小说之后，我以为这是一部女性读者可能会喜欢的书。因为小说关注的是女性的命运，受计划生育政策变迁冲击最大、伤害最大的也是女性。不过，让女性读者喜欢，一般需要小说里有她们喜欢的人物，能让她们读到自己的理想，或是读到与自己经历类似的情感经验，产生强烈的共鸣。而当下的都市青年生育观已经发生了很大的变化，有小部分人甚至婚后不打算要孩子。所以，在这部小说里，现代都市女性读不到自己，也读不到未来，只能读到女性的历史，她们父亲和母亲或先辈的生活经历和心路历程。这些经验离她们都很遥远。那么她们不喜欢是可以理解的。当然，她们可以不喜欢这本书，不喜欢姑姑们的想法。但不喜欢并不代表对她们没有产生影响,要是读了这本书能对她们的灵魂造成一种轻微的震颤,一种冲击,哪怕是惊恐也好。这就起到作用了。

傅小平:小说写过去的前半部分,让我读着不时有要飞起来的感觉;笔触涉及当下生活时却把我重重地甩到了地上。如果说把代孕这样一种现象如此艺术地写入小说,是你独到的发现,那么其他方面,我感觉不到你对当下社会精神特质的整体性理解,所能看到的是你在小说中对我们惯常能看到的、很能代表当下时代特征的符号的展示。同样,如果说,跟你以前的小说一样,你对过往年代政治流行语的篡改或许很成功,对当下流行语的借用则显得有点牵强。

相比之下,我觉得你的探索倒是触摸到了当代社会的一个重要命题,那就是孤独。在这样一部着重于"说"的小说里,前半部如蛙鸣般众声喧哗,后半部基本上可说是叙述人蝌蚪的独白,人与人之间的交流似乎显得特别困难。相比前半部那么多的正面交锋,后半部人与人之间的交流是小心翼翼的,多是相互戒备和提防。从这个意义上讲,即使抛开艺术的创新不说,我觉得后面再补充一个话剧也很有必要,因为话剧的介入能在小说中起到一种平衡作用。

莫　言:我创作的时候,担心小说前半部分,读者会读不下去。因为这段生活和当下的生活有很大距离。当下的生活,我是从一个五十多岁的中年男人的视角去观看的,这就决定了我所能使用的只是一种旁观者的眼光,而非一种亲历者的感受。现在的流行语,对于浸淫其中的年轻人来说,是他们嘴边挂着的,日常生活中使用的,甚至本身就是他们发明的。他们对都市生活的介入很深,我们知道他们喝什么饮料,说什么话,有什么想法,但通常只会在创作的时候想到。而过去的生活语言,我太熟悉了,即使再过多少年,我依然生活在其中,写作时信手拈来。至于你说到的孤独,这是现代社会的通病,它必然会呈现在我的小说里。

傅小平：蝌蚪这个人物融入了不少你自己的情感体验和精神历险，而且和你的个人经历其实也有暗合之处。这个形象之所以重要，不仅在于他是叙述人，是他的讲述串联起了整个故事，还在于透过这个人物，你毫不留情地剖析了当代知识分子卑微的灵魂。他的处境同时很能凸显当下知识分子面对现实的软弱与焦虑。但遗憾的是，在给杉谷义人的信中，我们看到了蝌蚪的"反思"和"忏悔"，在讲故事的正文中，读者看到的却是一个像话痨一样沉浸在故事的讲述中、不断退缩和妥协、缺少反思能力的蝌蚪。我想，你是否有意在双重文本中塑造出截然不同的蝌蚪形象，一个是当下的蝌蚪，一个是故事中的蝌蚪，让这两个形象在时间的落差中形成一种对话的诉求？

莫　言：小说写了计划生育的历史，也写了一代人的共同经历。蝌蚪所经历的种种历史事件，我也亲历过。因为这种重合，我更能感同身受。在我们这代人这里，忏悔，已变成一个很时髦的名词。其实，满口忏悔想着减轻自己的罪过，这本身是一种虚伪的表现，因为忏悔并不解决任何问题。蝌蚪因自己的私念，为个人的名利，结果使怀有六个月身孕的妻子死在了手术台上。到了晚年，他貌似对此有悔悟，但还是做了有悖人伦道德的事情，让侄女辈的陈眉代孕生了一个男孩。尽管这是小狮子在他不知情的情况下做出的一个举动，在经历过一番思想斗争以后，蝌蚪说服了自己，心安理得地接受了这么一个事实。他既满足了自己想要儿子的潜意识，又满足了自己赎罪的心理需求。然而，这给陈眉造成的痛苦可想而知，在《蛙》的剧本里，我就对这种痛苦做了充分的展现。相反，姑姑有一句话说得很到位。她认为死不是一个赎罪的方式，善行也不是，忏悔的最好方式就是熬着，忍受各种各样的煎熬。

所以，在小说里，蝌蚪反思到什么程度，是很值得怀疑的。我明白作为读者，很多人会希望我赋予蝌蚪更多思考的能力，甚至希望我把自己的思考通过蝌蚪这个人物带入小说中，或许这样才足够深刻。但我知道，作为小说家，我的认识不要说比一些人口研究专家深刻，甚至比普通百姓也高不到哪儿去。我所能做的，只是用我的情感和经验，写好故事和人物，同时正视一个事实——作为一个复杂的问题，计划生育涉及灵魂深处最痛的地方，也涉及中国文化传统里最古老最保守的一块。要是我的所指能引发某些专家和读者的思考，我就心满意足了。

当下生活不仅是当下的，它也是激发记忆的一种活力

傅小平：有一定的阅读经验之后，对小说叙述的"轻快"有种本能的警惕。让读者在阅读过程中有"轻快"的感觉，符合现代社会快节奏的要求，当下风行的网络阅读，就非常强调写作和阅读的速度。但我觉得这里的"轻快"，主要指的该是写小说应力求不绕圈子直接切入主题，而不是过程的"轻快"。因为过程的"轻快"，势必会省略掉一些耐人回味的细节。《蛙》这部二十多万字的小说，加起来不到一天的时间我就读完，且无须在某些细节上做过多停留，感觉有点不过瘾。这种"快"是你有意的追求吗？是否过多考虑到读者的阅读取向？

莫　言：《蛙》在语言上力求简洁、朴素，有意识地把炫耀文字技巧的东西消灭掉，把累赘的语言消除掉。以前，我描写一个橘子，可以从不同的侧面极尽渲染，一写就是上千字。写一个耳光同样如此，这几乎成了我写作上的一种嗜好。有人因此说我炫技，也有人觉得这是我叙述语言的一大特色。但在这部小说里，如果我延续以往的语言风格，就现在故事的量和这几个人物，小说的篇幅会长出很多。当然，是不是简洁也有它的负面，比如说省略了细节，带来了"快"的问题，我没想得很清楚。要是这样，那也只能当作一种缺憾了。

傅小平：迄今为止，你的作品多数都围绕历史和家族故事展开。联系到你在《蛙》中涉及的一个事实,计划生育带来的直接影响,就是现在很多80后、90后的孩子成了独生子女,这意味着以往那种复杂家族关系的崩溃、瓦解,意味着他们将很难亲近和理解错综复杂的家族小说。因此,你是否担心家族小说在不久的将来会消失,最终成为日后人们想象过往的"记忆"?

莫　言:小说从根本上说写的是人与人之间的关系,家族小说也是,只不过更错综复杂。在很长一段时间里,家族小说曾是一个时代叙事的主流,此后或许会成为边缘的存在。就像曾经的革命战争历史小说、新历史主义小说等,这些类型都曾引领风骚,而今俱往矣,但并没有灭绝。家族小说同样如此,年轻的一代依然会写到家族故事,但那将是他们心目中的家族,或是他们虚构的家族故事,这将会呈现出怎样的面貌,我们只好顺其自然。

其实,不光家族小说,小说的命运也让人担忧。西方有人预言,小说在二十年内就要灭亡。这没什么好奇怪的,但我坚信文学不会灭亡。因为文学本质上是一种语言的艺术。人类无论发展到什么时候,都离不开对语言的使用,我们需要运用语言来讲述故事、表达情感,自然就有文学性的诉求,它不仅渗透在小说、诗歌、书信等传统的文学样式中,在电影、博客等新兴样式里也依然存在。而文学的精神更是永恒的存在。因为不管时代怎样变迁,它的基本诉求永远都是让人生活得更好,让人得到更全面、自由的发展。

傅小平:你近年的创作,从《生死疲劳》到《蛙》,都试图对某一重大命题做出一种小说式的"解读",从某种意义上,不妨把这种问题意识和现实针对性很强的写作,看成你对历史、家族写作的一种新的探索。

莫　言:有人问过我为什么要写计划生育,我想说的是文学离不开政治，写作从来都离不开当代历史和现实。我们也经常听到一些西方的媒体或者批评家，对中国当代的作家进行批评，说我们不敢正视社会的复杂问题，我们老是走中间道路，写一些无关痛痒的东西。我不同意，我这几十年的写作，从来没有回避社会上尖锐复杂的问题，有的时候直接奔着这些问题而去，写《天堂蒜薹之歌》就是缘于社会上刚发生的一个事件。但这并不是说，我要对这些问题做解读。

傅小平：小说一般是从某个事件切入，层层展开叙述，或是围绕某个历史阶段，通过系列人物串联起一个故事。你的探索有点像高空表演者走钢丝，需要在人物、事件之间保持动态的平衡，无论偏向哪一端，都有从空中掉落的危险。其实，所谓伟大的长篇小说，除了给世界文学走廊提供了典型的人物形象，一般还能提炼出一种能体现国家和民族精神的理念来。比如你经常提到的《阿Q正传》中的"精神胜利法"，比如《百年孤独》里的"孤独"。但我觉得这两部小说还没上升到这样的高度，换言之，我想问的是，你的这一艺术探索，是否也有值得反思和质疑的层面？

莫　言：我的写作总是从被某个人物深深打动开始的，因为有反对土地集体所有制的我爷爷这样的人物存在，有姑姑这样一辈子为计划生育问题所纠缠的人物存在，就必然地带出了土地改革、人口等社会问题。所以，在写作中，我一直让事件跟着人物走。我始终记得我是写人物，不是写事件，事件只是创作灵感的源头，它激活的是我对人和物的记忆，然后我用非常尖锐的社会问题来实现对人物的刻画。《生死疲劳》如此，《蛙》如此，更早的《酒国》《红树林》等也是如此，生活中看到一些真实的事件，激发了我的灵感，然而小说最后都是落在表现人物上。

傅小平：作为一个有社会责任心的作家，你的写作难免触及当下的生活，对现实有所反映。你现在的生活状态，距童年记忆中的生活已经非常遥远，而离所谓生活的真实又未必太过切近，在这样的情况下，怎样保持对现实的敏感？你卓绝的想象，能克服和超越现实的阻隔吗？

莫　言： 的确很有挑战性。不管是体验，还是想象都不能解决所有写作的问题。比如我写男性性工作者，曾有出版社的编辑带我去旁观过他们的生活。然而，这种了解是非常片面的，落实到写作上，只能是浮光掠影地描写。因为我没跟他们密切接触过，即使接触了，也没办法获得他们的心理体验。所以，所谓的观察、体验只能解决表面性的问题、技术性的问题，作家的限度就表现在这里。就像泡酒吧，我可以成天，或是连着一两个月坐在那里"体验"，但我不可能像十八九岁的小青年那样真正地迷恋，而只能是以一种旁观者的心态，因为这归根到底不是我的生活。小时候的生活环境，对我而言就不一样。它跟我的命运紧密相连，已成了我生命履历中最重要的一个部分。从这个意义上说，一个作家不可能是万能的，他只能写自己的一亩三分地，谁没有自己的一个高密东北乡呢？

作家如此，批评家也是，一个从小在都市里长大的批评家，要说对乡土题材有多么透彻的理解，我不相信。反过来，一个在乡村长大的批评家，即便在城市里生活了二三十年，也不见得能对都市题材认识得多深，评论得多到位。

然而，我想说的是，一个中年人眼里的当下社会或许未必切近，但它同样呈现出一个有价值的世界。对我来说，当下的生活不仅仅是当下的，它也是激发我过去记忆的一种活力，它会赋予我过去的生活一种新的意义。我生活在2009年，如果我现在来写《红高粱》，那跟我1985年三十岁那会儿写肯定不一样。当然，那时的写作有它的价值。尤其是那种年轻人的狂妄、那种初生牛犊不怕虎的精神，现在已被消解掉很多，这些都会反映到小说中来。然而，纵使生活再怎么变化，对于作家来说，他的独立思维，他的基本价值观会有微调，但不至于改变得面目全非。大而言之，人类再怎么经历大的变化，一些基本的东西即使隔两三代人，也还是不变的。比如爱、同情、善良这些基本的理念，我们这一代人认同，你们这一代人认同，以后的人们同样认同，因为这样我们才会坐在一起共同交流。

马 原

我希望我的小说三百年后还有人看

马原,男,1953年出生于辽宁锦州。

1982年自辽宁大学中文系毕业后进西藏,开始发表作品,著有《冈底斯的诱惑》《西海无帆船——马原西藏小说选》《虚构》《拉萨河女神》《上下都很平坦》等。先锋派的开拓者之一,其"叙述圈套"开创了中国小说界"以形式为内容"的风气,影响了一大批年轻作者。2012年其携长篇小说《牛鬼蛇神》重返文坛,此后又创作了《纠缠》《黄棠一家》《姑娘寨》等长篇,在文学界引发反响。

马原从沙发椅上弯下腰，从近处拽过来一张脚凳。他让身子在椅子里躺稳当后，就把双腿搁到脚凳上去。此时正值盛夏，他穿了短裤，小腿上隐伏的静脉曲张，有着不同于城市中人的质感，也像是勾勒出了山川河流的样貌。他随后微微侧过脸看我，眨了眨那双世故又天真的眼，仿佛在说，我们开始聊吧。

于是，我们再次聊了起来。我们第一次近距离地聊，是在马原如今定居的西双版纳南糯山上，那时花城出版社刚出版了他的长篇小说《姑娘寨》。这次聊是因为浙江文艺出版社出版了他的西藏主题小说集《拉萨河女神》《冈底斯的诱惑》。我不能不承认，我专注于和他聊天，却时不时冒出些离奇的想法。比如，他为何总是斜挎一个小黑包？上次见他时片刻不离身地背着，这会儿又是稳稳当当地搁在他那个把大沙发椅都给填满了的、打篮球准是一把好手的大身板上，随着呼吸起伏不时吸引我的眼球。又比如，要是在80年代，有粉丝看到他这样躺，会不会发明一个"马原躺"的新词？据说，那时像马原这样的当红作家去哪儿都会受到明星般的礼遇。而马原喜欢躺在床上看书，好在以他的习惯，他看书时或许不能容忍近旁有人，也就很少有人有缘见到"马原躺"。

如果你读过马原的千字短小说《小扎西和他的一大堆美妙的想法》，你或许会理解我何以会多那些想法。小扎西是一个司机，他出门的时候有很多想法。当他想到打一宿麻将，回家睡上两小时，醒来后再去布达拉宫下面的甜茶馆，喝光口袋里的七角零钱时，大马突然出现了。这里，大马就是马原。马原问他，想到哪去了？小扎西答曰："大马，我想我该找个老婆啦！"我想，如果马原问我想到哪儿了，我该怎么回答？我想我会说，我们就这么好好聊吧，把你对西藏，对80年代的回忆，一股脑儿说出来。

　　事实上，对于马原来说，西藏和80年代很可能是一回事。他1982年到了西藏，1989年离开西藏。在这仿佛天赐的七年里，或许还可以加上前前后后的几年，他见证了一个时代的飞扬。而我一开始写"马原躺"，固然是因为马原有躺床上看书的习惯。十多年前，他腰椎出问题后，又改用陀思妥耶夫斯基曾用过的口述的方式来写作。在这过程中，他有很大一部分时间是躺着口述的。让他感到欣慰的是，他原来用笔写作时，怕影响气场，即使在一个大别墅里，也不能有第二个人存在。换成口述写作后，他慢慢解决了这个心理难题。这是一方面，更重要的另一方面是，马原的躺包含了某种寓意。从形体的角度，只有当一个人仰躺或半躺时，才能眼光向上，看更高的风景。虽然他或许只能看到天花板，而不是旷野外高远的天空。马原的先锋写作是偏于形而上的。西藏这片神秘之地，无疑给他提供了纵横才情的阔大空间。

　　诚如作家宁肯在2019年8月16日于上海书展举行的马原新书分享会上所言，在先锋作家里面，马原无疑是最先锋的，但他又是最写实的。"马原的'叙述圈套'把他的写实能力遮蔽了。我们今天回过头看，应该看到他的写作在细部、细节上都非常写实。他的先锋写作之所以成功，和他的写实功底有关。没有写实，先锋只是雾。但雾散掉后，马原向我们展示了山脉。"马原大概是认同这一"写实说"的，他强调小说要写出质感。"在我的写作经验里，我一直在乎的就是质感，人物的质感，器物的质感和故事本身的质感。"马原写作的同时喜欢画画，部分原因或许在于，画画让他对质感的追求得以强化。他也自以为是一个印象主义者，并且不无自得地声称一个静态的形象能比小说给他更多的联想。

　　马原强调写作就像做白日梦，他的小说从表面上看也像是有一种梦幻感，但实际的情况很可能就像宁肯说的那样，马原是以另一种方式追求真实。"他很多时候一开始就坦白他在虚构，但他的小说这么开场，实际上从大的方面已经告诉我们他不欺骗，不制造幻觉。而从小的方面看，他小说的细节都讲究日常化、逼真感，他写出了我们每个人都可能触碰到的生活的现实。从这个意义上说，马原的小说把先锋性和现实性相结合，达到了新的真实的高度。"

唯其如此，我们才能理解马原部分西藏主题小说，虽然写于三四十年前，但我们现在读来也仍然像是新鲜出炉的。我们也才能理解宁肯说的，马原的语言、马原的叙述放在今天，仍然是非常杰出的。"他是一颗耀眼的星星，这颗星星从来没有暗淡过。"无论这样的表述是否夸张，马原的确在西藏经历了他的耀眼时刻。用他自己的话说，如果没有去过西藏，也就没有今天的马原。我们上半场近一个半小时的聊天，也恰好可以用他这句话作为阶段性的小结。他随后就匆匆赶去参加上海国际文学周主论坛，论坛的主题是"家园"。

如果说80年代，还有西藏，曾给予马原一种深切的家园感，那么我们不能忽略的是，在那样一个时间、空间里，还活跃着一批和马原一样心怀伟大的文学梦的作家。正是他们以文学为本的交往，构成了让他们得以时时回望，也让不曾经历的人们特别向往的精神"家园"。从这个意义上说，我们下半场近一个半小时的聊天，也恰是以"家园"为主题展开的。

那已是两天后了。当他从"诗歌之夜"的活动回来，我们终于在微信里又聊上了。隔着时空，我都能感受到他的疲惫，毕竟他在书展期间被安排了太多活动，这样的活动密度，或许都能赶上80年代的文学热了。回忆起那个年代，马原依然是激情洋溢的。他当然明白，80年代可以怀念，但终究已经远去。他寄希望于自己的小说，在十年后，三十年后，甚至三百年后还有人看。"这是我作为一个小说家的愿望。"

坚持去西藏，就是想到一个很远的地方

傅小平：你在2012年出版《牛鬼蛇神》的时候，很多读者说，那个认定小说已死的先锋作家马原回来了。时隔多年，看到你以西藏为主题的《冈底斯的诱惑》《拉萨河女神》以全新的面目出版，我就想80年代的马原回来了。这批小说你都写于20世纪80年代，而且在当时产生了很大的反响，至今还余音不绝，可见是有顽强生命力的。当然，你现在的写作是回归，你这些已被经典化的作品再版，让多数读者得以重新阅读外，对于你个人更多就是满满的回忆了。让记忆开口说话吧。现在是否还能清晰回想起来当时怎么去的西藏？

马　原：我当年去西藏的理由，说起来都笑死了。在那个时候，我们都不可能出国，更不会像今天把出国当家常便饭。当年，穿越国境线就好比孙悟空被唐僧画了一个圈，你要跳到这个圈外面去，是想都不用想的事。那么，我是一个东北人，我在地图上看，这辈子我能去的最远的地方就是西藏，所以我就认定了要去西藏。我当时也特别执拗，我不会选择其他。1974年我回到沈阳，因为1969年下乡嘛，当了五年知青。回到沈阳后，我糊里糊涂报考了父母亲所在的铁路系统，而且专业是机械制造。1976年中专毕业，此前一年我就筹划去西藏，但我是铁路子弟，读的中专又是锦州的铁路行业，当时西藏还没开通铁路，所以，去西藏是不可能的。直到两年后，我读了大学，读的辽宁大学中文系，把职业方向修订过来了。1982年我大学毕业，离中专毕业都过去六年了，我又一次被分配工作，我就要求去西藏。学校领导说，我们可以满足你的愿望，但也提了要求，希望我配合毕业生教育，说我是去支援边疆。

傅小平：在当年，这也可以理解。你这样被要求，应该是你在学校里就已经是个名人了吧，领导希望你起先锋模范作用。从你的写作履历上看，你大学毕业前，已经发表了一些作品，也在文坛上有一些名声了。

马　原：可不是，我那时发了几篇小说，在学校里算是一个明星学生，我还是学生，就已经是作家了。所以他们希望我配合宣传。但我说这不行，这跟我的初衷有悖。去西藏之前，几家沈阳当地媒体来采访，我也没有顺着媒体的思路说我去西藏是支边，因为我只是想走得远一点。

傅小平： 我倒是好奇你当年怎么发表作品的，那时刊物不像现在这么多，资讯也没那么发达，何况你又不是文二代。你在你的讲课笔记《阅读大师》的某一篇里写到，你在1971年就发表过一部作品，叫什么来着？

马　原： 你说的应该是我写的第一篇小说，我写的是"偷青"。什么是"偷青"呢，庄稼在收割之前统称为青苗，所以乡下种地有一个工种叫"看青"，看护青苗。为什么要"看青"呢，因为有"偷青"。反正无论"看青"的，还是"偷青"的，都是同一个村寨里的人，抬头不见低头见，都是乡亲，就会生出很多连环的故事。我下乡期间这样的事都见过。但我第一次发表小说还是后来的事。那篇小说叫《海边也是一个世界》，讲的是知青时代的故事，是关于人和狗的故事——一对好朋友带了自己的狗去和附近部队农场养的狗打架，因为他们的狗比较小，在和对方的狗对峙时胆怯了。之后他们勒死了农场里的一条狗，之后把自己家的狗勒死了，这样一方面惩罚了它的胆怯，另一方面他们自己又逃避了惩罚——他们把农场里的那只吃掉，把自己家的那只狗的身体埋起来，狗头挂起来，这样子农场那边来找算账的时候，就以为他们吃的是自己家的狗，也就无话可说了。

傅小平： 这篇小说有意思啊，你的写作特点都已经体现出来了。是怎么发表的？

马　原： 1981年通知发表，发在《北方文学》上。那是黑龙江作协的一个刊物。他们那边通知我要发表后，就叫我过去改稿。我从来没有享受过这个待遇,他们又是给出火车票,又是给开房,一住就好几天。想起来挺有意思的。

傅小平: 那稿子是你自己投出去的?要是你自己投的,被杂志社看中,也是低概率事件吧。

马　原: 不是我自己投的,是我先给了李潮。你们现在可能没听说过他,他在70年代末、80年代初那会儿,可是个了不得的人物,每发表一部作品都是很轰动的。他是韩东的哥哥,他们这个文学之家出了三个作家,不得了啊。他们的父亲是方之,当年也是个人物,只是去世得早。他和陆文夫、叶至诚——叶兆言的父亲,搞了一个社团,他是他们两个的领导。李潮、韩东为什么不一个姓呢,因为一个随父姓,一个随母姓,但他们是亲兄弟。李潮后来因为身体原因退出文坛,不写小说了。他当年是《青春》杂志的编辑,也是从这个杂志出来的作家。我这篇小说推荐到《青春》通不过,他就推荐给了《北方文学》。李潮是名家呀,他一推荐,就推出来了。这个头一开,我在去西藏之前就发表了三篇小说,而且是连续在不同刊物上发表的,我写了好多篇,是现成的,我一下子就像个小明星了。

傅小平: 另外两篇小说是什么?

马　原:《他喜欢单纯的颜色》《新忏悔录》。

傅小平: 想来也是不错的,只是都不怎么被谈起了。

马　原: 我想是后来写西藏,被当成先锋作家,这三篇小说写作风格上也不见得有多先锋,就不被提及了吧。

傅小平：标签从来都是双刃剑。不过你以西藏为背景的小说出名后，真是给人感觉，你就得是写西藏的，你像是受了西藏的召唤去了那里。

马　原：不是那么回事。我去之前，对西藏一无所知，还以为那里的人都住帐篷。你想那时候资讯不像现在这么发达，什么都可以百度一下。但我就是现在也喜欢未知状态，去一个地方之前，我什么都不去了解。譬如，埃塞俄比亚首都是亚的斯亚贝巴，除了这个地名，什么都不知道，我去后看到的一切都是新鲜的，多好啊。所以，我从来不做攻略。当然，你说西藏是我的福地也是对的。有一回，我从西藏回来碰到莫言，那应该是三十多年前了吧。他说，去西藏是你马原的幸运。这话是没错啊。西藏七年，我明白了很多东西，像信仰、神学、宗教之类，还有小说是怎么回事，艺术是怎么回事，我们从哪里来，我们是谁，我们往哪里去这样的命题。

傅小平：那你现在还记得第一次去西藏路上的情形吗？

马　原：我记得是先到北京，然后坐火车到了成都，再从成都到拉萨。到拉萨那时没火车啊，坐汽车又不安全，在成都买机票，等飞机，也费了些时间，前前后后有几天吧。我现在都不记得这一路上钱是谁出的了，是我后来找学校报销的呢，还是学校把派遣费先给了我。时间太久了，快四十年了。时间一长，这些细节早就消失了。

傅小平：到拉萨后，第一印象是什么样的？

马　原：天真蓝，特别蓝。拉萨那个蓝，你拍出照片，都是蓝色的。但我第一天就领教了高原反应。刚下飞机，我都不知道有高原反应这回事，就没当回事。我到住地以后，一个南开大学毕业进藏的朋友，就拉我去打篮球，打篮球过程中，我就知道厉害了。当时拉萨有个西藏日报楼，是那时最高的楼，有四层。我爬上去得歇好几回，你看那就八个台阶一个折返，三个折返就是二十四步，我就爬得"呼哈呼哈"直喘气，很艰难。

傅小平：要这么说，按你的身体条件，其实不是那么适合在西藏生活。但依你的精神旨趣，你又是那么契合西藏。这也是一个矛盾。那你到拉萨后在西藏人民广播电台当记者，你这个工作，是到那里之前就给安排好的吗？

马　原：不是。我去的时候，找了我姐的同学。他去西藏要早一点，而且在那里的组织部工作。我就去问他，去哪工作好。总得有个工作嘛，对我来说，其实啥都一样，重要的是我到了西藏。

离开西藏前，我完全生活在文学的环境里

傅小平：刚想你都是一名作家了，屈才当个记者，该是很受重视的吧？

马　原：我被当时的广电局局长委以重任，他说你一个作家到我们台里工作，能提高记者的整体水平。结果期望落空了。后来把我撵走的时候，他说，你这个小马，你来的时候，我对你抱有很大期望。你是一个作家，西藏历史上还没有一个作家来当记者，没承想你就这么一个表现。我给你统计了，你三年半里就写了二十三篇消息，一篇报道都没写过。

傅小平：这之后去了哪？

马　原：到群艺馆去了。《中国西藏》杂志的总编辑金志国，他是我老弟。他就说，你要不嫌庙小，你来这里得了。我就过去当编辑。群艺馆就相当于文化馆，是好地方，自由度很大，还可以经常下去采风。

傅小平：你那时候是不是经常从拉萨往乡下跑？

马　原：西藏很多好地方，那些著名的庙啊、山啊，都在乡下，还有那些个县城，像林芝、墨脱什么的。我干的又恰好是能到处跑的、最理想的工作。无论我一开始当记者，还是后来到了群艺馆，我都能经常到乡下去，这对我来说是最有意义的。

傅小平：那到了西藏后，写作没有中断过吧？

马　原：现在还能记得，也就一年、半年，我就一口气写了好几篇，有四个短篇吧。第一次回沈阳，就把小说带回去，拿给白小易看。白小易当年在中国微型小说界，是名气特别大的一个作家。他是我老哥们。他一口气把四篇小说读完。他说，哎呀，太羡慕你了，四篇好重哪。这里面就有《拉萨河女神》。

傅小平：现在普遍认为，《拉萨河女神》是你揭开中国先锋小说的序幕之作。这是你写的或发表的第一篇写西藏的小说吗？

马　原：我在西藏写的第一篇小说是《西部小曲》，写《格萨尔王传》说唱艺人顿巴顿月的故事。《拉萨河女神》其实就写一群朋友玩，写他们郊游过程中发生的故事，写得就像一篇散文似的。我就觉得给十三个人都取名字没啥意思。其实他们现在几乎都是西藏的文化巨人。有的你不一定知道。像里面的老大，即那个"1"，是电视剧《布达拉宫秘史》编剧，也是话剧《松赞干布》的作者。像里面的"13"，就是扎西达娃，现在是西藏政协副主席。我们那时都是西藏文艺圈里的人，有作家、作曲家、诗人、画家，各种人都有，大伙都在一块玩。

傅小平：怎么个玩法？

马　原：这个说来就有意思了。很多人以为我写的那些故事是编的，其实有很多都是真的。《拉萨河女神》写的就是真事。我们大伙儿到拉萨河太阳岛上聚会，我们就看到了死猪，被泡得肿胀巨大，臭气熏天，估计是让水冲到下游来的。我们就在那聊天，有吃有玩，我们那些人当时就是那么生活的，不见得有多少故事，但有些事很异常。

傅小平：你说的这些事，听上去感觉很魔幻。

马　原：说到魔幻，我想起在西藏时最有意思的一件事。那时，我带去胡安·鲁尔福的新书中文版，每个人都问我借去看，西藏的魔幻现实主义文学就源于这本书啊。所以他不只是拉美文学之父，还是西藏魔幻现实主义之父。受这本书影响，西藏那些作家都一窝蜂地开始写起魔幻，西藏本就很适合写这个。

傅小平：你有好几篇西藏主题小说都是写郊游的。在西藏四处游历，对你创作具体产生了什么影响？

马　原：举个例子吧。我的一篇小说《喜马拉雅古歌》，写珞巴人的故事。我开头写"从米林到林达这段路，我们骑马走了多半天"，可不就是写的游历！我到米林县羌纳乡下辖的一个叫米尼的行政村采风，给了我写这篇小说的灵感。当然，我也结合了一些想象。这是我个人特别喜欢的一篇小说。

傅小平：我也挺喜欢这篇小说，它不那么魔幻，倒是融入了海明威的精髓。尤其是语言简洁明快，读着特别舒服。除了写郊游，你写拉萨，主要集中在八角街那片地方，我觉得完全可以给这些小说一个"八角街叙事"的命名。

马　原：我那时结婚了，住在群艺馆宿舍里，是一间平房，有五十多平方米吧，有客厅，外带一个小院子，不是独立的。当时，群艺馆就在八角街边上，我几乎每天都会去一次、两次，甚至三次。现在八角街恢复了藏语的称呼，叫八廓街。但我去的时候，那里就叫八角街。我都叫了几十年了，就不想改了。那时的八角街，跟现在的八廓街不一样，满目都是地摊，都是从各地来这儿卖旧货古董的人。我每天在这些有几百年、几千年历史的古董、文物里转悠，特别开心，心想这才是我的生活。我大部分小说，包括《旧死》《冈底斯的诱惑》《错误》等，差不多都是我住在八角街的时候写的。那个街区很复杂啊，里边小的巷子纵横，那种复杂，远不是你在拉萨住几年就能弄清楚的。那真是一个最神奇的地方，我把我的观感都写小说里去了。

傅小平：你刚说到结婚的事，让我想了解一下你在西藏的日常生活。

马　原：我和我前妻皮皮，在去西藏之前就认识了。因为我1982年就去了西藏，三年后她一毕业就过来了。当时我俩都不用上班，基本上每天都在家里读书、写作，我们家的门都是敞开的，西藏的那些文学家、艺术家经常到我家来玩，每天总有不同的人在我家聚会，可不就相当于沙龙吗？后来有位朋友说，马原家是西藏第二个文联。我记得皮皮嫁给我一年之后，说了句话，她说，这一年里有几顿饭是我们两人吃的？那时就这样，我1989年离开西藏前，生活的环境，完全是文学的环境。除了成天谈文学，几乎没别的什么事。

真实是构成小说质感的那部分

傅小平: 你在西藏,写西藏,很多人恐怕以为你很少回来。但其实你经常回来。我读过几篇曾经叱咤文坛的人物回忆80年代的文章,都谈到那时在北京、沈阳等地和你有交往。

马 原: 我人在西藏,但也经常回来。有时是放假,有时是参加文学活动。从80年代开始,文学变成火盆,很热的。我又算是一个很红的作家。但我一般回来也就待两三天。

傅小平: 你谈到带小说稿给白小易看。你很看重他的意见?

马 原: 为什么带回书稿?因为我在西藏发小说挺困难的。你想西藏圈子就那么大,我去的时候风头挺劲的,跟西藏作协、文联里的人都有点交集。当时的一个领导,在军队里写过小说的,他看了我的小说后就说他看不明白,这写的什么乱七八糟的,小说可以这么写吗。这么一来,在西藏发表小说,对我来说就困难了。

傅小平: 你的《拉萨河女神》,不是发在《西藏文学》1984年第8期上吗?这和你说的当时在西藏发表不了作品岂不是矛盾?

马 原: 不矛盾,这篇小说发表后,有个领导看了很生气,也有人说我写西藏的小说伤害民族感情,最后得出结论说没这回事。那时也有一些别有用心的人想搞事情,影响安定团结的大好局面。

傅小平: 那你在西藏总体上处于怎样一个写作状态?

马　原：在西藏，我一直没中断过写作，一般都两三个月写一篇，状态特别好。这应该和视觉新鲜有关，我在那里看一切都觉得新鲜。有这种新鲜感，五官就很敏锐，对味道、影像、声音什么的，都有强烈的感受。五官敏锐了，写作就变成特别容易的事情。

傅小平：那你后来到了上海，上海不也能给你新鲜感？

马　原：上海给我的基本感受，和我在沈阳是差不多的。无非是上海人更敬业，更精明。两相对比，只有五十步和一百步，只有长一点短一点的差别。在西藏，就跟我现在在西双版纳一样，给我的新鲜感完全不同，是一种本质上的不同。那时，我感觉太阳每天都是新的，每次我出门都觉得有奇迹要发生。这种感觉，我离开西藏以后就再也没有过了。

傅小平：要是你不在西藏，估计也写不出那句石破天惊的"我就是那个叫马原的汉人，我写小说"。《虚构》里的这句话太出名了。在国内的小说里，我都几乎想不起有比它更出名的开头。

马　原：我也不知道，大伙为什么觉得这句那么有趣。几十年来，我不断听人说，写我的采访用这句话作标题的次数，也至少有十次。但我觉得这句话好像没有那么值得反反复复说，这可能得由读者来回答。

傅小平：你现在能回想起来，怎么写出这个开头的吗？

马　原：回忆不起来了，过去时间太久了。我在写一个小说开头的时候，只要进入了语感，进入了情境，根本不会想那么多。我也没觉得这句话特别棒。但这个事情我说了不算。

傅小平：用宁肯的说法，你这么一写，小说作者作为说书人的形象一下站起来了。作者不但不隐蔽，而是大张旗鼓地站起来，这在当时是难得见的。这句话有意思的地方，在于你把作者本人客体化了，你把马原当另一个人或观察对象来写。那时候估计很少有人这么写吧，现在都很少有人这么写。帕慕克在他的《伊斯坦布尔：一座城市的记忆》里写他小时候经常想象在同一个城市的某个角落里存在另一个"我"。我想作家一般会有这样的想象，但并不是都能把这种想象转化为有效的叙述。

马　原：我想小说家都有那种体会、经验。他们会有一个鸟瞰的角度，把自己看成他，而不是我。我也一直都有这样的想象。作家这个职业不就是经常跳出自己来看自己。这对真正的小说家来说都不是问题，虽然读者可能会觉得有些异样。所以，如果说我作为一个读者来看小说这么写，我或许也会觉得惊讶，或许也会说怎么写得这么精彩。哲学上有句话，一个人不能两次踏入同一条河流。但写作的过程，是你感觉蹚过旧的流水，却还在经历新的流水。那些小说家能有的东西，我都有。我是从小说家的角度这么说的。

傅小平：那从小说家的角度，你会怎么说你的《冈底斯的诱惑》？除了《虚构》《拉萨河女神》，被谈论最多的大概就是这一篇了。

马　原：我是在都江堰写的这篇小说，1984年春节前后吧。冬天，下着百年不遇的漫天大雪，冻得要命，我整天坐在被子里，把枕头搁腿上，就在那里写，脑子里充满了各种奇思妙想。写完后，我自己激动得不行。我先把小说给当时西藏的女作家龚巧明看了，她看后很兴奋，把小说转寄给李陀。李陀拿到小说后，当晚就看完了，也特别兴奋。我就寄给了《上海文学》。当时的负责人李子云把稿子退给我，说"小说没太看明白"。不久，《上海文学》在杭州开了一个会议。会上，韩少功、李陀、李潮他们又向李子云建议发这篇小说。最后李子云顶住异议刊用了。应该说,李子云能刊用这篇有争议的东西,是要承担很大风险的。反正《上海文学》刊发后,其他杂志跟着发其他的小说。这样一来,在80年代中前期,我就很突然地变成了带一点爆炸性的作者了,我从西藏出来发现很多人竟然都知道马原,知道《冈底斯的诱惑》,我真是感到有些意外。

傅小平:想到《冈底斯的诱惑》,我就想到虚构对你构成了很大的诱惑。这篇小说里,你放在前面的题记,应该是摘自拉格洛夫的小说,但放在《虚构》前面的题记,你标明出自《佛陀法乘外经》,我开始以为真有这么一部经书,回头看的时候觉得不对劲,这应该是你"虚构"的。你把虚构的观念都突破到这种程度了,现在也很少有作家这么个"玩法"的。

马　原:我写题记,就是觉得好玩。我编个经什么的,也是给自己看的。古往今来,人们讲故事,也都喜欢找一个出处,我也算继承传统吧。而且我就是特别喜欢逗读者,要是把读者带偏了,我会很开心。我很多篇小说都写题记,对我来说是顺手的事,也不用刻意去找。我就是喜欢把读者往沟里带,此外,没有其他任何着意为之的东西。

傅小平:那你在好几篇小说末尾附上诗歌,是着意为之的吗?在我印象中,也就是帕斯捷尔纳克的《日瓦戈医生》,在小说结尾附了诗歌,读的时候也觉得是一种很特别的体验,像是歌曲听完了,我们还沉浸在缭绕的余韵里。

马　原:没多想,我还是觉得写作需要走点偏锋,写作也需要包含某种诗意。诗意是构成文本的第一要素。如果没有诗意,在我看来,一部小说没什么价值。你想,我后来写《牛鬼蛇神》,用了韩东的诗,感觉也特别不一样。

傅小平：我读你的小说，倒从来没有往诗意上去想，虽然你写过一篇《死亡的诗意》。这有可能是因为我一直觉得诗意只是一种修辞，或者诗意包含了超然世外的意味，但同时也是充满人间烟火气息的。所以没去想它和形而上之间有什么关联。但细细一想，康德名言里说的"头上的星空"和"心中的道德律"很形而上啊，同时也很诗意。我想你对"诗意"这个词，应该有不同于一般的理解。譬如在你看来，你特别推崇的霍桑，是不是也很诗意？

马　原：霍桑有一篇小说叫《拉帕齐尼的女儿》，它写的是中世纪意大利一座小城里的一桩奇事，是一桩什么奇事呢？一个叫拉帕齐尼的医生，在他自己的园子里种了很多毒花药草，又用这种毒素养出了一个剧毒的美少女，一个叫乔万尼的年轻人对她一见钟情后，自己也慢慢变成了有毒之人。当这个叫白德丽丝的美少女喝了乔万尼给的解毒剂后，却当场死了。你看整个故事，是不是特别诗意盎然？有毒的花，有毒的少女，那简直是太诗意了。

傅小平：还真是。我想到读过你的一篇文章，讲怎样才能写好一篇小说。你说好小说最重要的特质是有一个好故事，这个故事得有悬念，还得有玄机，让你自愿留在故事里边，去跟其中的人物、情景纠缠。最后你还说到好小说在结尾的地方一定要给读者一把开悟的钥匙。所以，我就想你那时写小说每每在结尾附上一首诗，是不是也包含让人开悟的意思？

马　原：有可能，但我自己也不清楚。写诗对我来说真是没什么难度。我这一生就是走了一条窄路，就是慢慢把自己逼到更窄的领域，我就是写小说，写不得奖的小说，所以我特别不想出诗集。我可以跟你稍微自豪一点说，80年代老木编的《新诗潮诗集》，就把附在《冈底斯的诱惑》后面的那首《牧歌走向牧歌》收了进去。你想，那个年代很少有面向公众的诗集的，所以这本诗选出来以后，就有特别大的反响。

傅小平：我想起先锋作家里，很可能你是唯一下乡当过知青的。你写的西藏主题小说太出名了，就没多少人谈《上下都很平坦》等，这部长篇小说，融入了你很多知青生活的经验。

马　原：先锋文学"五虎将"里面，大概就我有过知青经历。其他几位就不用说了，洪峰应该也不是知青，他老家就是农村的。但也说不准，他从来没跟我谈过这方面的话题。

傅小平：说来也有意思，按你的年龄，你其实跟王安忆他们是一拨的。但被归为先锋文学主将，给读者的感觉是和余华他们一个代际的。这可以算是文学史造成的差异化景观吧。你的这样一种"不合时宜"，还有相比其他先锋作家多出的那一段知青经历，是否也对你写作或其他方面产生了影响？

马　原：你想吧，我们那一茬作家出来的时候，一下子就造成非常大的影响。我周边所有的朋友，所有还被我们的时代提及的作家，都得了各种各样的奖，但我没有得过任何奖，哪怕是个县级的奖，他们都得过多少回了。

傅小平：你的朋友里面，余华也很少得奖，很少得国内的奖。

马　原：他比我好一点，他还是得过奖的。

傅小平：我记得上次采访你，你也说到得不得奖的事情。当你反复说这个事情，我都不知道该说你到底是毫不在意，还是耿耿于怀了。

马　原：一开始我也没想太明白，但我慢慢就心如止水了，所有奖都跟我没有什么关系，我对得奖没有期待。再后来，我发现得奖是再容易不过的事情，因为所有人都得奖了，不得奖多难啊。所以，我现在觉得特别光彩。因为得奖是大概率事件。不得奖才是小概率，我反而很享受什么奖都没有的状态。

傅小平：那你有没有想过，你为什么总是得不了奖？

马　原：我的写作和所有评奖的价值论不一样啊，我在80年代走红，也跟人家走红不一样。因为在主流意识形态里，我这个东西没有价值，没有社会价值，也没有历史价值，缺少被主流意识接纳和褒奖的理由。你想，刘心武在那个时代红到你们都无法想象，比现在的莫言还红。他有一篇小说叫《班主任》，写"文革"的伤痕，很多中国家庭读了都有共鸣，所以《班主任》比《红高粱》还红。我看他的小说的时候，其实还有一点小骄傲，觉得我不比他写得差。你看四十年过去了，大家再翻《班主任》会觉得像作文一样。我写小说五十年，这些过去的作品，拿出来以后不至于让自己脸红。我自己读它们反而会说，这家伙写得真好，比我写得好。所以我就说我的小说当初不是瑰宝，现在也不是垃圾。在那个年代，马原就是个高度边缘化的作家，过了三十年，马原的小说跟今天新写的小说是相似的，也没有违和感。你看，他们很多小说在时效性消失以后，就彻底被抛弃了。我这些旧书旧作还可以当新书一样面世，还有新的读者去读它，我岂不是反过来占了很大的便宜？

傅小平：要说占便宜，你占了西藏题材的便宜。你关注形而上的命题，同时又不缺小说技艺，所以你的作品不太为时代风尚左右。

马 原：我关注人类永远的困境和命题，这是人类必然要关心的，就像我们活着就要吃饭一样。打个比方，我的作品就像那些耐看的女人，年轻的时候看着不年轻，老了也不显老。但好处在于，不至于让人感叹，你年轻时漂亮，老了难看。

傅小平：你说的话挺有意思，前半段还关注形而上的问题，后半段就形而下了。这也说明你虽然被打上天马行空的标签，但实际上也不是上了天就不入地，或者说一旦形而上起来就不染尘埃的。

马 原：我写形而上，我说小说是虚构的艺术，不是说我不在乎真实。我写的《虚构》看着很魔幻，但为了写麻风病人群落，我是认认真真在麻风村里待过的，那样的地方常人几乎很难进去。所以，写出来这篇东西，我自己当时是很满意的。有一次在聚会上，安忆就说了一句，马原你别笑我，我明知道你那个小说是假的、虚构的，但我看了以后怎么就觉得像真的似的。她说得没错，我虽然不是一个写实作家，但我最在乎真实。因为真实是构成小说质感的那部分，我一直在乎的就是质感，我在小说里写这个杯子是瓷杯，就要写出瓷杯的重量、光泽、手感，如果是塑料杯，它就不具备瓷杯的质感。器物是这样，人物、故事也是这样，它们都有自己的质感。我就得写出这种质感。

我特别沉迷于形而上，不会只停留于生活本身

傅小平：我估计不少读者会以为一部小说关注形而上，就不需要那么写实，那么讲质感了。但小说不像诗歌可以凌空蹈虚，它得有现实感，反倒是越形而上，越得写出质感，要不小说往玄虚的方向跑，也就离现实越来越远了。

马 原：我确实是一个特别沉迷于形而上的人，对所有事情都会从

形而上角度思考。这就让我无论在生活里经历什么，都不会只停留于生活本身。很多读者喜欢读生活化的小说，我就觉得奇怪。我的前辈同行加缪说，我们每天在重复做很多事情，尤其是嘴巴，可能是我们一生中用得最多的器官，我们每天都要反复地咀嚼。几乎所有的事都在重复，这是很让人疲倦的事实。生活都已经让人这么疲倦不堪了，我们为什么要读写疲倦不堪的生活的小说呢？

傅小平：我跟你想法有所不同。我们在生活中，但如果我们的感官和心灵没有充分打开，对生活的认知就特别有限。而那些生活化或生活流的小说，却可以让我们对生活有新的发现。当然，这对你或许不存在问题，因为你似乎一直对世界感到好奇。有意思的是，以我的感觉，你应该是那种比较多保留了童话思维的作家。打个比方吧，你在《零公里处》里写大元来到天安门广场，你发了一句感慨：对一个中国孩子来说，一部安徒生童话全集引起的幻想成分也不会超过这个广场。这句话不说它有多高妙吧，但一定是马原式的表达。我还真想不到，除了你，还有谁会写出这样的比喻，一般作家不会这么去想啊。

马　原：所以我能写童话啊。安徒生童话是至高的经典。天安门广场是我们那时眼里最理想的世界。那时有首诗是这样歌颂天安门的：博大如天宽如海，玉样纯净雪样白；坦荡荡，盛得下千山万水。你看看，是不是一个理想世界？

傅小平：是理想世界，那是不是童话世界？你把童话和理想搁一块儿了。这句话挺有意思。《零公里处》这篇小说，也挺有意思。

马　原：我当时写完后也很满意，我觉得这是我最好的小说，但寄给李潮后，他回信说，他对这部小说很失望，他读到一篇现代的《哈克贝利·芬历险记》。但看到他这个评语，我其实心里很高兴，因为马克·吐温这部小说，一直是我心目中最了不起的小说。

傅小平：人的印象是有点奇怪的，我一直以为《零公里处》里的大元是以知青身份参与"大串联"的，但重读后才发现他只是个十三岁的串联学生，应该跟上山下乡还没什么关系，《上下都很平坦》才是以知青下乡为背景的。

马　原：1987年，《收获》约我写个长篇，还给我在上海建国西路找了个房间住。我原本要写一个西藏的长篇，也就是《八角街》，后来改成写《上下都很平坦》。

傅小平：这篇小说写了多长时间？

马　原：从1月开始，写到4月，四个月左右时间吧。

傅小平：那时《八角街》被耽搁了，后来想过重新写吗？

马　原：曾经想过重新写，种种原因吧，没写成。

傅小平：那现在你还想写吗？

马　原：没太想了，可能是时空都变了，一切都离现在很远了，已经基本上不纳入我的小说规划了。

傅小平：时间是久远了。你从1989年离开西藏，到现在都有整三十年了。当时是什么原因离开西藏的？

马　原：是皮皮觉得应该回来了。她为什么要回来？那时西藏先后有两位女作家遇难,都还挺年轻的。后来也就马丽华没有因为两位同伴的离去而畏缩。她是极少数走遍西藏所有县的人之一,在文学和社会学领域成就斐然。那时皮皮心理压力特别大,而且她刚生完孩子不久,一心想回去。当时国家有一个政策,不允许人为制造两地分隔,如果我不回去,她就回不去。所以要留一块留,要走一块走,我也不能给她造成阻碍。最后就一块回来,没想回来就离婚了。

傅小平: 那回来以后做什么了?

马　原: 离职手续办完后,有人建议我穿军装,到军区里当创作员的话,有作家编制。但这个事情弄到一半,我就自己叫停了。因为那个时候张承志刚把军装脱了,就听他说你可能不适合,端这个饭碗不容易。听这么一说,我就不含糊了。

傅小平: 再后来呢?你的履历里面,西藏之后,我比较了解的就是上海这段了,然后就是你现在生活的云南西双版纳。

马　原: 到上海还是后来的事。1989年,我从西藏回到辽宁沈阳。待业一段时间后,到了沈阳市文联当专业作家。2000年,我儿子马小湾都十三岁了,放在姥姥家养,我则到处漂泊。我就觉得应该在儿子成年之前,履行一下当父亲的责任义务,那就得让自己先安定下来。可能我适合的工作就是大学。皮皮也是一个小说家,她就对我说过,那么多年你跟朋友们聊小说,我是很想记录的。她还说,你讲小说,讲这些作家的时候,朋友们特别感兴趣。你如果当老师,是个功德无量的事情,而且你可以把你的讲稿、录音都留下来,方便以后出版。我听人劝吃饱饭,那一年就去了同济大学,我连续讲了四年课,最后集纳成一百多万字。那几年我就全心全意当教书匠,和文学圈子都没什么联系。

傅小平： 后来回过西藏吗？

马　原： 回去过几次。我不回西藏，主要是身体有问题，我块头大，高原反应比多数人严重。我后来再去西藏，高原反应把我折腾得够呛，被送去医院后，很长时间不能恢复。我就想，西藏我是再也不能去了，老天都不让我去西藏了。

傅小平： 但西藏给你留下太深的烙印了。离开西藏后的第二年，你的小说骤然减少，再下一年彻底停顿。用你自己在《窄路窄门》里的说法，小说家马原与80年代如火如荼的小说浪潮几乎同时间偃旗息鼓。

马　原： 西藏对我影响太深了。我在西藏的七年，算是我写作生涯中最辉煌、最顺风顺水的一段时间。在这七年里，我应该是当时全中国，乃至全世界写西藏小说最有影响力的人了吧。我后来那么多年没写小说，中国当代文学史上都给我留一席之地，不得不说是拜西藏所赐。要说顺风顺水，因为我去西藏之前，就已经写了很多年。那时候，跟我差不多同期开始写作的史铁生、王安忆、陈村他们，都已经在文坛站稳脚跟，但我的小说还处在碰巧能发一篇的困难境遇里。在西藏那个阶段，我一下子在国内各大文学刊物上发表很多篇小说，且产生很大的反响。所以，如果没有去过西藏，也就没有今天的马原。当然，与80年代小说浪潮的退潮，只能说是一种暗合，刚好在那个节点上了。

傅小平： 在你的履历上，应该还有一个暗合。1966年，你参加了"大串联"，从锦州坐火车跑到北京。你的小说《零公里处》应该就以这个经历为背景的吧。后来你在《牛鬼蛇神》里，又以这个时间点作为切入口。你真是凑巧了，个人经验和历史吻合。估计90年代初这个节点，也对你写作有影响吧？

马　原：1991年，我突然写不下去了。那时候，公众也不关心文学了。

傅小平：我想你或许会感叹，好在自己经历过80年代。我读了你那个时期的一些作品后有一个感觉，你的作品在观念、技巧上有很大的突破，而且领风气之先。不过有意思的是，相比很多先锋派作家受外国文学影响，语言表达也特别西化，你用以容纳先锋内容的，却是地道的汉语。

马　原：我的表达还特别口语化。

傅小平：对，《冈底斯的诱惑》开头就很口语化。"我知道这么晚来找你你要骂我，要骂你就骂吧。"是不加修饰的口语化。

马　原：反正，我就是觉得叙事要讲究效率。19世纪的小说，有个天大的问题，就是这整一个世纪的文学，都在添砖加瓦、添枝加叶，语言已经不堪重负了，叙事也太繁复了，效率真是特别低。要想效率高，我们有一个伟大的前辈，就是海明威。当时有一种说法，海明威是板斧写作，他把文学的枝繁叶茂用板斧修掉了，只剩下主干和几个主要的枝干。他做的事情太伟大了，在他之后，我们写作变得轻松多了。那么，有19世纪文学的黄金世纪在前，20世纪初的作家面临千难万险，他们为了突破创新，还要用意识流给文学加载，把文学弄成不能读的东西，文学越来越不堪重负。到海明威那里，他教会我们重新看世界，他要我们看故事的主干，看故事的骨架。并且，他把语言的效率做到了最高。

傅小平：语言效率最高，怎么理解？

马　原：文学最高的妙处是藏，或者隐，而不是显。这也是我对自己叙事的要求。当然,我也不是反对显。莫言写作就显,他的那种汪洋恣肆、泥沙俱下,包含了一种力量,让你感觉里面有大江大河的澎湃。但我还是强烈认同藏,就是说你看到的可能没多少话,但背后可能藏了无穷无尽的东西,至于藏的什么,你自己琢磨吧。在海明威的小说里,这样的例子随时可以找到。最有名的例子就是《永别了,武器》结尾处的对白。"'你现在不可以进来。'一个护士说。'不,我可以的。'我说。'目前你还不可以进来。''你出去,'我说,'那位也出去。'"在此之前,作者没告诉我们房间里有几位护士,这段文字也没直接交代,但从对白中,我们知道了这间停着"我"情人凯瑟琳遗体的房间里有护士。在此之前,"我"一直是个模范病人家属,我的对话也没有失态之处,但看这段对话,即使作者没有叙述"我"的情绪变化,我们也感受到了"我"的失态。"我"在想,自己的女人死了,"我"都不可以进去看看,"我"要不进去,"我"算什么东西。所以,"我"违反医院规章制度把护士赶了出去,但"我"安安静静站了会儿后,冒雨走回了旅馆。小说到这里戛然而止,这样的高效率在海明威之前是不可想象的。海明威啥也没写,却像是把什么都写了,而且也留在我们脑子里了。我们都知道他著名的冰山理论,他省略了很多经验。这种省略并不等同于我们所说的留白,或者所谓的言有尽而意无穷。海明威省略的是实体经验。这一点,恐怕很多人都不理解,都误读了。

要写小说就要往其他载体取代不了的方向去写

傅小平:照这么看,人人都自以为明白冰山理论,其实未必那么明白的。就像你的叙述圈套,了解一点先锋文学的人都知道这个概念,但它到底意味着什么,很多人未必知道。它是否就可以定义你的创作,也很少有人会去深究。

马 原:我在80年代,知名度是大大提高了,但真正理解我写作的人其实不多，真正理解海明威写作的也不会多。我可以说是成也先锋，败也先锋。你看叙述圈套的概念被发明出来以后，很多人都以为找到了解读我小说的途径，他们认准的就是个形式，相比之下，内容似乎就不重要了。当然，形式是很重要，形式会在我们惯以为常的内容之外建立新的内容，形式也可以改变内容，形式带来的一些东西，还会转化成全新的内容。这在小说被看成一门艺术的年代里，意义很大。当小说变成一种娱乐、一种消费产品的时候，这个形式就空有一个概念，此外就一点意义都没有了。所以，我比较早提出来"小说死了"，很多人表示反对。但他们没明白我要表达的意思，以为我说瞎话，小说不明明还活着吗？但他们把有没有小说这种形式存在，当成讨论的前提。

傅小平：那你要确切表达什么意思？我想，你大概指的是作为艺术，而不只是作为故事的小说。但什么样的小说算达到了艺术的高度，也是需要辨析的。

马　原：我回应过这个问题。我说小说死了，是指作为公共艺术的小说已死，因为它的功能已被网络、广播、电影、电视剧等取代了。小说诞生最初是因为什么，因为人们要打发时间。但读图时代，人们完全可以用新载体来打发时间，人们可以有很多选择。当一个东西可有可无的时候，它要么进博物馆，要么连博物馆都进不了，再也没有一个去处，就死掉了。那小说可以作为一种脚本存在，如果那样，小说不过是电影、电视剧的附庸而已。所以，在这样一个时代，你要么不写小说，你要写就要往其他载体取代不了的方向去写。

傅小平：我想你推崇的美国作家霍桑那样的写作，或许是其他载体无法替代的。我在查建英的《八十年代访谈录》里读到李陀的回忆，有一次你找上门去和他谈《冈底斯的诱惑》，结果坐下来没说几句话，就带着万分肯定、不容驳斥的语气说："世界上最伟大的作家就是霍桑！"

李陀表示不同意，不料刚说几句，就遭到你的反驳。你说他根本不懂小说。是这么回事吗？

马　原：时间长了，具体场景记不清了。但我们一辈子尽在聊小说，谁都不让谁。我现在也认为，霍桑是最伟大的作家。托尔斯泰当然也是最伟大的小说家，那是没有商量的。像霍桑这样的作家，没有谁敢说写得比他好。他确实已经把小说写到了文学的制高点，别人也不可能超过他。你想我们前面谈到的《拉帕齐尼的女儿》，还有《教长的黑面纱》，霍桑都是一开始就把人物关系交代清楚了，一点悬念都没有，那故事还怎么讲？

《红字》也是，写的就是三个人之间的故事，一个奸夫、一个淫妇加上一个被戴绿帽子的丈夫，我们从一开始就看得特别清楚，这个故事还能怎么讲，但偏偏霍桑把这个故事讲完了，而且讲出了一部伟大的作品。而且时间对这种作品没有任何损耗，我不得不佩服，我钦佩得无以复加。在我们那个年代，我们还特别推崇《静静的顿河》，肖洛霍夫这部通俗杰作一百万字呢，但我读到一半，对下面就没什么期待了。但《红字》不一样，我读三遍，也读不透。他只有两百页厚，但我觉得比《静静的顿河》要厚太多了，你在里面可以读到人类最深邃的东西，譬如崇高、神圣，譬如懦弱、虚伪，那都是一眼望不到底的深邃。这样一个小长篇里具有的深邃和宏大，不是一个真正伟大的作家是达不到的。

傅小平：你说的最伟大的小说，最伟大的作家，有什么标准吗？

马　原：不可企及。像托尔斯泰、霍桑这样的作家，像《战争与和平》《红字》这样的小说，是不可企及的。海明威说过一句话，大意是说，我非常安静地出拳，打倒了屠格涅夫先生。然后，我继续刻苦地训练，打倒了莫泊桑先生。我与司汤达先生打了两个平局，而我觉得我在最后那局中领先了。但是，没有任何人打算把我带到与托尔斯泰先生对局的拳击场上，除非我疯了，或者我不断地改善自己的技艺。所以说，有些伟大作家达到的高度，你只有仰望，能不能望其项背都很难说。纪德逝世的时候，三十万巴黎人为他送葬。此前，也只有雨果得过这样的礼遇。连法国近现代第一伟人戴高乐都说，纪德去世了，法国的精神生活停止了。纪德在法国文学界有这么崇高的地位，是一般作家不可企及的。纪德和海明威是20世纪前期的作家，我作为20世纪中期出生的人，运气真是好，我有幸能在文学上汲取到这些前辈给我的滋养。

小说关心的应该是人内心最隐秘、埋藏最深的部分

傅小平：前面说到李陀的回忆，我就想起余华在你的小说《黄棠一家》发布会上谈到的场景。他说你有一段时间离开西藏回到沈阳，在沈阳文学院搞一个活动。他跟莫言、刘震云把史铁生扛上火车，到沈阳来看你。然后你背着史铁生走，后来你们还进行了一场足球比赛，史铁生当守门员，等等。再后来，你经常到鲁迅文学院看他们，当时莫言和他住一个房间，莫言回家盖房子去了，你就在那住几夜，和他通宵谈文学。最后他感叹了一句，那真是一个很美好的时代。说实在的，我听听这些回忆，都觉得那真是个让人心向往之的文学时代。

马　原：余华记得比我还详细一点，铁生去过一次沈阳，他有诸多不方便，我要去接他。但很多细节我记得比较模糊了。我们打篮球，也踢足球，都挺有趣的。我每次从西藏回去都会去看铁生，在所有朋友当中，尤其是那段时间，我和铁生交往是比较频繁的。他们去沈阳，也是我要他们去的。对他们来说这是一次旅行，但我要尽地主之谊，得操心一些事情，记忆反而没那么具体了。反正在80年代，通宵达旦谈文学是常有的事，我和余华他们就不用说了。

傅小平：对史铁生这样的作家来说，文学就更纯粹了。你和他的交往是怎样的？

马　原：我1985年入中国作协，铁生是我的介绍人。我们共同关注一些问题。铁生注意到我的写作，跟同时期很多作家都不一样。他有一次跟我说，马原你就是那种天马行空的人，你像鸟一样，一直是飞的。他说他自己一寸也离不开大地，就算找个杠子让屁股悬空，手还要撑在地上。他后来过的是轮椅生涯，紧贴大地的，写作也是那么重。他觉得最理想的写作状态是像米兰·昆德拉那样时而天上，时而地下，又能在空中飞翔，又能在地面行走。我们两个都不是，他的写作是具体而微的，而我一生都在形而上的层面。

傅小平：史铁生的创作给我感觉挺形而上的。他是少数具有灵魂叙事特点的作家，也或许是在气质上比较接近你推崇的纪德、霍桑的中国作家。你个人对他的创作，尤其是《务虚笔记》有怎样的看法？

马　原：在我看来，铁生是一个智者，没有第二个人可比。他内心无比坚定，他眼里的世界，笔下的故事都无比坚定。我们对他的尊重、敬仰之情，是不能用言语形容的。他就是我们那代作家的楷模。他在我们心中是一方神圣。当然，他的写作是踏实的，接地气的，不是那种偏重虚无的，形而上的。他对形而上的关注，也是基于脚踏大地的关注。这和纪德、霍桑不同，他们是绝对意义上的形而上，他们的作品里没有泥土的气息。但他们都是智者，只是在形态、状态上表现很不一样。纪德和霍桑笔下的人物，都是抽象的，铁生完全不同，在他笔下都是一个个具体的、具象的人，他们想的都是跟灵魂有关的问题，从本质上很接近纪德、霍桑，但他们运用的方法不同，有时甚至是相反。

傅小平：这里涉及写作的方法论问题。

马　原：我和铁生的很多谈话，都是关于写作的方法论的。我们的写作状态颇为不同，以他的看法，我那时候写西藏的东西都是"如有神助"，他几次问我，是不是上帝抓着你的手在写？我后来有差不多二十年时间写不出小说，有时就会想，是不是上帝不帮我了，他把他那只抓着我的手收回去了？

傅小平：你后来停笔写作是怎么个情况？是真的彻底写不下去了，还是你怎么写都感觉自己回复不到好的状态，干脆放弃了？

马　原：1991年，我在停笔前，写了最后一部小说，叫《倾诉》，写一个杀人的中年男人，在死前对小说家讲述了自己的全部罪行。这个故事讲完后，我的笔好像就干枯了。我无数次坐下来，想要认真地开始写，我把经济条件准备好，把时间腾出来，让自己的心静下来，甚至还调好光线的角度，但都不对，都不行。我那时也不知道，我会不会像胡安·鲁尔福写完《佩德罗·巴拉莫》后，就再也不能回来写作了。

傅小平：你毕竟回归写作了，但你回归的方式与众不同。《牛鬼蛇神》"卷0北京"，基本上原样拷贝了《零公里处》，"卷2拉萨"则容纳了你多部西藏题材的小说，如《冈底斯的诱惑》《拉萨生活的三种时间》《西海的无帆船》等，你就不担心有人批评你所谓回归写作不过是重复自我？

马　原：准确地说，那时我离开小说写作差不多二十年，我已经不再完全是小说家了。一个小说家都不写小说了，那他还能干什么？我做过专业作家，但其实没写出过一部文学作品；我做过电视纪录片，但从来没有在公共平台播出过；我做过电视剧、话剧编剧，但都没有投拍；我还做过电影导演，也没有公映。这之后就当了大学教师，当了个没有教授职称的教授，当了十多年，还做过教育管理，都做到了系主任的位置上，后来我又主动辞职。再后来就是生病休养直至退休。这种身份的变化，不妨先搁置不谈。对我来说，要我这一辈子只写一本书，那写一本《牛鬼蛇神》就够了。

傅小平： 这得怎么理解？

马　原： 因为我个人几十年的变迁，从一个文学青年到完成这部小说，前后有四十年时间吧，如果以前的小说也算是一种过往的话，这前前后后的经验都在这部小说里头了。从这个意义上说，我先前的小说，不过是为这部小说做的准备而已。有好事者大致计算过，这部小说里我挪用以前作品的内容，但稀释了，大概有五万字。那我这部小说有三十万字呢，其余的二十多万字，他们怎么就不关注？更何况我把它们打碎了，融化到长篇里面，还需要重构，还需要非常多的构思。那我先写的《西部小曲》，我把它完整地放到《冈底斯的诱惑》里，那时怎么不去讨论是不是重复，现在大伙儿来讨论这个，说什么我在自我重复，自我抄袭，那都是庸人自扰。我们的人生，就包括我们以前的人生，人不就是这样吗，不同的阶段都有自我重复，都有类似回放一样的回合。就像一个人从最初的科级升到部级，这当中从科级到处级，从处级到副局，从副局到局级，有太多的相似性，有太多的重复了。你以为你吃三顿饭都不一样。你哪怕吃稀有的燕窝鱼翅，吃几次后还不一样重复？所以我就说，你们提出这种指责，我都不屑于跟你们讨论，这样的讨论没什么意义。

傅小平： 就当是误读吧。我最早听说书名的时候就误读了，我以为这部小说写的是"文革"。后来读了才知道你定这个书名是因为主人公之一李德胜属牛，近鬼。而另一主人公大元属蛇，近神。但你取这样一个书名，要读者在不了解内容的情况下，不产生误读，都不太可能。估计有些读者会以为你有意为之呢。你既然很看重这部小说,那它在你作品序列中占有一个什么位置?

马　原:在这部小说里,我把我一生的故事都讲完了。这部小说的主角是神,人面对神要通过神迹。我把我在二三十年时间里涉及的神迹,都用到这部小说里了,它囊括了我一生中主要的经历、心得,还有别的一些东西。那么,如果《冈底斯的诱惑》能留一百年,《牛鬼蛇神》我相信能留几百年,因为它探讨了一些基本问题,它探讨的是人在宇宙自然中的状况。你没读过我其他的小说没关系,你读这本《牛鬼蛇神》,我所有小说的精华都在里面了。

傅小平:话说回来,你在这部小说里容纳那么多写于80年代的作品,是不是也包含了向那个时代致敬的意思?

马　原:80年代对我们是个好时代,是个文学的年代。那时大家都读小说,大家都有情怀。当然,我对80年代走红是完全没有心理准备的,那时候媒体上出现照片不多,有时也有照片印在书上,因为是黑白的,小小的,不是用的铜版纸,印刷技术也不行,所以看上去很不清楚。但就是这样,走在街上有时还会被拽住说,你是马原先生吧,我是你的铁杆读者,能不能照张相?他们要我签名,有女孩子见没有地方可签,就把袖子一撩,让我写到胳膊上。确实让我有一点受宠若惊。但写小说,就像当明星一样,我一直觉得不对。你要真当自己是明星,心态都会出问题。因为写小说关心的都是人们内心最隐秘的、埋藏最深的部分,而不是浮在面上的这些东西。那么90年代以后,作家边缘化了。我觉得是回复正常,回到原本的位置上了。2000年我来上海后,发现自己不堪其扰。因为就在这个时间前后,中国彻底进入媒体时代,我就发现自己被当成了媒体资源,这个处境特别尴尬,就是媒体有什么事都来找你。从2000年到2008年,我的生活就没安静过,我可能接受过不止一千家媒体采访，什么小报都可能找到我。那时，我生活里一个最主要的事情就是面对媒体，一周少说也有两次吧。我逃离上海一方面是身体出问题，另一个原因其实是逃离困扰。你看我离开上海，那么义无反顾，把房子都卖了。

傅小平：还真是，要是你没把房子卖了，或许今天我们就在你房子里聊了。余华在那次会上还说，他有一次跟苏童去你家，看到你把所有直角的墙都弄成圆的，想想都挺好奇的。但你把房子卖了，我就满足不了这个好奇心了。我倒是好奇你怎么那么早就意识到80年代的重要性。你早在90年代初，就带着只有一个摄像师的摄制组辗转全国拍摄纪录片《中国作家梦》嘛。

马　原：我有一个朋友，他当年是《中外文学》杂志的主编，也是我的大学同学。他非常了不起，是他最早给我建议。那是1990年，他说：大马，你想一想，现在是一个多好的关口，如果说文学有时代的话，那么新时期肯定是一个特别特殊的文学时代。他说的新时期，也就差不多从1979年到1989年。在这一时期，中国出现了形形色色的作品。在小说内容及方法论的探索上，我们只用十年就走过了外国走了一百年的历程。他说，你作为这个文学时代中的一分子，你和这段历史当中的主角都有很多的交集和来往，你应该出面把这段历史的尾巴抓住。我们可以做一个用电视讲文学断代史的特别好的范本。虽然时代过去了，但人还在，你应该把这些人聚拢来，这里面有前辈像夏衍、冰心、汪曾祺，加上我们，还有比我们小的，这些人不但缔造了新时期文学史，还缔造了此后的文学史。你和他们都在其中。

傅小平：有历史敏感是一方面，更为重要的是，你们不只是嘴上说说，还真干上了。这个事当真做起来还是很有难度的吧？

马　原：现在想起来，都觉得挺奢侈的。从1991年到1994年，在这期间，我采访了一百二十多个作家、出版家和翻译家，是他们共同铸造了中国的作家梦。你想做这个事有多大的工作量，我们一个摄制组跋山涉水跑到这些作家云集的地方去拍。而且我们没有任何外力支持拍了几年。当然现在看来，可能钱不是很多，大概也就几十万块，但当时是不少了。记得我去拍陈建功的时候，他就问我，马原，干这么花钱的事情，你是不是拉到钱了，有赞助？

傅小平：这也正是我想问的问题。

马　原：哪来什么赞助，都是几个好朋友自己掏腰包。

傅小平：是掏你们个人的钱？

马　原：不是。我们有个小团队，最初一起拍西藏故事的电视剧，但我们把攒起来的钱先挪用到这个拍摄上。后来，那个拍电视剧的计划也流产了。

傅小平：我从资料上看到你拍过一部西藏题材的电影《死亡的诗意》，好像是改编自你的一部同名小说，还有另一部小说《游神》。这部电影也没公映吧。你在拍电影、电视剧，还有纪录片这个领域似乎不怎么顺利，看来你最适合干的事还是写小说。

马　原：拍这个纪录片，算是一种情怀吧。当时我们采访的母带有四千多分钟，最终剪出了七百二十分钟，一共二十四集，每集三十分钟。我们做这个事是个人行为，不太受待见，最后没有一家电视台愿意购买版权，片子也没有播出来。从技术上说，这些片子也都死掉了，因为当时用的磁带，放到今天也都脱磁了。所以，其实这个事就成了我个人的一段经历，实际上经历本身也不重要了，现在更多的是回忆。

傅小平：但好歹留下了文字，成就了一本作家访谈录《重返黄金时代》。

马　原：留下来的也就这些文字。这本书其实有好几个版本。最初出版时书名就叫《中国作家梦》，但图书印数不高，影响也不大。

傅小平：我感兴趣的是，你何以那么确信地把80年代定义为文学的"黄金时代"？

马　原：这是出版方拟的题目，这些年，大家在回忆80年代。从历史的角度看，取这个书名，我看没有问题，而且也基本上把这本书的内容概括了。从我个人角度，我一直把80年代看成中国文学的黄金年代，我觉得比30年代有过之无不及。这应该是事实吧。你看80年代火起来的作家，无论是比较讲究方法论的阿城、莫言、余华，比较写实的贾平凹、王安忆、韩少功，还是从80年代末90年代初延续过来的新写实主义名家，像刘震云、方方、池莉等，都构成了几十年中国文学的中流砥柱。80年代中国最红的人，就是当时的小说家、诗人。他们的成果可能现在评说尚早，但就当时的盛况，称那个时代为黄金时代并不为过。

先锋派是历史遗留，并不是我们的初衷

傅小平：我向往的是那时文学的氛围。也是在查建英那本《八十年代访谈录》里，李陀用了一个词"privacy"（私人空间），按他的说法，这是"公共空间"形成的条件。他还回忆说，有一天都十二点多了，张承志过来敲门，就为了到他家找《马丁·伊登》，因为他那时在写《金牧场》，找不到叙述调子，突然想起杰克·伦敦的这部半自传体小说，可以作为参考。后来，他们又坐在一起聊了聊怎么找到叙述的感觉。读到这里，我就想这样的场景，现在恐怕不可能再现了吧。当然，从现实条件看，那也是因为他们住得近。

马　原：我对北京不是很熟，我只能记住大致的方位。张承志，我跟他没有私人接触。李陀，我记得那时住在东大桥附近，史铁生曾经住在人民日报社附近，后来还住过雍和宫桥。他们之间是不是离得近，我就不清楚了。

傅小平：地理远近没那么重要，重要的是那种氛围会拉近距离。李陀说，从90年代中期开始，已经很难再像80年代那样，朋友之间聊天可以直言不讳，可以吵得面红耳赤，现在再说谁的作品写得不好，有毛病，那个脸色就不一样了。我想到的是另外一个事。你有一次到华师大演讲，后来李洱站起来提问，问你对博尔赫斯的小说有什么看法，你回答说你没读过博尔赫斯。

马　原：那么多年里，我很多次被问起这个话题。其实，我这个说法带点玩笑成分。但聊到的时候，他们都看不出我在幽默呢。你看，李洱得了茅盾文学奖，他就更出名了。

傅小平：李洱这部《应物兄》，和他以前的作品很不一样，也着实引来不少争议。我就想到，先锋作家们也经历过所谓转型，从标新立异的实验性写法转向写接地气的现实，写好看的故事，在这个过程中，同样引发很多的争论。

马　原：转型，我认为是批评家在自说自话。你们在做出归纳，发表自己的观感。余华也好，马原也好，就写自己的小说，有什么转型？

傅小平： 那你不觉得时代转型，对写作或多或少会有影响吗？

马　原： 我不这么看。写作原本就是个体行为，每个人都有自己的路径，你写着写着就这么写了，但文学史家非要按自己的思路去归纳，"先锋派"就是他们给我们扣上的，我们又没有发表过纲领、声明，没有什么行为准则，也不是一个团伙。先锋作家之间，当然都是朋友，但我们的朋友不只这几个，还有更大的群落。所以，先锋派只不过是80年代出现的一批不满足于固有小说写作方式的小说家，他们让小说有了不同的声音、方式和面貌，但这个派系是一个历史遗留，并不是我们的初衷，无非是现在大家接受了这个排列组合。至于写作，每个作家都不愿给读者留下自我重复的印象，都试图改变自己。批评家们说什么先锋作家集体转型，以为是对大趋势的描述，不过是自说自话罢了。

傅小平： "转型"这个帽子，是扣得有点大。准确一点，不如说改变吧。先锋作家们后来写的，跟他们在80年代写的很不一样。余华的写作比较典型。像《活着》《许三观卖血记》《兄弟》和他之前的实验性写法判然有别，而且因为都受到读者欢迎，有些人就认为他向市场妥协了。《兄弟》更是得到了两极化评价，当年就有不少评论认为这是一部失败的作品。

马　原： 我和一个非常有名的批评家很激烈地争论过。他说，《兄弟》很差。我问他，看了吗？他说，我不看。我说，余华用一年半，用五百天写出来的作品，你都不肯读，还张口就说这小说很差、很烂，我该说余华浅薄，还是你可笑？你不想想，余华是你能比的吗？他一部作品不写到自己满意，都不肯拿出来。但你用一个月，或者用三天读一下，你都不肯读，你对他的评价能够切近这本书本身吗？我没记错的话，《兄弟》是余华第一本被广泛阅读的书。厚厚两卷本，很贵的。那么多人都那么喜欢他，要买来读，那别人都没眼光？觉得它一文不值，也要花冤枉钱？是这样吗？那些白领、粉领、金领、银领，他们干吗要花那么多钱买一本书？余华也不是特别流行的作家，在《兄弟》之前。这说明什么？这说明这本书跟别人的书不一样，它肯定有不一样的地方。

傅小平：那你觉得它不一样在哪里？

马　原：不一样在于，余华把一个寻常的青春记忆，一个男孩的小错误，用放大镜去写，立刻就写出不一样的面貌。他写的就是普通的两个兄弟的故事，一个比较老实，一个很有干劲。但老实说，《兄弟》是余华个人的突围之作，他最了不起的突破，就是解决了阅读问题。余华的突围，就像是米兰·昆德拉的突围，昆德拉在一个小说已经逐渐被摒弃的时代，使小说变成一个又严肃又惊悚又诙谐又逗趣的东西，让读者都愿意读它。昆德拉和余华都是有深入思考和强烈个人风格的小说家，他们选择突围，首先是考虑把小说的阅读门槛放低，让更多人读它。很多作家却忽略了阅读，或者说转不过弯来。市场和读者群都已经变了，他们的叙事却没有改变。我知道有很多理论家，对一个严肃作家的畅销作品嗤之以鼻，但这种鄙视是没有意义的。一部作品不被更有品质的读者阅读，不以一种奇妙的状态转化到被更多人阅读，还更有意义了？余华以前的小说可读性并不好，但后来的小说可读性强了。从不可读到可读这个转化过程中，余华他们做出的尝试，我无论如何都特别尊重。

傅小平：你说这个的时候，我就想起张艺谋的转变。如果说余华后来的写作解决了阅读问题，那张艺谋后期的电影作品解决了观影问题。但我更喜欢他前期的作品，他后期的《英雄》《十面埋伏》等作品是获得了更大的市场号召力，但我不确定是不是该表示更大的尊重。我自己的感觉是，是不是更有读者，更有观众，并不是一个绝对的衡量标准。关键还是在于作品本身。既经得起时间考验，又拥有很多读者的作品，自然称得上是伟大的作品。

马　原：譬如世界文学史上的小说家，像大仲马、克里斯蒂，是伟大的作家。他们写的绝不是我们以为的那种流行读物。大仲马他们所做的是智慧写作，他们是和读者博弈，读的人很愉快，而且读完后会有一种被打败、被征服的愉悦。当然，对他们的小说见仁见智，喜欢或不喜欢，由读者说了算，但我们要看到小说背后的东西。所以，我特别看好《兄弟》给余华小说带来的变化。最近网络上有一些说法，说《活着》不仅畅销，而且长销，到现在都已经印了两千万册，这是一个奇迹。带来余华的改变的就是《兄弟》。所以，我说余华在《兄弟》写作上的尝试，是一次非常了不起的成功尝试。

傅小平：其实听你说到余华，说到《兄弟》，我就觉得你们真是好兄弟。我想你是真心觉得《兄弟》好，就是这份真，让人听了特别感动。这样的情形，在现在文坛上，或许不多见了。

马　原：在过去的文坛，我是圈外人。在现在的文坛，我还是圈外人。我离群索居，和圈子的距离太过遥远。保持距离，也是我个人的一种立场。所以我不是太知道，现在的圈子里，谁和谁走得很近，他们之间又有什么圈子里的利益纠葛。但我觉得我们当年最好的一点是，我们彼此都成了朋友，我们彼此也都敬重。你们经常说的先锋五虎将，当然是很要好的朋友，我们和其他人也都很要好。我一辈子都不得奖，我们之间也没什么利益纠葛。这也没什么奇怪，文坛历来也是名利场，我就装作不知道，说老实话，我离圈子确实太远了。

傅小平：我看现在文坛也挺热闹，这个热闹有一部分怕是被各种文学奖项催生出来的。我也听有人说，现在是中国文学的"新黄金时代"。

马　原：80年代也有一些奖项。像鲁迅文学奖之前有全国优秀短篇小说奖，茅盾文学奖之前也有颁给优秀长篇小说的奖。我也当过一些奖的评委，也听到过一些事情。有些作家得了一个奖后，很可能就平步青云了。

傅小平：所以写作在今天也能改变个人命运。就像80年代，写作也改变了很多人的命运。但改变命运的方式有所区别，获奖在今天是一个重要途径。

马　原：反正我什么奖都没得，我也一样可以享受写小说带来的红利。我有时想，现在要是什么奖都不得，能得到更高的尊重吗？

傅小平：我想你得到尊重，部分源于你在80年代积攒下来的文学声誉。

马　原：应该是吧。

傅小平：有意思的是，现在回头看，不少作家与时俱进，他们的作品却可能停在那里了。你一直停在那里，不进不退，却像是"与时俱进"了。

马　原：可能是我不思进取吧。因为写小说这件事，很多人社会地位改变了，知名度提高了，但我没改变，我除写小说外一无所获。很多人都成了自己所在地的泰山北斗，只有我不是。我还经常和80后、90后开笔会。这都是身外事，我看重的是我的小说，我希望十年后有人看，三十年后有人看，我也希望我的小说三百年后还有人看。这是我作为一个小说家的愿望。

叶兆言

我永远都在探索文学的可能性

叶兆言，1957年出生于江苏南京，原籍苏州。

1980年开始发表作品，1982年毕业于南京大学中文系。著有长篇小说《刻骨铭心》《很久以来》《一九三七年的爱情》等，中短篇小说集《夜泊秦淮》《艳歌》《枣树的故事》等，散文集《流浪之夜》《杂花生树》《乡关何处》等。曾获华语文学传媒大奖年度杰出作家奖等奖项。

在我们的时代里，或许很少有作家像叶兆言一般当得起这样的评价：一个单纯写作的人。要是还能在此基础上，加上"非常正派、特别干净、不与人争、笑看风云、守住自己"之类看似平淡无奇的修饰词，就更是少之又少了。这难就难在，他需要具备作家范小青于2018年8月30日在北京江苏大厦举行的"叶兆言长篇小说《刻骨铭心》研讨会"上说到的两个条件：一是不装、不端。"叶兆言说来也是大家了，我们都是多少有些仰视他的，但他受了我们的仰视，也从不端着。"二是不浮、不过。"他对人对事，一点都不过分。他天然有一种文人的品格。"

照实说来，一个作家真要做到范小青说的这般单纯，还至少得有一个最基本的物质条件，无须为五斗米"折腰"。叶兆言显然没有这方面的烦忧。范小青说，单看叶兆言的脸色和牌技，就能看出他写作进展到哪一步了。如果说他的长篇写完了，他的精神状态就特别好，打牌也会赢。这种机会比较难得，因为当他要开始写长篇，心里的阴影就在脸上呈现出来，当他写完了一个长篇，想着开始写第二部，第二块阴影又跑出来了。"写作对叶兆言来说，就是这么一件痛并快乐着的事。他一天不写一千字是不行的，每次出差都带个电脑，哪怕出国，每天早上我们还在睡，他就爬起来写了，等我们起来吃早餐的时候，他很高兴地说，我八百字或一千字都写完了，我可以去玩了。他没有双休日，没有节假日。这种数十年如一日的执着，真是非常令人感动。"

就是这么一个单纯的作家，他的写作却并不"单纯"，甚至可以称得上丰富、驳杂。评论家韩松林概括了三个鲜明的特点：一来，叶兆言平时话不多，但谈起学问来话就多了。于是乎，读这么一个学问广博的作家的书，就多了一个好处，不仅仅能读到好故事，还能顺带学知识。

二来，叶兆言学的是中文，但对历史有浓厚的兴趣，说起掌故那叫一个如数家珍。因此，他得以用现实来观照历史，并用历史来启示现实。三来，叶兆言为人淡泊，不钻研名利，却有着很强的"占有欲"，他通过文字去占有了一座城市，也就当之无愧成了南京的一张名片。

这"当之无愧"，得来可着实不简单。眼光挑剔如工于历史考据的评论家王彬彬，看太多的作家写南京、写上海、写北京，都道不过是花拳绣腿，甚是苦恼地觉得他们对他们写的城市既没有笔力上的准确把握，又没有精神上的深刻体味，更谈不上有什么灵魂上的碰撞。但在他看来，叶兆言跟南京就有一种灵魂的沟通与碰撞，所以写出来给人感觉很真实、很切实。而对文学写作高标准、严要求的如评论家谢有顺，看太多的作家写历史都能看到一种真实与虚构之间的撕裂感。叶兆言却能把这虚虚实实很好地结合起来，并且让他笔下写到的时间地点、风俗人情，包括器物用度等都透着熨帖的时代感。"他显然是有常识的，也正是常识感的建立，使得他的小说生机勃勃，同时趣味横生。"

如此，叶兆言要安分写南京的前世今生、风云变幻也就罢了。但他分明是不安分的。他的不安分，也使得他的写作变得难以归类。于是，在青年评论家姜肖眼里，叶兆言就有了这般错杂的形象：他是先锋作家里最会讲故事的，新历史主义潮流里最具现实感的，新写实派里最有浪漫气质的。这印象虽不能说全然客观，但要把"最"字拿掉，也大体恰当。但要是说在叶兆言的小说里能读出一个作家文化心态的矛盾性，还有介乎潮流和职守之间的平衡，就称得上比较准确了。

恐怕没有人能准确说出，叶兆言的写作都自成一家了，却为何在读者眼里还有那么点不温不火的意思。恐怕他自己也未必清楚，是不是多少因为不温不火，或纯粹是出于不断给自己设置难度的需要，他总是给过往的写作来一个"反动"。打个比方说，《刻骨铭心》的故事，按常理从第二章才算真正开始。但叶兆言非得横生枝节，在第一章里写两个看似与整体没什么必要关联的故事。这还不算，在小说里处理人物的命运，叶兆言也总是不按常理出牌，他似乎特别不喜欢让人物按我们能想到的，带有某种设定性的逻辑走。这看似不合逻辑，却也可能合乎生活的逻辑，或深层的逻辑。就像谢有顺说的，要细加考察，生活里很多事不一定是逻辑严密的，也不一定是有前因后果的。当然，这不是关键，关键在于，叶兆言有本事把看似不合逻辑的人和事，写得合情合理、自然而然。

但生活自有自己的逻辑，是哪怕那么能讲逻辑的叶兆言也管不了的。譬如，他写了很多作品，无论是写历史，写当代，还是写短篇小说，写非虚构作品，重点其实都不是写秦淮河。但自他的中篇小说集《夜泊秦淮》开始，很多读者最爱读的就是他的秦淮系列，让你不由联想，《刻骨铭心》之所以在今年小小火了一把，会不会是这部长篇为"秦淮三部曲之三"的缘故。至于这其中的道理，怕是叶兆言自己也说不清道不明了。

我关注读者会用一种什么样的方式进入小说

傅小平：你的最新长篇小说《刻骨铭心》据说是你继《夜泊秦淮》后25年，新历史小说扛鼎之作，并与你早先的《很久以来》《一九三七年的爱情》合称秦淮三部曲。你给读者留下深刻印象的，大概也是秦淮系列。久而久之，"叶兆言"这个名字，在某种意义上成了写秦淮河、写南京历史的作家的代名词，但其实你还写了很多其他题材的作品。这着实是当代文坛上一个不多见的、耐人寻味的现象。

叶兆言：我是个对写作充满热情的人，写的东西也特别多，无论写历史，写当代，还是写短篇小说，写非虚构作品，重点其实都不在秦淮河。大家都记得秦淮系列，确实和记者的采访有关，也和读者的认同感有关。你看写《一九三七年的爱情》，应该是1993年吧，都很多年前了，那时我才三十多岁。说真心话，我写了十二部长篇，都差不多把它忘了，但读者特别惦记，那我也没办法。从我写作的初衷来说，我不希望是这样，但从阅读的效果来说，就是这样。

傅小平：这会不会和南京特殊的历史渊源，也和秦淮河流传下来的传奇故事有关？譬如有作家写上海，写黄浦江，估计很少会有人说他是写黄浦系列的。话说回来，得如此称谓也是一件好事。估计很多作家都希望自己的作品打下某座城市的深刻印记，以至于人们说起这座城市，都会自觉不自觉联想到他们。作家也随之和他笔下生生不息的城市一起流传，在某种意义上，这是不朽的印记。

叶兆言：南京这个地方，是有些特别的，它会和兴亡、怀旧联系在一起，成为一个不朽的文学母题。民国时期的南京是这样，更早时期的南京也是这样，在唐诗里，李白啊，刘禹锡啊，都留下了十分伤感的诗篇。可能是这个原因，在小说里写南京，就是一把双刃剑，大家都会更注重历史背景，你其他的设想，你的虚构能力，很容易被别人忽视。但其实，我写的从来都不是历史小说，只是小说需要借助这段历史，需要这个背景，这个历史和背景就相当于房间里的画，相当于摆设的老家具，它们是一个软包装，或者是外包装，它会给你一种错觉，让你在读的时候，感觉是进入到房间里去，进入到历史的现场里去。譬如这部小说里，我写了章太炎，也写了孙传芳，把这两个人物搁在里面，安顿好了，那它就好像是民国了，好像回到了历史现场。但我更感兴趣的是另外一种建构，文学上的建构，是里面一些虚构的东西，还有对小说叙述方式的思考。

傅小平：至少《刻骨铭心》引发了我，估计也引发了很多读者对小说叙述方式的兴趣。要说这是部历史全景式的小说吧，你在第一章却写了女郎游娜的故事，还有作家努尔扎克的故事。等读完小说很多读者会发现自己上当了，这两个故事和小说整体看不出有必要的关联啊。从外在形式上看，唯一相关的是，小说里的"我"对努尔扎克说，正在写一部叫《刻骨铭心》的长篇。接下去，从第二章开始就是这部小说的呈现。所以，一定会有人问你为什么要写这么个冒险的开篇。

叶兆言：你说得没错，很多人读了小说，都问到这个问题，我解释过很多次。就个人来讲，我其实是受了契诃夫戏剧的影响。他的剧本《海鸥》有一个冗长的开头，一个仓促的结尾。他起初也感到担心，他太知道心急的观众总想尽快、尽可能轻松地知道剧本究竟要表达什么。说老实话，我对《刻骨铭心》也有同样的担心。我也预感到别人会提出这个疑问，问我为什么要这样开头，问这样开头究竟想要表达什么。但我可能更关注的问题，是读者会用一种什么样的方式进入小说，是从现实开始进入，还是从历史开始进入。

傅小平：按一般的阅读习惯，应该是从现实进入。我们读小说多数时候还是从开头读起嘛。当然要是事先知道你做了这样的设计，或许会从第二章直接进入历史。但对我来说，以一种怎样的方式进入阅读都可以。这部小说开篇就很能吸引我读下去，这第一章的故事戛然而止，不过是打破了我的阅读期待而已。你实际上打通了历史和现实，所以从现实开始，进入对历史的阅读，也是顺理成章的事。要说新历史小说之"新"，不就新在它既是历史的，也是现实的吗？

叶兆言：在我心目中，历史就是现实，现实也是历史。在历史中，我们看到了残酷的现实。在现实中，我们很伤感地看到了历史。我希望读者与作者一样，不只是看到现实，不只是看到历史，不只是知道一点故事。

作家就得这么不顾一切地、按照自己的意愿写下去

傅小平：你说到你写的从来都不是历史小说，那同样都是小说，同样都离不开虚构，在你看来，新历史小说和历史小说有什么本质的区别？

叶兆言：事实上小说就是小说，我不喜欢历史小说和现实小说这种称谓，最反感的是纪实小说。小说就是小说，你可以写历史，你可以写现实，更可以同时写两者。现代小说没有那么多的规定。在我看来，也没有什么新历史小说，没有新，也就无所谓旧了。

傅小平：当然，就你要表达的"刻骨铭心"这个主题，小说第一章似乎又起到了提纲挈领的作用。就像你自己说的，如果809两颗钉子的话，第一颗钉子女郎游娜的故事写的是没有性的那种痛；第二颗钉子努尔扎克的故事则是强调人失去语言的痛。虽然这两种痛和你第二章开始表达的痛是不一样的痛。

叶兆言：痛是一根绳子，它可以把一连串的刻骨铭心的痛串联起来，如果按照这个节奏读下去，小说可能就会更容易阅读一些。

傅小平：我还是要忍不住再问你一句，以当下读者的不耐烦，只要是感觉没被吸引了，就会把小说丢开，你有没有想过这样的尝试也很有可能会是失败的？

叶兆言：当然想过，但我的经验告诉我，或者说福克纳的写作经验告诉我，你要想当作家，就得这么不顾一切地、按照自己的意愿写下去。我们看，海明威很简洁，对吧；但福克纳很冗长，他不管三七二十一，想怎么写就怎么写，也写了很多废话，但我们同样认为他们是很棒的作家。我这个人就这样，平时对任何人都很谦恭，但写起东西来是很不顾一切的，根本不在乎别人怎么看。这就是受了福克纳的影响。

傅小平：我以为你还会说受了巴尔扎克的影响。至少在渲染时代氛围，还有摹写时代风俗上，你的写作很有些巴尔扎克的味道。不过，梁鸿鹰也谈到你用"小蛮腰""风景线"等当下流行的热词，跟你写的历史氛围有点不太协调。说实在的，我读的时候倒是没特别留意这些，可能是被你讲的故事裹挟了。

叶兆言：小说语言关键还是一个"活"字，要生动活泼，要合适。当下流行词用得好不好，关键还是一个度，这里面既有试验的成分，当然也可能会有不合适的地方，可以探讨，也可以修改。

傅小平：不管怎样，我没猜错的话，你给那个哈萨克斯坦作家取名努尔扎克，该是脱胎于巴尔扎克的名字。努尔扎克也似乎包含了你的一种自勉：成绩已然可观，但还要多多努力嘛。

叶兆言：我们当然也学雨果、学巴尔扎克，但他们代表一种传统的东西，可以说从小就有这样的训练，但我们是反传统的，想着要丢掉这些东西。所以，我们受现代派作家影响会更大一些。说实在的，我们这一批当代作家，都读过一些内部出版物，多少会受所谓现代派的影响。海明威、福克纳对我写作构成重要影响的，不是语句，也不是结构，而是姿态。简单说就是，我想干吗就干吗，就是写作的时候根本不在乎别人怎么看，这种现代派风格的影响，应该说是根深蒂固的，我们要做的就是要和别人不一样。

傅小平：我倒是想，现代派之于我们，也已经成了一种传统。很多年前，实际上是反传统，或者说为了有自己的一席之地，不得不揭竿而起反传统，才有了所谓"现代派的影响"，这么一想，你说的这个影响，更确切地说该是现代派精神的影响。我不确定，这种现代派的精神，与我们习惯说的先锋的精神，是不是颇有些相通之处。不管怎样，在当下中国的文学语境里，我觉得你说的"先锋是探索和锐气，而不是成功的榜样"，是值得作为金句被重复说上几遍的。

叶兆言：以我的思路，我永远都在探索文学的可能性。这种探索可能失败，但至少避免了大家都认同的东西。比如说，这部小说我完全可以开门见山啊，那种传统的路数，对我来说很容易，那我就想了，我们可不可以换个形式呢，可不可以不走寻常路呢。我们都说要努力让人理解，那我可不可以努力不被人理解呢。要很容易被人接受和理解，是不是太没趣呢。我尤其记得林斤澜说过的一句话，他说写作不能轻车熟路。虽然走老路子，会收获很多称赞。就拿金庸来说吧，你要是只看他一部小说，你会觉得很牛，你会想，他是怎么写出来的。但你要是再看几部，你就会觉得他怎么写来写去都一个路数。他在重复自己。当然，我还是要对金庸表示尊重。但在写作上，我可不想像他这样总是重复自己。

真正的写作其实是非常职业化的

傅小平：说实在的，《刻骨铭心》给我感觉更像是一部群像小说，虽然其中浓墨重彩写了几个主要人物，但还涉及众多次要人物，而且人物之间的关系，在那种动乱的历史背景下，又是如此错综复杂。我读的时候就琢磨，你是怎么把这些人物在那么一个时代背景下串联起来的。你会不会事先列一个精确的提纲？

叶兆言：说真心话，写这样的小说，我没有提纲，没有构架，写作过程也往往是不自觉的。我知道海明威、茅盾等作家写作有提纲，茅盾的提纲写得非常仔细，我们都知道海明威在前一天就知道后一天会写些什么。我的情况不是这样，经常是写着写着就不受控制，或者说是被故事控制了。所以，我一旦开始写小说，我就一直在写，不间断地写，我怕被干扰，因此会推掉很多事情。尤其感觉这样那样的讨论会，真是会妨害写作。因为一些事情发生以后，就会影响写作，让故事接不下去。要是连着停三天，我可能就完全接不下去了，特别可怕。反正我是诚惶诚恐伺候写作，觉得写作是老天爷在赏饭吃，有很多神神鬼鬼的地方。

傅小平：听你这么说，真有些出乎我的意料。那问题又来了，你一般来说是怎么结构小说的呢？

叶兆言：我心里其实一直不是很清楚，写作就是在想怎么写下去，一直在想，在寻找合适的表达。

傅小平：据说，你一般写作之前就知道自己会写到多少字数。比如《一号命令》，事先想好写个八九万字，果然就写了这么多。那得有非同一般的控制力啊。

叶兆言：这是真的，我对字数的控制，一直比较准确。基本上就是，我准备写多长，就是多长。这是习惯，当然也是职业训练。我写过好几百篇的千字文，字数都差不多。《一号命令》就是例子，我决定要写个中篇，看看自己能不能把一部长篇的内容，用一个中篇来完成。说白了就是，长篇有长篇的写法，中篇和短篇也各有自己的写法。

傅小平：倒是读了你一个短篇《滞留于屋檐的雨滴》，也是篇幅不长，却有很大的容量。陆少林一生的起落沉浮，可以说影射了整整一个时代。小说围绕陆少林失父与寻父展开叙事。他失去了善待他的养父，又带着对身世的疑问，去寻找亲生父亲。因为找不到，他在幻想中编织故事告慰自己。这篇小说，读后感觉是有隐喻意义的。题目也有特殊的意味。

叶兆言：这个短篇，我也只是想试试，完成一个短篇应该怎么写，究竟怎么写才合适。题目来自一首诗，因此，小说中的诗意很重要。

傅小平：小说里陆少林得知自己身世秘密后经历的心灵波折，很是让人动容，这和你自己的经验有关吗？是不是这其中融入了你自己的生命体验？

叶兆言：你也可以说有，当然更可以说没有，作家没有想象力是不行的，光靠自己的生命体验是不够的。我一直想表达一种观点，就是真正的写作，其实是非常职业化的，有天分，有天资，更有后天的努力，没有加工，就没有艺术，没有想象就干不了写作这活。

我们有时候需要反向思考一些事情

傅小平：常听人说江苏作家不适合写长篇，感觉你倒是一个以写长篇小说见长的作家，你作品中的气韵，应该说撑得住长篇的容量。那中短篇小说在你的小说创作中占据什么样的位置，回头看怎么评价让你声名鹊起的《夜泊秦淮》？

叶兆言：我短篇写得相对少一点，凑在一起大约可以出四本书，中篇和长篇多一些，尤其是中篇，可能与20世纪八九十年代刊物需要有关。总的来说，我是个喜欢写作的人，喜欢马不停蹄地干活。至于自己的活干得怎么样，我很少去想，我的信念是，写出来最重要。或许时间太久了，我读《夜泊秦淮》，已经感觉是在读别人的作品。

傅小平：你的中短篇小说，虽然高度浓缩，但人物关系还是相对简单。不像《刻骨铭心》里人物众多，各有剪不断理还乱的故事，故事之间又有很多的交错，要理清这本账，真得费点功夫。当然我明白，你取这个书名是有道理的，贯穿小说的就是各个不同的刻骨铭心的痛。这部小说也真没有更合适的书名了。

叶兆言：有经验的写作者，一般都以两种方式结构小说，一种是连下去的，一种是铺开来的。除了一些比较单纯的故事，结构小说不太可能摆脱这两种模式。马尔克斯的《百年孤独》，实际上是以"百年孤独"这四个字串联起来的，它写了不同时期的孤独感。《霍乱时期的爱情》也是，它是用"爱情"两个字串联起来的。"刻骨铭心"也是这样一个连接词。说白了，这部小说就是写了不同时期让人难受的事。包括第一章里写的无性之痛、失语之痛，历史车轮滚滚向前，有些东西咀嚼起来会让人很痛，你一琢磨就会特别痛的那种痛。

傅小平：要的就是这个琢磨。我读到锦绣被何为强奸这一段，还真是给刺痛了，一种尖锐的刺痛。按说，小说里还有其他更剧烈的痛，尤其是时代带来的阵痛，但就是冷不防被这个情节刺痛，我想是因为这样的隐痛，让我不忍心去琢磨。还因为锦绣只和作者、读者分享了这种痛，她没把这事告诉小说里的任何人，一切她都独自承受了。

叶兆言：我写这一段的时候，就感觉很痛，难受得要命。我女儿读到这一段，忍不住掉眼泪了。她问我为什么这么写，我也说不出来为什么。锦绣这个小女孩，真是很惨。虽然她的生母对她有过诅咒，但他爹冯焕庭特别疼她，他原本躲在家里，但日本人要杀锦绣的时候，他从藏身处出现了，被抓走后死于非命，他相当于替锦绣去死了。冯焕庭是军阀，是警备司令，那锦绣被强奸后肯定会想，要是我爹活着，我会被你这个狗东西糟蹋，他会灭苍蝇一样把你掐死。但她再怎么想，事实是她爹已经不在了。

傅小平：听你说的这会儿，我都不能释然。说来何为这个人物，也真是可恨可叹。这个人很有手段，既灵活变通，又精明强干，要不是生错了时代，也很是了不得。像这种人物与时代的错位之感，也让人感觉到一种不一样的痛。

叶兆言：对，要是不说民族气节之类的事，这是很有能力的一个人。任何时代都有这样的人，他们确实很奸诈，很会见风使舵、见机行事，无论社会怎么变化，要还放在今天，他该是成功的商人，但他选择了做汉奸，他还有本事把自己洗白，也确实这样做了。到了镇压反革命运动时，落了个被枪毙的下场。

傅小平：作为读者，我们乐得看到何为有这样的下场，所谓恶有恶报。就这么一个人，要是在任何时候都混得如鱼得水，那就天理不容了。但实际的情况未必如此。你只是给这个人物按上了这么个由偶然而生的不幸。要不是这样，像何为这类人就是显赫的成功人士，就是敢玩命的弄潮儿。这其实也提醒我们不能想当然。

叶兆言：我们很多时候都会想当然，但有时候需要反向思考一些事情。

傅小平：有些历史还真不见得是我们想象的那样。比如在你笔下，大屠杀发生后的南京，尤其是在汪伪政府统治时期的南京，是一片歌舞升平的景象。读者可能就会有点想不明白，要按一般的理解，发生了那样生灵涂炭的事件后，南京的境况该是很不堪的啊。

叶兆言：大屠杀时，南京的确很惨。但大屠杀过后，不打仗了，又开始大兴土木了。房子被日本人烧了，你要居住，就得盖房子。汪伪政府统治这七年，老百姓日子过得再"好"，也还是亡国奴，这想起来会让你觉得特别的痛。

傅小平：谈了这么多痛，特想问问是怎样的情境，促使你全心投入写一部小说？

叶兆言：我也说不清，就是一直想写，最后竟然就真的写了。有些断断续续的念头，已经存在很长时间，写着写着，就冒出来了。

傅小平：我揣摩，促使你写作的缘由，会不会是某种时间意识或历史意识。不知是不是巧合，我读过的几部小说开篇都有准确的时间刻度，也都有对气候的描写。回想一下，也就《没有玻璃的花房》是例外。

叶兆言：这我还是说不清楚，可能是不知不觉的一个习惯，不知不觉中，就这么写了。

傅小平：你也会选择一些重大的历史时刻，《一九三七年的爱情》就不用说了，1937年，发生了南京大屠杀。《滞留于屋檐的雨滴》开篇则是"1978年12月，首都北京正在召开很重要的三中全会，陆少林的父亲在南京一家医院过世了"。

叶兆言：小说中的时间当然是重要的，不仅是小说中的时间，有时候，写作的那个具体时间，同样重要。

同性之间的友谊，有很多超出你的想象

傅小平：和秦淮三部曲的另外两部一样，置于《刻骨铭心》前景的，其实不是那个时代的战争、政治等，而是那个动乱时代的爱情，或说是生活和情感。

叶兆言： 文学关注的就是人，就是那些男男女女，作家写的也就这些男男女女的故事，爱情当然是人生中很重要的一件事情，它应该也可以处于比较核心的位置。

傅小平： 怎么体现？

叶兆言： 其实每写一个小说，我都会有不同的想法。像在《一九三七年的爱情》里面，你会觉得，在战争机器面前，爱情真是特别渺小。在那样的时候，爱情就是个屁。但是战争结束以后，你换个角度看，换个角度去思考，你会发现爱情比战争更厉害。你会发现文学也是这样，它们更持久，更永恒。但要是只强调爱情，简单地表明爱情更厉害，那我讲的肯定不会是一个好故事。所以说在那部小说里，战争与爱情，其实是鸟的两个翅膀，只有当它们一起扇动的时候，鸟才可以飞翔，故事才可能好看。

傅小平： 的确如此。有意思的是，在《刻骨铭心》里，倒是没读到矢志不渝的爱情，更多是错乱的爱情。而丽君这个人物更像是走向了爱情的反面。从一开始，她就给了我大大的震撼。在丈夫亚声去世后，她竟嫁给了自己的仇人冯焕庭，这个转换还很自然。此后，她一下跟了汉奸，一下跟了革命党人，日本投降后，又成了国民党的代表，最后的遭遇是那么悲惨。这个人物真是不同寻常。但反过来讲，就像谢有顺说的，像丽君这样被时代大潮卷着走，没那么清晰的生活设想，倒是一种生活的常态。也像贺绍俊说的，丽君的生活看似一堆碎片，要把它和大的历史勾连起来，我们就会对她的命运有一种新的理解。

叶兆言： 评论家说了那么多，我就不说了，一时间也不知道怎么说才好。

傅小平：我想说你更擅长写同性之间的感情。在这部小说里，绍彭和希俨之间就有一种坚不可摧的兄弟情和战友情。希俨对绍彭的赤胆忠心，尤其是在面对重大事件时的担当，怕是异性之间忠贞不渝的爱情都不及的。

叶兆言：这种男人之间的友谊，女人之间的友谊，说来真是挺复杂的，有很多是超出你的想象。可能放在当下有点不好理解，或者是解读得过于直白就没意思，事实上，在我的认知里，那个年代的男人之间，真是很在乎同志之间的友谊。为维护这种友谊，是可以牺牲男女之情的。

傅小平：还真是，这种事在这个年代不多见了，在女性群体里，只怕是更少见了。不过《很久以来》里面的欣慰和春兰算得例外，她们之间的那种好，真是好到了极致，浓得化不开，渗透到骨子里了。我真是有些好奇，你写这部小说，是一开始就想好把她们的关系写成这样吗？异性之间的感情吧，写俗了也就俗了，反正大家都司空见惯。但同性之间的感情，要写俗了，就会俗不可耐。这中间的尺度，真是不太好把握的。

叶兆言：这个事，我自己都没法解释。我只是写的时候，觉得这么写有意思。说来也可能跟我少年时的文学梦有关，我有个堂哥三午，对我写作有影响，他说过一句话，咱们做一件事，别太俗。我只是觉得这样写才不太俗，应该这么写，不应该那么写。反正我最后就这样写了，我管不了别人觉得美不美，我觉得挺美。

真相有时候就是一些俗套，就是一些不可思议

傅小平： 要是说江苏作家里，苏童、毕飞宇写女性写得好，那主要体现在中短篇小说里。在长篇小说领域里，我看是你写女性写得挺好。写女性之间那种欲说还休的微妙关系，更是没得说。比如说，欣慰与春兰是相互之间没有秘密的好朋友，但春兰还是碰到了实在没法分享的事情，那对欣慰说还是不说呢，这种彷徨状态真不好写。

叶兆言： 有些话题，作家自己是不能解释的，有时候，就是不说比说了好，我是指作家自己究竟应该不应该站出来解读。"别有忧愁暗恨生，此时无声胜有声"说的就是这个意思。

傅小平： 以我的理解，你的写作可以说是在"挑战不可能"。你特别能让看似最不可能发生的事情，在小说里自然而然地发生。比如《一九三七年的爱情》里，丁问渔干的是破坏军婚的事啊，他最后真就把任雨媛追到手了。《很久以来》里，知识女性欣慰嫁给了杀猪匠闾逵，春兰在欣慰被枪决后，竟然也嫁给了强奸过她的闾逵。《刻骨铭心》里，曾经的电影明星秀兰，嫁给了没出息的王可大。我忍不住想，你这是不是有意给自己设置写作难度啊。

叶兆言： 我倒是没觉得有什么难度，结果就这样了，结果竟然会这样，这就是小说，这就是文学。出乎情理之外，又在情理之中，这么解释可能有点俗套，但是真相有时候就是一些俗套，就是一些不可思议，见怪不怪，其怪自败。

傅小平： 你在小说里写到1931年5月31日希俨在"悔过自新"文书上签字的情节，让我想到你随笔集《永远的阿赫玛托娃》里的一篇文章

《闹着玩儿的文人》，其中写到清乾隆三十二年，七十一岁的举人蔡显，自费刻成一本《闲渔闲闲录》，原本也没什么事，却主动到松江府自首说，只是担心有人恶意举报，所以主动到官府说清楚，结果反而招来了杀身之祸。当然同样是"自投罗网"，不同时代的两个人，收获的结局是不同的。希俨说清楚问题基本上就没事了。

叶兆言：希俨这个人物，在这件事情上，实际上也还真有一个原型。我祖父有一个特别好的朋友，叫丁晓先，一脸的大胡子，历史教科书编得极好。他早年参加革命，资格很老，因为姓丁，笔画少，按姓氏笔画排名，他在名单上总是排在前面，因此你会觉得他资格特别老，"四一二"反革命政变的时候，他躲了起来，后来又自首了，也就是脱了党。我看过他回忆自首的交代材料，怎么去，怎么和人谈话，怎么填表。因为这段历史，他这一辈子就过得特别失落。新中国成立以后，要查户口，查身份，他就特别不高兴，被查得不耐烦了，他就说，你去问周恩来同志，我究竟是不是坏人。我大不了是害怕了，后来不革命了。

把姿态放低一点，自己就会好过一点

傅小平：说到"文革"，除《一九三七年的爱情》外，我读过你的几部小说里，或多或少都有所触及，《没有玻璃的花房》则完全以"文革"为背景。读这部小说，是因为在《刻骨铭心》后记里，你写到在这部小说里写过一个叫李道始的人，他是戏剧学院副校长，也就是俞鸿夫妇所在的学校领导。读后明白了，《很久以来》第二章里写到的吕武，也是这部小说里的一个人物。这样一来，你的这三部长篇，算是有关联了，这是你有意设计的吗？

叶兆言：应该是吧。这当然不重要，一个作家一生的作品，加在一起，就是一部大作品。一个作家写的所有文字，都应该是有关联的。现

在这样勾连一下既是有意，也有点游戏在里面。

傅小平：不管怎样，要不是你在小说里布了这样的局，我多半不会在读完《刻骨铭心》后，又连带读了其他几部。读后就发现了一些你写作上的秘密。比如，你叙述方式的创新其实是渐进的。《很久以来》第二章在某些方面，就和《刻骨铭心》第一章有相似之处。这两章都和全书主要内容有所游离，都讲到了"我"写与主题有关的小说，并且都在异域他乡和外国作家讨论写作。不同的是，《刻骨铭心》里更大胆了，第一章与主题关联度也更少。这算得上是一种元小说的写法。

叶兆言：写作中的怎么写，当然相当重要。一个作家在写作时，怎么写会花费掉很多时间。我们说"清水出芙蓉，天然去雕饰"，只是一种说法，其实达到这种境界，是要下很多功夫的。

傅小平：我有理由认为，你在这些章节里投注的对写作的思考，不仅是主人公"我"的思考，实际上还是你自己的思考。你看你在《很久以来》里面，把自己写作的焦虑都投射进去了。在和德国作家的交流会上，有一位美丽的姑娘问小说里这位来自南京的大作家：你的小说总是对过去的历史有浓厚兴趣，动不动就描写民国时代秦淮河边的妓女，你觉得这么做有意思吗？格调高吗？难道不庸俗吗？你为什么要躲在书斋里，回避残酷的社会现实？这倒是挺有意思的。

叶兆言：我也记不清为什么写了，可能是网上的跟帖，我随手拿来用的。自嘲的意味多一点，这没什么关系，调侃一下自己总是可以的。反正把自己写糙一点，把姿态放低一点，没什么光环了，感觉自己就会好过一点。

傅小平：你写作的姿态放得够低的。这部《很久以来》，"我"到北京参加交流会的过程，真是挺狼狈的。你这几部小说后记，不管是虚构，还是非虚构，都写到了对读者的邀约，你担心没有读者读，同时又诚挚地希望读者能好好读，希望他们能告诉你阅读后的感受。到了《刻骨铭心》，写到俞天为被传言和后妈锦绣相好辩白，总算撂下一句：有人就喜欢他妈的胡说，有人就喜欢编造，你要信不信。但给人感觉你是在为自己写小说编故事辩白。估计有读者会问：这是何苦呢？

叶兆言：这涉及一个文学观的问题。像雨果、鲁迅这些作家，他们刚开始写作就明白一个道理，文学要启蒙人，作者和读者之间是老师和学生，或者说牧师和听众的关系。那是一种传统小说的写法，现代小说不一样，读者和作者之间的关系变了。你看，鲁迅写笔下人物，用的都是凝视的目光，他展示他们的不幸，是站在高处同情别人。现在的作者开始不一样了，他自己首先就有一种恐惧，他觉得在这个世界上，首先要同情和怜悯的就是自己，原来自己也是这样，也可能这样，不仅仅别人是阿Q，我们自己也是，我们自己就是。你会发现，你跟自己笔下的人物也差不多啊，他们身上的毛病，你身上也有。如果是放在某个特定的情境里，我也会这么做，我也会像别人嘲笑的那样。因此，现代写作就是和愿意与作者对话的人说话，我们共同面对可以让人高兴或很恐怖的事情。这样一来，作者和读者之间就是一种平等的关系，这也逼得作者必须带着平等的心态去写作。作为现代写作者，很重要的一条，你要相信读者。我们要知道，雨果那个时代的读者看小说，就像现代人看电视一样，并不太动脑筋。这个年代不同了，读者人数在减少，很多人根本就不读小说，但他们的眼光却很可能比以前更高明。你只是写给那些愿意读小说的人读，他们不见得喜欢被动接受，他们读你的小说，不是为了接受你高高在上的教育，那样他们会觉得不过瘾，会觉得厌烦，觉得索然无味，现代读者需要的是有一点参与感。

傅小平：这么说，你在小说里留白，是不是也考虑到让读者参与进来？

叶兆言：小说中有很多是不需要写的，这就像书法艺术中的留白。而且把话都说完了，也没什么意思。

傅小平：有时你又似乎写得太多了。像《很久以来》的后记，其实就补充了一段李香芝的故事。这和小说主体没有很大的关系。读完后，我就在想，你为何要写这么一个后记呢？主体的故事都有结尾了，为何还要续貂？

叶兆言：可能也是为了有一种陌生感吧，这也是一种写法。传统小说讲的是有头有尾，我就想来个反动，我不希望有头有尾。生活当中也是这样，好多事情说断就断了。也不是非得什么都有个呼应的。说白了，这也就是一个技巧。事实上，《很久以来》这样处理结尾，我个人觉得恰恰是仓促的，来无影，去无踪。

傅小平：《没有玻璃的花房》里，"我"和"木木"两个人称交叉着叙述，是不是也是一种技巧？事实上，"我"就是"木木"，"木木"就是"我"，为何非得这么交叉着呢？这么一来，读的过程中没那么顺畅。但你这样叙述，会不会是为了多一个审视的空间？

叶兆言：我的想法很简单，想用两个视角来叙述，"我"怎么怎么，是主观视角，"木木"如何如何，是客观视角。两个视角在同时叙述，效果应该是不一样的，因此，这样的写作，带有很强的实验性在里面。

傅小平：实际上，你的几部小说都涉及"文革"背景下两代人的关系问题。《没有玻璃的花房》里，张小燕和继父张继庆之间关系可谓冷漠，《很久以来》里，小芋与母亲欣慰之间形同陌路。你通过写人伦道德的沦丧，倒是揭示了"文革"的荒谬与残酷。

叶兆言："文革"对我们这一代作家来说，它永远也绕不过去。"文革"十年，是我青春成长的十年，没有这十年，我成不了小说家。

傅小平：我倒是挺喜欢《没有玻璃的花房》的结尾，还有那个黑伞的意象。主要是其中包含的那种反讽性的张力。张继庆要刺杀马小双，结果把他的双胞胎哥哥给刺杀了。这种反讽性在你的几部小说里都有体现。具体到这部小说，比如张小燕揭露张继庆，更多是出于一种青春的叛逆，带来的后果却是灾难性的。

叶兆言：我想说的只是一种恶果，马小双的哥哥大约是"文革"留给我们唯一还能算是正面的东西，他可能是唯一的一个好孩子，却被杀死了。不该死的死了，该死的都没死，而且还诞生了一个来路不明的婴儿，这个孩子究竟是谁的儿子，说不清楚，他就是"文革"的儿子，是"文革"的阴魂。

以南京为平台，写中国的历史

傅小平：读完《没有玻璃的花房》后，回头翻了下，没找到具体故事发展的空间，你也可以因此说，故事泛指发生在中国。这算比较例外吧。但你的大部分小说故事发生地都在南京，我有时想，你写南京，是不是抱着一种使命感？

叶兆言：《没有玻璃的花房》写的应该还是南京。《刻骨铭心》写完，我又写了一部《南京传》。写它的原因很简单，《刻骨铭心》已经写完，我总得再写些什么。有朋友给我推荐《伦敦传》，说写得怎么好，我看后，也没觉得好得不得了。我说要我写南京，也不会写得比它差，那他就鼓动我说，你来写吧。出版社答应的条件也可以，我就稀里糊涂签了个合同。一篇写出来后，就在腾讯大家上连载，本来是想一边写，一边连载，后来发现，我写得快，连载却慢，差不多一个月才一篇，很显然，出书恐怕有些等不及了。写它，可以说也是出于一种虚荣心吧，有人说，这种东西，只有你能写，你写最合适，于是我就上了"贼船"。

傅小平：你说因为虚荣心写《南京传》，我觉得是谦虚了。你一定有深层的用意的。

叶兆言：也可以这么说。我写南京，其实不只是要写南京这座城市，不是为写南京而写南京。我要做的，是以南京为平台，写中国的历史。我写李白，就是通过李白和南京的关系，来写当时的南京，当时的南京和当时的中国，是一种什么样的关系，南京实际上就是整个中国政治的一个备胎。

傅小平：这个说法有意思。南京几度是首善之地，难不成几朝几代把它当了首都了，它还只能屈居备胎的位置？

叶兆言：我们就说明朝吧，朱元璋定都南京，始终处于一个矛盾状态。一开始，整个南方实际上有三股势力。另外两个人比朱元璋更厉害。但朱元璋以南京为基地，结果就把那两个人给打败了，但他至死都想要迁都，他觉得定都南京不是长久之计，这个事后来被朱棣干成了。辛亥革命时，袁世凯还没做出最后决定，他也是很犹豫，是赞成革命，还是维护清朝。当时主要有两派势力，一是革命党人黄兴，一是清朝的军人黎元洪，谁都不服谁，闹得不可开交，结果就想到了一个解套的办法：把孙中山请回来当临时总统。为什么是临时呢？因为革命党人和袁世凯之间有一个秘密协议，只要袁世凯赞成革命，就选他当总统。所以中华民国第一任总统是袁世凯，不是孙中山。革命党人打出的是"驱除鞑虏，恢复中华"的旗帜，到了南京以后，就改为了"五族共和"，也就是说，革命党人开始承认将继承清朝的版图。这样一个事情，放在武汉或者上海都是做不到的，而在南京就悄悄地完成了这样一项不流血的革命。等孙中山当了几个月临时总统后，袁世凯当了总统。革命党人是赞同去北京的，孙中山、黄兴不同意，他们应该是对袁世凯有所顾忌。

能源源不断地写，怎能不感到幸运呢

傅小平：听你讲历史，真是大开眼界。想必你写小说下过很多的资料功夫。你在《一九三七年的爱情》后记里，倒是写自己写小说时，案头堆放着一大堆史料，还去图书馆看旧书，翻阅当年的旧报纸旧杂志。不知道你后来写小说是不是也这样。你们那一代人比后来的写作者有更大的视野，更大的写作格局。

叶兆言：我们这代人，在文学意识上，骨子里是革命者，就是比较关注国家大事。从中国文化的传统看，我们也讲究文史不分家。你看《史记》，是一本历史著作，同时也是一部文学著作。过去很多有学问的教授，都是既可教历史，又能教文学的。那个时候，很多人都认为，你不懂历史是没办法写作的，写作能力一定是和历史学识有关。就我个人的情况，我就是特别喜欢历史，当年报考大学，也更想读历史系。

傅小平：你想学习历史，怎么就写起小说来了？

叶兆言：我从来没想自己会写小说。刚开始写，也就瞎琢磨。老实说，我是一个特别不自信的人。我就想学习契诃夫，学习沈从文，他们起点也不高。他们就是老老实实地一点点写，把自己写成了一流作家。所以，我一直也算比较勤奋，我就是热爱写作，就是一个写作疯子。很多作家跟我不一样，他们绝大多数时间都在写作，但不像我这样天天写。我总是提醒自己，笨鸟先飞，我就多下点笨功夫吧，多写总比不写好。我就特别记得沈从文说过的一句话，他说当一个作家很简单，一直写写写就好了。以前我相信这个，现在却开始发现可能不完全是这么回事，很多人也在努力写作，但就是没有写好。所以，我觉得天分也许很重要，你能写作，那是天赐，反正我就是感激，一个人，如果你特别喜欢写作，又能源源不断地写，你怎么能不感到幸运呢？

傅小平：那你会不会担心有一天你写不动了，而为此感到特别焦虑？

叶兆言：坦白说，我一直担心有一天自己会写不下去。所以我写作总是有点神神鬼鬼，特别小心翼翼。我这么虔诚，不愿意放弃，就是怕有那样的后果。我相信写不下去的那天迟早会来，所以每写一本书，都有这会是我最后一本书的恐惧，写每本书都觉得很累，写到疲惫的时候会很绝望。《刻骨铭心》写完了，我就担心写不下去了，没想到又写了一部《南京传》，这个时候，我就觉得，还能写真是太好了，有一种春心荡漾的感觉。

傅小平：像你这么喜欢写作的人，还真是不多见。

叶兆言：有的人喜欢写作，也有很多人不喜欢写作，他们不喜欢写作，却写得挺好。他们写得挺好，也会说自己不喜欢写作。实际上我自己觉得写作挺无聊，但是我能很好地享受这种写作。我喜欢这样的状态，就是每天写作，每天游泳。

傅小平：你这么喜欢写作，真得问问写作对你意味着什么。

叶兆言：写作就是一种生活状态，写五个小时，那就是实实在在的五个小时。写作就是在等待，就像钓鱼一样，不可能总是有鱼上钩，但等鱼上钩的过程很有意思，钓到鱼就很开心。写作也是同样的道理。在外人看来，写一行又一行字，出一本又一本书，是很枯燥的劳动，实际上确实也很枯燥，但我能够乐在其中。我为什么那么小心翼翼，就是怕得罪老天爷，会有报应。

写作就是要拼尽全力发挥自己的才能

傅小平：想起你说过的一句话，大意是写好一部作品，是对此前写作的拯救。这话至少在我身上得到验证了，因为读《刻骨铭心》，我又读了你其他一些作品。我不确定这部小说，算不算让你小火了一把，但以你巨大的创作量，总体看你的创作有点给人不温不火的感觉，你有没有为此感到过困惑？

叶兆言：坦白说，写作的人都有虚荣心、野心，都渴望成功。但也不是什么好事都能让你得到，火不火其实没什么关系。写作就得有平常心，李白活着的时候，比杜甫不知道要火多少，你见杜甫抱怨过什么吗？我自己的话，只要能源源不断地往下写，就会感觉特别好。我最大的焦虑，就是怕写不下去。我不太去记住写过的东西，很多时候写过了，就淡忘了。在现实中，那都已经过去了，没有什么意义了。我不是特别享受写作的成果，但特别在意写的过程。可能也有些作家很在意成果，但要是写作过程感受不到快活的话，那也没什么意思。从我个人来讲，我对现状已经很满意了，不火就不火吧。我脑子里还感觉有一堆东西要写，我还在寻找最理想的表达方式，就留着以后慢慢写吧。

傅小平：在你大量的创作中，实际上除了秦淮系列，还有部分是直接触及当下现实的，像《马文的战争》等。当然你写现实，似乎不像很多作家那样有意识地捕捉敏感或尖锐的话题，从而引起更高的关注度，这或许也是你不那么火的原因。眼下文学界可能感觉作家写现实还不够吧，也在提倡回归现实主义。在你看来，有没有必要提倡现实主义？

叶兆言：我不太考虑这类问题。要我说主义和作家毫无关系。什么叫现实主义，现实主义是什么，文学史上说说还可以，但对作家没什么意义。说白了，写作就是要尽一切可能拼尽全力发挥自己的才能。要是觉得现实主义最顺手，你就现实主义一把。

傅小平：说实在的，我真有点好奇，你怎么做到写作源源不断的？有些作家一般写着写着，就感觉自己资源枯竭了。你看你现在的生活看似比较简单，差不多除了写作，还是写作，基本上属书斋写作型吧。我们这么长时间谈下来，也没听你说什么体验生活之类的话，那是不是说最重要的是想象生活？

叶兆言：说到生活和写作的关系，你不能说生活不重要，但生活确实不像大家想的那么重要。这就好比你问是曹雪芹的生活重要，还是曹雪芹本人重要。那当然毫无疑问是曹雪芹本人重要了。这世上有成千上万的人，经历过像曹雪芹那样的生活，但我们只有一个曹雪芹。我们可以说，曹雪芹没这样的生活，写不了《红楼梦》。问题是有过曹雪芹那样生活的人太多了，他们也写不了啊。我想我这么说，也就基本上回答了这个问题。无论如何，作家本人更重要，要看他有没有虚构能力、想象力，"无中生有"的能力更重要。

深刻往往是一个很肤浅的东西

傅小平：思想能力是不是也很重要？我们笼而统之地评价一部作品，有两个重要的尺度，一是真实，再就是深刻。要我说所谓真实，就像你说的，能无中生有，这个"有"还得让人看起来就觉得是真的。所谓深刻呢，就是还得会有中生无，也就是说从具体的、实在的、形而下的生活中，生发出形而上的意味来。

叶兆言：我一直觉得深刻往往是一个很肤浅的东西。我的意思是说，深刻和浅薄会变成同一个东西。有时候，看上去有多深刻，就有多肤浅。文学不是哲学，不是法律文书。文学如果就说点简单的真理和公理，貌似深刻，一本正经，是没有意义的。当然，我们对深刻的理解也不一定准确，我觉得现在的所谓深刻，往往是和是非联系在一起的，但文学不能简单只谈是非，文学不是要表扬什么，批判什么，不是要证明一个大家都知道的公理。你要想证明也可以，但这一定不是文学的最高境界。我有阵子去大学里讲课，就对学生讲了一个例子——过人行道红灯停、绿灯行，要是你觉得普及交通知识就是深刻，呼吁大家遵守交通规则就是有作家的担当，我也不知道应该说什么好。你说你要写一本书，号召人们遵纪守法，这又算是什么文学呢？一个人就应该遵守交通规则，就不应该闯红灯，但是文学的兴趣，可能就是要描写一个从来不闯红灯的人，有一天突然闯了红灯，为什么会这样，或者换个角度，大家明知道闯红灯不对，为什么又非要去闯，这与我们人性中的什么东西有关？要这样去琢磨人性，才叫有点意思。我们看陀思妥耶夫斯基的《群魔》，陀思妥耶夫斯基是个革命党人，他因为反对沙皇统治，差点被枪毙。在《群魔》这部小说里，他把革命党人写成那样，我想连他自己都不一定知道为什么就把革命党人写成那样。我觉得，他进入写作状态的时候，就不由自主了。我读的时候会感到特别震惊，甚至觉得恐惧。但是，我真是特别喜欢这部小说，当然，我也很喜欢《卡拉马佐夫兄弟》，但读了《群魔》以后，我觉得《群魔》或许比它更好。

傅小平：没错，陀思妥耶夫斯基就是公认很深刻的作家啊，你还是喜欢深刻的嘛。

叶兆言：所以说，别相信作家说的话，有时他们自己也说不清楚。但至少在我，每次说的时候都是真的，尽量说真话。我一直跟别人解释，说自己之所以要写，也是因为不太能说话。你别看我现在像个话篓子，胡说八道，夸夸其谈，那只是在私下里，就那么两三个人交流的时候。我其实是内心很惶恐的一个人，你看我在公众前发言就知道了，人一多，我就没法说话，就没办法把话说清楚。我有"人多恐惧症"，在场面上会非常可笑。

傅小平：看得出来，你平时是不怎么参加社交活动的，但我想你在写作之余，定然有自己的一些爱好。

叶兆言：我不喝酒不抽烟，没什么社交。写作之外，就喜欢看NBA和读书，读到好书，就会想他怎么会写得这么好。譬如《群魔》套的一个侦探小说的模式，有点像侦探小说，一开始就是一个人被革命党人谋杀，陀思妥耶夫斯基那种叙述的方式，插科打诨很厉害，我真的很喜欢。

傅小平：你认为，好小说有什么标准吗？

叶兆言：标准一定是有的，好小说读了，让你感到吃惊，那叫一个痛快、酣畅。一旦我们读多了，读进去了，心目中都会有好小说的样本，我们会去模仿，并以此来评判自己。我读过福克纳的《献给艾米丽的一朵玫瑰花》，我就永远记住这个故事了。那是一个天赐的神品啊，它让我看到了文学的神圣之光。这样的小说其实还有很多，像《安娜·卡列尼娜》，托尔斯泰居然可以像写电影一样写小说的开场，那时候还没有电影；契诃夫的《海鸥》，这个剧本，完全可以当作小说来看，我看了很激动，忍不住热泪盈眶；马尔克斯的《百年孤独》和《霍乱时期的爱情》，都是很棒的小说，看得真是有滋有味；哈代的《无名的裘德》、梅里美的《伊尔的美神》，都非常好，它们都对我有过不小的影响。

傅小平：知道什么是好作品，但想到自己有可能一辈子也达不到那样的水准，作为一个以文学为志业的作家，会不会感到有点沮丧？

叶兆言：真正的写作者，内心永远都是不安分的，他会不断否定自己，不断激励自己。他脑子里总是有乱七八糟的想法，他很可能会贪得无厌。有时候我会自问，我们为什么还要写作，我想就是因为有那些神品在启示我们，在引导我们。当然，读这些神品，品尝那些神来之笔，不只是阅读本身的快乐，作为写作同行，我还在欣赏他们写作的巨大能力，欣赏他们的创造力，这就足够了。

苏 童

别了,先锋的江湖

苏童,本名童忠贵,1963年生于苏州。

1983年开始发表小说,著有中短篇小说《园艺》《红粉》《离婚指南》等,长篇小说《米》《我的帝王生涯》《城北地带》《河岸》等。作品被译成英、法、德、意文等多种文字。曾获英仕曼亚洲文学奖、华语文学传媒大奖年度杰出作家奖等奖项。2015年,凭长篇小说《黄雀记》获第九届茅盾文学奖。中篇小说《妻妾成群》被张艺谋改编成电影《大红灯笼高高挂》,蜚声海内外。

我借《黄雀记》探索香椿树街的魂灵

傅小平：读《黄雀记》通篇没有读到"黄雀"，书名呼应了"螳螂捕蝉，黄雀在后"的谚语，却有着非常严肃的主题；关注青春期成长等社会问题，但显然体现了更为宏大的关注和追求。对这样一部堪称奇特的小说，相信读者都想知道它究竟是怎么"炼成"的。

苏　童：我的一部分写作行动，可以说是一场持续的造街行动。造的当然是香椿树街。以前的好多中短篇文本，包括90年代的长篇《城北地带》，都是香椿树街系列，都是我造的街景。而这次的《黄雀记》，是造街运动的一项大工程，我为这条街道修建了一个广场，还有一座隐隐约约的庙堂，更多的居民停留在此，献上他们卑微的香火以及卑微的祈愿，我借《黄雀记》探索香椿树街的魂灵。

傅小平：小说有所交叉地分章写了保润、柳生、白小姐三个主要人物。特别联想到福克纳的《喧哗与骚动》，也是以人物对应章节切入叙述的。不同之处在于，福克纳基本上使用第一人称视角，他摹写了不同人物的独一的语调，让每个章节都着上了完全不同的色彩，虽然我们知道这些都是作者的精心安排。《黄雀记》使用的是第三人称，你尽管提供了三种视角，但透过他们的视角，能直接而清楚感觉到作者的在场。我感兴趣的是，在这样的情况下，怎样让各个人物都拥有那种"独一"的语调，并且让三种视角有一种对立而统一的呈现？

苏　童：叙事也好，人物塑造也好，如果做得足够好，会有神奇的魅力，你能够倾听到人物的呼吸，能够闻到人物嘴里喷发的气味，在写作的过程中还会有其他奇迹，比如，你能够看着人物在你笔下一点点成长，最后比你更有威信，更有力量，变成你的老大。我想象《黄雀记》的结构是三段体的，就像一个三角形。保润、柳生和白小姐是三个角，当然是锐角，失魂的祖父，则是这三角形的中心，或者底色。如果这三角形确实架构成功了，它理应是对立而统一的。

傅小平：这部小说我读得很慢，一开始我还担心会在某个环节上停下不读了，但它吸引我读了下去，而且越是读到后来，越是感觉出小说的劲道。我想这源于小说主题的展开、细节的呈现等都统摄在充满悬念的连环结构之中。另外，是同样体现在你其他小说里的那种特殊的带有南方气质的氛围使然。读很多"快"的小说就像是看电影，镜头与镜头之间迅速切换，几乎看不出过渡。而你的小说近似照片式的呈现，有一个迭现、翻页的慢过程。你是怎么做到让每个章节之间自然衔接的？在你看来，得怎样处理小说写作中"快"与"慢"的关系？

苏　童：这部小说，我有节制地运用了悬念。果断上锁，慢慢开锁。小说的"快"与"慢"，是个叙事节奏的问题。好的叙事节奏有标准吗？肯定没有。也少有人天生有那么好的节奏，我猜大多数是修改出来的。修改最直接的好处，就是可以冷静地抛弃写作过程中常有的文字自恋，自我批判一次，两次，直至无辜。一个令人舒适的叙事节奏，首先不是对阅读有益，而是对文本有益的。

傅小平：小说内核是强奸案，你不做正面描述，而是影射的，旁敲侧击的，所以它的"不在场"，恰恰让小说里的人物、小说外的读者时刻感到它的"在场"。这起到了"于无声处听惊雷"的特殊效果，和你早期写《米》时正面描写性与暴力的情形可谓大异其趣。当然这样一个在时间之流中变得恍惚迷离的事件,让小说的叙述陷入了罗生门似的"迷阵"。小说人物因为这一事件有着错综复杂的交集,对他的叙述就会有很多重复,如何做到让这些重复不成为累赘?

苏　童:《黄雀记》里的水塔,未必构成罗生门疑云。强奸事件很重要,但它仅仅是核心事件,不是小说的核心。一切都发生在强奸之后。三个当事人的生活都被乌云笼罩,但他们头顶的也许不是同一片乌云,所以,我以探讨一片片乌云的姿态,与读者一起探讨那起事件的后果,也就是"后来呢"的故事。

傅小平:冷幽默或者说荒诞笔法的运用,让你的叙述有举重若轻的感觉。依我看,这也是你写作技艺上的突破。当然从积极的方面看,最初的荒诞会生成最后的意义建构。这部小说给我的感觉是,荒诞本身也被消解了。从本源上讲,强奸事件本身是荒诞的,最大的荒诞体现在,与强奸案有关的三个主要人物,在小说后半部里某种意义上成了"共谋",用流行的话来说,他们是"亲密的敌人",所以通篇读来给人一种消极的无意义感。

苏　童:生活本身很沉重,压抑了一部分情感世界,所谓荒诞、消极、无意义,都是压抑的某种结果。柳生、保润和白小姐,其实不仅是一件冤案的甲乙丙三方,也是一个弱小者联盟,他们是亲密的敌人吗?也许是。只是香椿树街的弱小者,其生存砝码也大多弱小,没有太多东西可以交换,对于他们来说,做敌人容易,亲密其实很难。从这个意义上说,有点消极,消极就是其意义。

生活的本相只能靠文本去发现、去辨析

傅小平:保润是这部小说最重要的主角。他经受的冤案,连带着让一个家庭陷入分崩离析、万劫不复的深渊。出乎我预想的是，在小说里，读不到你的同情。保润出狱后也是乖戾而邪门的，甚至有点面目可憎。我总感觉在你笔下，很少能感受到你对被命运捉弄的小人物，对那些"被侮辱与被损害"的底层人物的同情，有时甚至会明显感觉到你的憎厌。你是否认为这就是生活的本相？或者在你看来，作家在写作中只要尊重事实即可，不必表现出个人在道德伦理上的倾向性？

苏　童：我自己觉得在保润与白小姐身上，我的同情心已经明显地流露出来了。我只是控制自己，坚决不捅泪腺，以免让读者流下任何廉价的即时性的眼泪。生活的本相或者事实，从来不在作家的掌控之中，都是靠文本去发现、去辨析的。而作家道德伦理的倾向会以最自然的方式渗透在文本中，不必刻意表现，当然更不必去大喊大叫。

傅小平：小说最大的悬念是保润的"复仇"。这对于他并没有什么难度，他尽可以做个痛快的了断。但在处理"复仇"部分时，叙述变得延宕而游移。你的叙述让保润看上去有些残忍，又有着某种温情，他最后醉酒捅死柳生，也是在有意无意间完成的，似乎只是受了某种压抑不住的本能的驱使，或者再次做了一回命运的赌注。有意思的是，描述冤案发生前的保润时，你洞悉其心灵的幽微之处。出狱后的保润，则是用行动来"说话"的。保润的复仇体现了哈姆雷特式犹豫不决的特点，却从未在心理挣扎上留下相仿的印记。

苏　童：毫无疑问，保润是一个有资格的复仇者，但同时也是个不成功的复仇者。他不是哈姆雷特，感官与情感主宰他的行为，而不是思考与理性。他不是天生的暴力爱好者，只是一个捆绑者。捆绑他人，对于他更多的只是一种习惯与爱好，或者是一种唯一的技能。这个人物身上残留了善良的天性，以及宿命性的空虚，他是愿意宽恕的，也准备与不公的命运和解，但正如我们对生活的观察，伤害是永恒的，宽恕是暂时的，而真正的和解，是非常艰难的。

傅小平：隐藏在小说的深层，是关于罪与罚及自我救赎的主题。支撑起这一主题的重心在柳生身上。我想到陀思妥耶夫斯基的《罪与罚》，区别在于，他笔下的拉斯柯尔尼科夫对自己的"罪"，有一种辩证的思考，他也主动承担起了"罚"。而罪与罚体现在徒有一个古典名字的柳生身上，他的承受是盲目的、被动的，是从个人生存角度加以考量的，谈不上包含自我反思的维度。如果说小说受到了《罪与罚》的影响，那么，这样的对照反差是否体现了你的某种思考？

苏　童：事实上我在创作《黄雀记》的时候，从来没想到过《罪与罚》，但是在写完之后，我问自己，你如何用最简短的语言描述这部小说？我脑子里想起的竟然是陀思妥耶夫斯基的两部小说，一部是《罪与罚》，另一部是《被侮辱与被损害的人》。但我必须强调，这两部小说的名字仅仅从某个侧面描述了《黄雀记》的主题特征，其实，要是换个思路，似乎还可以挪用果戈理"死魂灵"这个名字。柳生这个人物，来自我所熟悉的香椿树街街头，柳生不是拉斯柯尔尼科夫，他无宗教信仰，无抽象的思考习惯和能力，他是以人情世故对待一切的，包括赎罪。他自以为无所不能，其实没有能力完成自我救赎，他所承受的罪与罚，也因此无可赦免。

傅小平：某种意义上看，白小姐是小说故事的诱因。事件因她而始，也因她而终。你的女性人物群像，也由此增添了一抹别样的色调。事实上，你正因为写了众多令人印象深刻的女性而为人称道。这些女性尽管个性各异，但能找到隐秘的关联。从《红粉》里的秋仪、《妻妾成群》里的颂莲、《河岸》里的慧仙到《黄雀记》里的白小姐，她们世俗却不脱孤绝的气质；她们可恶但总有可恕之处；她们既有赌徒的孤注一掷，偶尔也有仙女的超凡脱俗。面对这些落入凡间的"精灵"，你是有悲悯之情的。这是否能代表你对女性总体的某种认知？

苏　童：我从来不认为我善于写女性。假如你没有写出《包法利夫人》那样的经典，假如你没创造过爱玛这样的女性形象，你不可以认为自己擅长写女性。说到《黄雀记》里的白小姐，那大概是我作品中最接地气的一个女性形象。从仙女到白小姐，是同一个人随时代分裂整合的形象。她的身上集合了人与社会的诸种矛盾，在创伤中成长，但未能遗忘创伤，未能解决矛盾，已经随波逐流，与现实握手言欢了。

当然，我不会贸贸然告知我对女性总体的认知，在社会学的性别研究领域，一切都可以统计概括，而小说不同，我依赖小说观察女性，小说不研究整体，无论男人还是女人，都应该是独一无二的，都要进行一对一的认知。

傅小平：你的小说里通常都有一个像保润的爷爷这样的人物。比如《妻妾成群》中的陈老爷，《河岸》中的父亲库文轩等，他们一般不是主要人物，作为小说不可或缺的结构元素，作为一种背景、氛围存在，却有着特殊的重要性。这是写作的惯性使然，还是源于你的某种心结？总体而言，你对这类人物是批判的，但对小说里保润的爷爷，似乎有着更为复杂的态度。

苏　童：你提到的那个父辈的或者说暗指权力的形象，在我作品中的功能其实也有所分工。《妻妾成群》中的陈佐千着墨不多，他更多是男权与封建的象征符号，是颂莲们委身的树，也是缠绕颂莲们脖颈的藤。《河岸》中的库文轩则与儿子库东亮形成紧密的双主角关系，这个父亲形象，本身寄托了一部分社会、政治、人性主题的诉求，他与儿子既紧张又亲密的父子关系，是一种隐喻，也是我们大多数人依附的伦理纲常。而《黄雀记》中的祖父，是一个丢失了一切的人，甚至丢了魂灵。他是一个受难者，更是一个预言者，从某种意义上说，《黄雀记》的背景是由一个人充当的，这个人就是祖父，他俯视保润、柳生和白小姐的成长，也是所有悲伤、荒诞或痛苦的旁白者。

作家与现实生活的关系，是高度三厘米的飞行

傅小平：谈论这部小说，不能不谈时空关系。小说从"保润的春天"开场，如艾略特所说"四月是最残忍的月份"，核心事件强奸案就发生在这时。相应地，几个人物在某种意义上也由此告别了青春。此后，你写到了"柳生的秋天""白小姐的夏天"，在人物情绪与季节转换之间都能找到一种微妙的对应关系，但唯独没有写到"冬天"，这或许是南方的冬天本身缺少鲜明的质地，或许是因为三个人物恰好对应了三个季节。但在我的感觉里，"冬天"的缺席，也可以说是让小说中止了循环往复，所以白小姐不见了，谁也不知道她能否回来。

苏　童：《黄雀记》很自然地与"三"发生了联系，小说里没有冬天的章节，也是因为其结构不需要一个冬天。冬天被有意无意地隐匿了。

傅小平：小说对空间的设置渗透了荒诞感。比如保润家的房子，几经转换，某种意义上成了复杂而又藏污纳垢的所在；比如被弃置、成为强奸案"见证者"的水塔，却成了香火庙，最后一度成为白小姐的归宿；又比如城北拘留所原先是一个大丝绸商去台湾前留下的未竣工的无意园。还有精神病院、工人文化宫等设置，感觉上都有强烈的错位感，而且是隐含了反讽色彩的。有意思的是，如果说小说还隐含了一个视角，大概就是这些空间的视角了。

苏　童：你所提及的这些空间或地点，都不是孤立的场景，是小说中很重要的描述对象。空间或地点，当你赋予它生命的时候，它们就是活的，甚至是某种文学形象。即使是一间房子、一堵墙，要相信它们会呼吸，会有自己的眼睛，当然，它们构成所谓的视角，是可能的。

傅小平：在我印象中，你写的长篇，只有《黄雀记》如此切近地写到了"正在发生"的现实。这意味着你写下的很多细节，都会有读者拿来与他们正置身其中的现实——对照。如此简单的比附，不免有些机械，而且小说与现实之间存在距离，无须承诺其中写到的现实，非得是真实世界里一定会发生的事实。问题只在于，与读者之间是否一开始就达成了有关合理性的默契。既然你试图通过小说展现特定意义上的现实，就得符合生活或说现象真实的逻辑。有人就指出，你写到的井亭精神病院里的一些场景，在现实生活中是根本不可能发生的。

苏　童：《黄雀记》的写作没有预设"写实"或"超现实"的宗旨。说到表现手法，其实，我从一开始就在冒险，祖父爱找魂，保润爱捆人，都不可信，只是可行，我是在可行性中探讨人物与故事的意义，以及这意义衍生的能量。我无意再现人们眼中的现实，写实的外套下或许有一件表现主义的毛衣，夸张、变形、隐喻，这些手法并不新鲜，只要符合我的叙述利益，我都用了，所以，由此造成的阅读审美上的某些矛盾，我一并奉献给读者了。那么，是否要维护读者推敲真伪的热情？我的态度很明朗，不反对，同时，也不鼓励。

傅小平：很多作家写当下会不可避免地将其妖魔化、荒诞化。比如你写到的暴发户郑姐、郑老板，及发生在他们身上的离奇古怪的事件，就体现出了这一特点。我想，据此简单地批评作家无法把握现实会有失偏颇。这大约类似于西方绘画史上的印象派，作家们要摹写的是他们看到的、感受到的现实，未必是客观事实层面上的现实。但这样的真实往往不符合读者对"作家要直面现实"的期待。那么，把生活中一些原生态的素材经过综合转化写进小说，就是对现实的"正面强攻"吗？把写当下认同为作家是否直面现实的依据标准，又有多少合理性？显见地，真实的、深沉的历史要比虚假的、表象的现实更有现实性。

苏　童：我所信奉的作家与现实生活的美好关系，其实从来不是亲密的拥抱，也不是攻击性的炮火，而是高度三厘米的飞行。这个距离可以想象为一种标准的若即若离的距离，而所谓的飞行姿势，当然是主张作家观照现实的创造性，以及表达的自由性和排他性，只不过这种飞行，说起来容易，做起来难。我其实不知道自己是否真正地"飞起来"过，更没计算过那距离是否符合三厘米的理想。

傅小平：我记得有位作家说过，你的小说总是有"道具"。在这部小说里，就有很多"道具"。比如照片、有着某种宿命色彩的兔笼、有些诡秘的空屋、感觉是"化外之物"的白马、藏有两根尸骨的手电筒。按照契诃夫的说法，如果故事里出现了手枪，它就非发射不可。当然在小说里，有些"道具"体现了契诃夫的"准则"，有些似乎一闪而过后就消失不见了。我感兴趣的是，你怎样让这些密集的"道具"各有恰如其分的着落，并有层次分明的呈现？

苏　童：我小说中的很多道具，有一部分恐怕称不上道具，只是重要的器物。对于那种"墙上的猎枪"的使用，我其实是很谨慎的，因为谁都知道它会发出砰的一声，但是开枪了又如何？这是个问题。写作的过程，有时候是摆脱圈套的过程，这些圈套有的是别人提供的，你天生会比较警惕，有的则是出于写作惯性，出于经验，自己做的圈套，诱惑自己去钻，对于一个职业写作者来说，自己的圈套毫无预警，摆脱它其实是最难的。这也是我真正纠结的一个问题。

傅小平：如果说"魂"也可以是道具，那么它就是小说里最大的"道具"了。从某种意义上说，《黄雀记》也可以命名为《失魂记》或《追魂记》。小说里不仅是祖父，其他三个人物也是失了魂的。所以，对"魂"

的追索，应该体现了你一些深层的思考。当然，对于现代人如何找回失落的灵魂，你并没有提供答案。只是小说的结尾给人感觉，失魂落魄的祖父找到了某种宁静。该怎么理解？

苏　童：祖父从失魂、找魂，到最后安之若素，这条线索横贯整个小说，成为保润他们几个年轻人故事的潜在动力，读者会体察到我的用心，不用多说。小说的结尾，我没有特别施加悲怆感，希望能够举重若轻，祖父的所谓宁静的姿态，是一种承受的姿态，一种习惯的姿态。

伟大的长篇小说更多的只是一种虚幻而有效的感召

傅小平：从《黄雀记》，包括《河岸》里，是能看出你的写作抱负的。无论对历史还是对当下，你都试图有一个综合的理解和把握，有一个高度的提炼和萃取。相比而言，《河岸》综合了一些经过历史沉淀的、带有符号特征的元素，但很难说就因此有了开阔的气象。《黄雀记》从一个小的切口进入，却有着某种大的构架。你怎么理解和看待小说创作中"大"与"小"的关系？

苏　童：我并不在意"大"与"小"的问题，只在意"好"与"坏"的问题。宏大叙事这个高空馅饼让很多人跳起来写小说，或者爬到梯子上去写小说，后果可想而知。所有的"大"，都要通过"小"去塑造，而"大"不应该是创作愿望。《河岸》是用库东亮这双少年的眼睛，通过河与岸的两极去观察，我没考虑过让这双眼睛变大，只是让它去发现那个时代的风云，发现船上与岸上的人。《黄雀记》里则有四双眼睛（保润、柳生、白小姐、祖父）轮流执勤，他们注视过去和现在，自己和他人，当然还有历史和时代。所有人的眼睛都是平等的，没有大小之分，所以，"大"与"小"真的不重要。

傅小平：你谈到对写出"伟大的长篇小说"的期待，还谈到自己的界定是"无憾之作"。但写作很大程度上就是一门遗憾的艺术，所谓的"无憾"也只能是作者的主观设定，有时遗憾恰是构成"伟大"的要件。或许，对"伟大"的期待，不应只停留在"完美"的层面，还得有格局、气象等方面的考量。不妨由此进一步谈谈你对何谓"伟大的长篇小说"的理解。

苏　童：格局与气象，说到底是宏大叙事的基本辞藻，与伟大并没有什么必然关系，而我理解的所谓"伟大的长篇小说"，说的都是人的问题，这些问题是没有什么格局气象的大小之分的，能区分的是这些问题揭示得是否透彻、深入，是否被人类牢牢铭记。我这里并没有对伟大的长篇小说的标准解释，我所说的伟大的长篇小说更多只是一种理想，一种虚幻而有效的感召，对于一个写作了大半生的人来说，极易产生疲惫感，呼应理想和感召也就特别重要。其实我不知道怎样才是伟大，但与其用格局气象这些词描述它，不如还用完美吧。

傅小平：小说里有大量隐喻。"黄雀记"是一个总体的隐喻，精神病院里的爷爷、舞蹈"小拉"是局部的隐喻。保润打绳结的动作、白小姐生下来的红脸婴儿等，也是隐喻。一般说来，有着典范意义的隐喻大都模糊多义，其与实在的现实之间，往往是一对多的关系。而在不少经典作品里，一般也比较少用到隐喻。这或许是因为隐喻是把双刃剑，它能丰富小说的容量和深层意蕴，但密集使用则会让小说显得芜杂而不够通透。而且隐喻往往是隐而不彰的，它们来到作者笔下很可能是不自觉的，读者在阅读中很难猜透。也因此，我想知道你是否对隐喻有着明确的设计？

苏　童：小说中漂浮了过多的隐喻，像河水里漂满绿藻，其实会遮盖叙事的面目，伤害小说的品质。但《黄雀记》这部小说，并不是一部写实的现实主义小说，不可避免地使用象征或隐喻这些手法，比如精神病院里长生不老的祖父，比如保润的绳结，比如最后的红脸婴儿。不是我去寻找隐喻，是这样的隐喻跟随文本的构思，必然发生。多了少了，取决于读者的界定，我自己无意识。我同意隐喻与现实是一对多甚至一对无限的关系，我与你其实一样，是反对隐喻泛滥的。

傅小平：我感觉你擅于以偶发事件切入叙述。小说里强奸案的发生是偶然的，祖父丢魂也是偶然的。以传统的小说观看，即使是偶然也需要建立在强有力的逻辑之上。如果必得赋予偶然事件以所谓的逻辑基础，那么像加缪《局外人》里默尔索因为天热阳光晃眼开枪杀人，是绝对不能成立的。我想知道，你怎么看待体现在写作中的种种偶然？

苏　童：小说中充满了事件。在《黄雀记》中，祖父的丢魂不是缘于任何偶然事件，是他不应该活这么久，他两次放弃自杀，保住了肉身，魂灵便保不住了，对于祖父这个形象来说，这是必然事件，其他都是铺垫。我理解的祖父这个人物丢魂的大致理由，就是这样。通常来说，我对事件的偶然性与必然性不做严格区分，只是评估事件背后隐藏着多少叙事的可能，才对事件做出取舍。这样的取舍，完全有可能背叛读者的逻辑观，偶然是不能用来说服人的，偶然之后，你能否给出一个文学的逻辑，就像你提及的《局外人》，赋予偶然以必然，这是至关重要的。我想，当一个专业读者在质疑偶然时，他大概并没有接受你给出的文学逻辑，偶然没有通往必然，不说明阅读无力，说明你的逻辑无力。那是值得思考的。

傅小平：小说回到了香椿树街。当然此小说里的这条街，已经不是彼小说里那条有着很多里弄和小巷的老街。这条街延伸到当下，已然"物非人也非"。它两旁遍布水泥丛林，保润家的空屋成了被遗弃的"旧时风物"，街上的人也越来越疏离。因此，读到尾声"突围"一节那种痛快淋漓的狂欢化的书写会顿生错位之感，以为又回到了80年代的香椿树街。但我不禁疑惑，这样的狂欢在当下是否可能？或者你提供了另一种可能，通过狂欢去写现代意义上的孤独和隔阂？

苏　童：我说过，香椿树街是我要写一辈子的街道，不是迷恋这张标签，是我坚信可以把整个世界搬到这条街上。所有的街道都不可能静止不动，它在时间中变化，甚至消失。就像我童年与青少年时期生活的那条街道，它如今已经面目全非，几乎无法辨认，但我很高兴，它活在了我的小说里，活在了我的文字里，依然在呼吸，依然在生长。至于你提到的孤独，我想孤独有可能是现代社会里人的最后一笔财富了，不宜用狂欢去表达，而是要充满敬意地去书写。

做可持续的小说家的意义大于做一个先锋小说家的意义

傅小平：在《收获》上刊出时，你删去了多达五万字的一些枝蔓性的细节，是不是说这些细节实际上并不是那么必要？因为没有看到足本，没法做出判断。但从写作经验上看，有些看似不必要的闲笔，却能为整个篇章增添特别的华彩。举海明威的例子，他擅于删除，但他删除的往往是人物、故事背景之类藏于海水之下的冰山的部分，却未必是删除了一些细节。读他的小说，有些部分看似闲笔，细加琢磨就会发现一些很有意味的东西。某种意义上说，正是这些有意味的闲笔，构成了他小说里最精彩的部分。不妨由此分享一下"删除"的经验。

苏　童：我其实很高兴有这一次机会，为一部长篇小说做一个剪枝版的后期，这是因为，自己给一个文本留下了两种阅读可能。剪枝与未剪枝的，不可能有很大的差异，但是这可以让一部分有兴趣的读者去比较判断所谓枝蔓的意义，当然，我自己也将成为这些枝蔓的鉴赏与评判者。

傅小平： 总体而言，评论界对你的短篇小说创作比较有共识，甚至认为你是世界级的短篇小说"圣手"。对你的长篇创作却存在一些争议。最为极端的一种观点认为，你的长篇小说像是拉长了的短篇小说。我想，这样的批评实际上是暗示，你用短篇小说的手法、意识来结构长篇小说。你自己是怎么看的？我特别想了解的是，进入这两种创作时，你有着怎样不同的状态？

苏　童： 坦率地说，我不认同这种说法。这种说法的背后不是对我个人作品的偏见，而是对短篇或者对长篇文体本身存在着偏见。偏见的本质是对长篇与短篇的容量、信息和结构方式，有一厢情愿的量化标准。但无论什么文体，都不应该有什么容量标准和结构标准。另外从技术上说，我也不认为一个短篇小说的故事，可以拉长为一部二十多万字的长篇，否则，读者应该读不下去。我在写长篇与短篇的时候都觉得自己在搞建筑，唯一不同的是短篇建筑酷似一个亭子，长篇建筑酷似一座宫殿，材料有多寡之分，耗费的精力也不一样。

傅小平： 很多天才的作家，在早期就写出了一生的代表作品。他此后的创作常为读者忽略，在文学史上也被一笔带过，尽管创作数量是否庞大，还是会成为衡量作家创作实绩的参照。有些作家比如胡安·鲁尔福等就比较洒脱，他大概对自己有清醒的认识，自觉很难再写出超越性的作品，干脆就放弃了写作。我想成名之后，最初写作的那种原始的激情状态会越来越少。那么，该如何保持与生活之间的紧张关系？又该如何克服写作的惯性，而力图有所超越呢？

苏　童： 金盆洗手，不一定立地成佛，何况什么时候洗手，是否成佛，都是悬念。鲁尔福是一个写过伟大作品的人，但很明显，他对失败的恐惧，远远大于对写作的爱，这样的作家生涯，有点令人生疑。我觉得一个作家写多久，有时候取决于他对成功的理解，有时候则仅仅取决于他是否足够热爱写作，很多人一生坚持写作，只是因为他把写作作为最重要的生命体征，一旦放弃，会怀疑自己放弃的是健康。作为我个人来说，写作价值的自我评判很重要，以长篇来说，近期的《河岸》与《黄雀记》都比之前的那些长篇要令自己满意，这对于我已经是一个巨大的持续写作的理由，不需要别的任何理由支撑了。

傅小平：对于"先锋"这个词，我一直感到困惑。它是相对于传统而说的吗？那么它与传统之间是怎样一种关系？它代表的是一种颠覆和解构的姿态吗？对于创作而言，仅止于此就显得过于单薄了。眼下，"先锋"似乎越来越成为一种具有垄断性的特权，进而成了创作进步与否的标尺。你通常被认为是一个先锋作家，但相比于余华、格非他们，从你早年的文学实验及后来的转型来看，实际上都不是那么激烈。因此，我想你对"先锋"一说或许会有更客观的看法。

苏　童：先锋与古典，其实在文学意义上是平等的，不存在进步与落后之分。就我个人来说，不同时期的创作面目有很大的不同，恰巧有个阶段被纳入了先锋阵营，我不觉得是误会，只不过对我而言，做一个可持续的小说家的意义大于做一个先锋小说家的意义，所以，我现在不在先锋的江湖上，但那个江湖的血气方刚，于我是一种美好的怀念。

傅小平：同时代实力相近的作家之间，实际上存在一种潜在的竞争关系。我看有网友感叹说，这一回苏童总算胜了余华一局了。言下之意在他看来，《黄雀记》在总体上超过《第七天》，你读过《第七天》吗？有什么感受？对于同时期出现的先锋作家如今各自不同的写作与生存状态，做何理解？

苏　童：作家不是牙膏生产商，不必担心读者用了你的牙膏刷牙，就不用他的。喜欢文学的读者也不是歌星的粉丝，一般不会有什么排他性，所以，我也不觉得文学的市场存在那么严酷的竞争。《黄雀记》和《第七天》只是凑巧在2013年完成，其实没什么可比性。唯一要说的是，这么多年来，我对余华始终充满由衷的敬意。

毕飞宇

书房里的时空关系令人沉醉

毕飞宇，1964年生，江苏兴化人，1987年毕业于江苏扬州师范学院（今扬州大学）。

20世纪80年代中期开始小说创作，著有小说《青衣》《平原》，非虚构作品《苏北少年"堂吉诃德"》，以及九卷本《毕飞宇文集》等，作品被译成法文等多种文字在国外出版。曾两度获得鲁迅文学奖。2011年凭长篇小说《推拿》获得第八届茅盾文学奖。同年，凭长篇小说《玉米》获得英仕曼亚洲文学奖，成为继姜戎和苏童之后第三个获得该奖的中国作家。

尊严感为什么总是体现在弱者的身上

傅小平：我们不妨从你的近作《推拿》谈起。一般说来，作家写盲人世界，其着眼点往往并不在盲人本身，而是试图通过对盲人的描述，诉诸心灵、人生等命题的探求。而且，作家作为"看得见"的人，要介入一个非经验世界有相当的难度，所以迄今为止，少有直面描写盲人的作品。你立足于俗世的日常，以一部长篇为读者呈现盲人的世界，体现出一个写作者的胆识和勇气。当你起笔写《推拿》时，是怎么考虑的？借此想传达何种独特的思考？

毕飞宇：主要还是尊严感。我想写一种全新的人际，在这种人际里，尊严占有主导的地位。我有这样的动机说白了还是对当今中国的文化形态不满意。照理说，伴随着经济的发展我们应当在精神上更讲究一些才对，事实上不是。有一点我觉得特别奇怪——尊严感为什么总是体现在弱者的身上？《推拿》里的每一个人都是弱者，但是，他们有脸有面，这不是我赋予的，是我从他们身上发现的。

傅小平：对于盲人群体，相信你和读者一样，必然经历了渐进认识的过程。听说你曾在南京特殊教育学校执教多年，此后也与盲人推拿师打过交道。在那么漫长的岁月里，你对他们的认知经历了怎样的变化？在写作过程当中，你又有什么新的发现呢？

毕飞宇：写作的过程永远是特殊的，对我来说，写作时的体验感比现实里的体验感更加真实。许多平日里靠感官无法发现的东西，到了写作的时候自然而然地就呈现出来了。现实永远是动态的，有时候，稍纵即逝。写作不一样，时间的形态也不一样，只要我愿意，一秒钟可以有五个小时那样长，我可以充分地感知。在我用写作这种形态面对现实的时候，我始终觉得我是另外的一个人。我常说，书房里的时空关系令人沉醉。

傅小平：在我看来，这部写盲人世界的小说，不妨理解成一部格外强调"看"的小说。首先，小说要展现的多重视角，传达出了一种丰富的"视觉"经验。健全人"看"残疾人，残疾人"看"健全人，残疾人"看"残疾人，这样交错的"看"耐人寻味。同时，你在行文中即使是写到盲人的感觉，也多是转换成可"看"的经验。这是一种写作上的需要，是盲人本身的一种反应，还是喻示了一种反讽？

毕飞宇：我们不能把"看"拘泥于"看"，而应当把"看"看作一种认知的愿望，这愿望有时候是一双瞳孔，有时候也可能是我们的指尖、脚尖、舌尖或巴掌。盲人和健全人当然有区别，但是，在我写《推拿》的时候，我渴望把这种区别压缩到最小。我的大前提是，我们都有局限，人的意义其实就在局限。承认这个大前提很有好处，它可以为我们的交流提供能量。

傅小平：小说中，你还写到了先天失明的盲人和后天失明的盲人之间的相互"看"。最典型的故事，发生在富有幻想气质的小马和生性势利的张一光之间。相互"看"的结果是，小马到底还是被张一光哄进了洗头房。这里你单单一笔带过，我们该怎样理解张一光的这种心态？小马最终因为嫖娼出走，按照他的性格发展，经历生活的变故后会发生怎样的故事？小说里还写到美丽的都红，坚决拒绝老板沙复明的热烈追求，却偏偏爱上小马，这又是一种怎样的吸引？

毕飞宇：张一光这个人物在我的计划里无比重要，他是因为矿难失明的，他的身上带有浓郁的社会性和时代性。但是，我没有让这个人物在作品中"泛滥"，原因很简单，我不想把《推拿》写成社会小说。我曾经想把张一光这个人物从作品中删除，权衡再三，还是保留了。说白了，单纯的盲人生活是不存在的。小马的故事更复杂，正式出版的时候，我把小马的大部分章节都删除了，删除的部分是这样的：小马和妓女小蛮最终同居了，在同居的过程中，他们出现了新的问题。我在私底下觉得这个部分写得很棒，可是，等我写完了，感觉过于枝蔓，像狗嘴里的象牙，我一咬牙，把象牙拔了。

傅小平：一般而言，健全人对残疾人的生活有一种本能的猎奇心理，觉得残疾人的世界应该非常不同。按说，盲人外在的冲击并不缺少，加之身体上的残缺，他们的内心世界或许会有更激烈的冲突。《推拿》给人的印象是，盲人除了由感官带来的一些差异，大多是可推想的常人常情，与健全人没有明显的区别。你预设的那种平和的写作状态，及和盲人接触获得的直观经验，在一定程度上是否减弱了对这个特殊视界的穿透力？

毕飞宇：你刚才用了一个词，常人常情。我喜欢这个词。在我和盲人朋友相处的过程中，我感受最深的就是这一点。小说是虚构的，但虚构不是发明。我以为，一个小说家在虚构的过程中一定要克制他的发明欲望。我不能为了满足自己而把盲人弄成另外的一种生物。

傅小平：《推拿》在推进故事情节发展的过程中，作者要不断向读者解释盲人的感知、认知乃至世界观、价值观等问题。应该说，你的旁白非常精彩，有些话甚至是可以拎出来做名言、警句的。不过，这样的旁白可能使小说在一些地方读起来不够顺畅。对此，你是怎么把握的？

毕飞宇：我没有刻意去把握什么。我的诀窍就是删除和修改。一般来说，作品写好之后我总要放一放，放完了再去读，哪里不舒服我就删，删到删不动了，我就把作品送出去。有一点我很自信，我舒服了，你就会舒服。

在小说将如何发展上我情愿做一个盲目的小说家

傅小平：关于小说的叙述视角，你有自己独到的见解。在《玉米》的后记中，你谈到这个问题时，就表示自己采用的是第"二"人称，也就是"我"与"他"交错叙述的平均值。我感觉，此后的《平原》《推拿》，基本上延续了这一视角。这种视角具有相当的灵活性，仿佛可以自由穿梭于故事的林荫小道。不过，这种近乎全知的视角，取的是一种平视的姿态。情节的推进，势必有赖于作者站出来叙述（很多现代小说有意让作者隐退）。然而，强势的叙述有时会使小说的空间显得过于密实。这就好比长在平原上的庄稼，一眼看过去浩浩荡荡，却可能因为阳光照不进间隙而失之通透。你怎么解决这种叙述上的难题？

毕飞宇：现代小说有意让作者隐退，原则上似乎是这样，我们可以举出许多例子。但是，大量的现代小说作者并不隐退，我们同样可以举出许多例子。什么是小说？抽象的"小说"是不存在的，加缪必须写加缪的小说，普鲁斯特必须写普鲁斯特的小说，同样，我也必须写我的小说。天下没有两片相同的叶子。我不认为我的小说过于密实，相反，我喜爱密实的、充满了信息量的小说，如果说我对自己有什么建议，那就是，尽可能把作品夯得实在一点，无论我选择什么样的风格，我的小说都必须有信息量。我坚信没有人喜欢空心萝卜。

傅小平：你的小说在结构的处理上可说独特。你从主人公的某一个生活片段切入，随后带进来其他人物，在写到这些人物场景的同时，你会就着某一个契机宕开一笔去写他们的故事，然后再回到故事主线，主人公的生活历程也随之缓缓展开。这种写法看似并不复杂，其实是一种冒险，当然也特别考验作者写作的功力，这在《玉米》《平原》中得到了很好的体现。相比而言，《推拿》这部小说有些不同，它写的是盲人群体的众生相，其中没有绝对的主角，有的是各式人物故事的交替呈现。因此，要让小说整体趋于平衡、匀称，处理好结构的疾徐、节奏的快慢很关键。对此，你是怎么把握的？

毕飞宇：有些问题我们可以和小说捆在一起谈，有些问题却不能。如何"处理"小说，这个问题就不能和具体的作品放在一起来讨论。每一个小说家都有专业上的修养。一个好的小说家往往是有背景的——他首先是个好读者。卡尔维诺有一本书，书的名字就很有意思，《我们为什么要读经典》，我们是幸运的，在我们面对小说的时候，小说的 ABC 早就确立了。在小说的 ABC 面前，我们如何去确立小说的模糊概念，如何去确立小说的美学趣味，这个是因人而异的。所谓"处理"和"把握"小说，说白了就是展现你的小说美学趣味。纯正的趣味会培养你非凡的小说气质。在我眼里，小说的气质是第一位的。

傅小平：《推拿》中王大夫以血还钱的事件发生后，随着他命运的急转直下，接下去小马的出走、季婷婷的返乡、都红的意外受伤直至沙复明的胃病等情节，就挤压在一个紧凑的空间里，没有很好展开。《平原》也有这个特点，三丫意外去世让端方遭受心灵的重创后，小说的容量就开始回缩，读小说的后半部会有意犹未尽的感觉。

毕飞宇：如果你的感觉是正确的，那只能说，我的小说有缺陷，我需要继续完善。

傅小平：当下以城市为主题的写作，普遍缺少自然风景的描绘。以王家庄为故事背景的《平原》，很吸引我的地方，在于你笔下那些有灵魂的风景，它们给小说带来了一种勃勃的生气。《玉米》同样如此。《青衣》虽然写的是发生在城里的故事，但很好地融合了风景。这在《推拿》里面却是看不到的。是因为盲人的眼里没有风景，还是因为故事发生在城市，就自然少了风景？

毕飞宇：《推拿》里头的确没有风景描写。不过，在我看来，如果我在《推拿》里头大段大段地描写风景，我会觉得怪异。

傅小平：在你的小说中，整个故事都会因为人物之间交流、理解的错位，而迸发出一种强烈的感染力。以《平原》为例，王瞎子对地震的"解说"，顾先生对马列主义的宣传，种种环节与周围环境形成的强烈反差，让整部小说始终保持一种戏剧性的张力。又比如《地球上的王家庄》中人们对宇宙空间的认知和探寻，与读者的认知形成强烈反差，也让人在阅读中欲罢不能。相比之下，发生在《推拿》里的冲突，基本上源于生活上的一些细节、感受或是情调，这些冲突是琐碎的、绵密的、瓷实的，与之前那种带劲的、飞扬的姿势不同。这里，我想到小说的前景。随着现代化的无孔不入，各式的生活日趋同一，随之而来的将是人们理解的单调和归一。在这样的背景下，你认为小说将经历怎样的蜕变和发展？

毕飞宇：你的这番话让我很悲观，事实上，小说发展到现代主义阶段出现了一个大拐弯，这个大拐弯就是"由外而内"。你千万不能把这个大拐弯简单地归功于现代主义小说家的创造力，他们也有他们的不得已。现代主义之后，人物，无论是现实的人物还是文学的人物，他们的内心早已是千疮百孔，这是一次过度的开发，也是一次掠夺式的开发。我读卡夫卡的时候有一种强烈的感受，希望世界上没有这个作家，这是真的。法国有一位女心理学家,名字我忘了,她说:"如果没有弗洛伊德,我们会更幸福。"仔细琢磨一下这句话,真是不寒而栗。

我不知道小说将如何发展,在这个问题上我情愿做一个盲目的小说家。我就想写下去,像一个盲人那样活下去。

傅小平:我感觉相比你的其他小说,《推拿》在处理人物的命运走向时,倒是显得平和了。这些命运多舛的残疾人,在面对更深灾难的过程中,他们的心灵裂变为什么在故事中隐藏起来?

毕飞宇:我的这种平和是假的。《玉米》很压抑,《平原》也很压抑,但我并不压抑,因为我知道压抑的原因,而那个时代毕飞宇竟也经历了,写完了《玉米》和《平原》,我特别轻松。《推拿》没那么压抑,但是,写完了我却很压抑,我用了很长的时间才从《推拿》里头走出来。你也许知道,在写《推拿》之前,我和一群盲人朋友保持着紧密的联系,在《推拿》出版之后,我一直回避和他们见面,我总觉得我动了他们的命运,我不知道你能否理解,这个感觉其实很折磨人。在现实生活里,我自信我在命运面前尚有几分勇敢,但是,在我的书房里,一旦涉及命运,我就变得格外胆怯,更要命的是,我的出手又总是那样果断。我不知道我有没有把你说糊涂。

傅小平:坦率地说,我非常欣赏你对小说结尾的处理。《玉米》《平原》的结尾,是近乎完美的收笔,把小说的气韵给"涵"住了。《推拿》的结尾也不妨看作对这部写黑暗中的世界,却时时聚焦目光的小说的回应。不过,它同时又给我一种开放的、弥散的感觉。而且,相比整部小说总体写实的基调,结尾显然是带有象征性的。我总感觉这目光是有所指的,又似乎不是特别确定。是社会的、存在的,或是别的什么,你自己是怎么理解的?

毕飞宇：《推拿》最初的结尾不是这样的。台湾版《推拿》的结尾有一点不一样。大陆的读者看到的结尾是我的第二稿，第二稿我忘了发给台湾，这才有了两个不同的结尾。我是怎么理解这个结尾的？我不知道，许多人问过我，我答不上来。但我可以告诉你一件真事，有一次我和一群盲人在一起，其中有一个眼睛特别亮，一点都不像盲人，我就把脑袋凑过去，对着他的瞳孔看，他盯着我，突然对我说："干什么？"——他不是盲人。我一直不知道目光的厉害，那一次我知道了，足以让你灵魂出窍。

我渴望自己紧张，紧张到生命的尽头

傅小平：尽管笔调里常透着一股子狠劲，读你的小说，在感觉沉痛而压抑的同时，还是能感受到一种温暖。这就像你作品中的人物给我的印象，他们试图冲破道德界限，往往又在关键时刻突然醒悟。《平原》里的端方和村里的"不良分子"混在一起，成为他们的头目时，他并没有堕落为一个地痞流氓；《推拿》里的王大夫，受尽命运的捉弄，却始终不失自己的善良；《玉米》中的玉米纵使被权力异化，但还是保有一丝人性的暖。这是颇能让人动容的地方。这种残酷中残留的温情，是否更多源于作家的道德感？

毕飞宇：我更愿意从常识这个角度来看待这个问题，我就是一个普通人，我就生活在普普通通的环境里，我不认识天使，我的身边也没有大奸大恶的枭雄，我们有我们的好，也有我们的坏。我是一个热衷于批判的作家，但批判并不意味着我在道德上有优势。我有两只眼睛，一只看见恶，一只看见善，我有两只手，一只摸到冷，一只摸到暖。这样说我似乎成了一个相对主义者，事实上我不是。但我真的没有从道德这个角度去解析人，我更愿意说一句大实话，人还不就是这样的？我想告诉你，在人的行为面前，我很少吃惊。

傅小平：作家的道德感和写作常常是有矛盾冲突的。比如你以擅于把握女性心理著称，我们也相信作为一个作家，你无论从心里，还是体现在写作上，都是非常尊重女性的，但在写作中，你基本上还是站在被社会文化规约的男性视角来写女性，比如在写某个个性张扬的女性时，会比较多地用到"骚"这样的字眼，比如在两性行为上，最受伤的到底还是女性。这或许会被认为不够道德。

毕飞宇：以我个人的体会来说，作家的道德感时常是分离的，我专门为此写过文章，观点就一个，小说家是"不洁"的。如果我们把一个小说家在小说中所干的坏事统计出来，这个小说家可以被枪毙二十次。可小说又有小说自身的道德，这个道德就是真实。所以说，小说家都是纠结的家伙。我在小说中写了那么多的女性，在小说中伤害了那么多的女性，至今没有被女性抛弃、厌恶，我足够幸运了。

傅小平：如果说盲人推拿师的功力，更多体现在他对身体穴位的拿捏上，在你的小说里，这一处处穴位就是一个个富有表现力的细节。比如"时间"和"美"，其实是很抽象的概念，但在这部小说中被很好地表现了出来，而且主要还是体现在你对细节的精确把握上。比如写到小马打小就通过摆弄时钟来认识"时间"；比如都红对小马有好感时不断地按手表，以提醒小马别人对自己的夸赞；比如沙复明为了感知"美"，抓过都红的手使劲儿摁在自己腮帮上。这让我想到一个问题，就是大多数国内作家的作品，常碰到这样的情况，能写好细节的，往往失于对小说全局的掌控；驾驭能力强的作家，在细节的处理上缺乏精准的表现力。对一个作家来说，这看似一种两难。你认为呢？

毕飞宇：我完全同意。从这个意义上说，小说的均衡感很重要。但是，小说家的均衡感不是天生的，它需要自觉的训练，即便如此，你也不可能没有局限。我的看法是，哪怕六十岁了，小说家也要给自己提要求，有要求的写作一定比盲目自信的写作好。

傅小平：近些年，在不同场合都能听到作家们在说，写作必须回到故事上来，写作最重要的是讲好一个故事。这样的结果是，写作又走向了另外一个极端，成了讲一个好的故事。也难怪，读到当下的一些小说，我们往往能看到故事，却看不见小说。作为一个善于讲故事的小说家，你认为两者间有什么本质上的区别？又该如何形成一种良性互动的关系？

毕飞宇：我写故事的能力并不好。这和我的出身有关，我是先锋的后期开始写作的，那个时候我抵制故事。后来我意识到这个问题，做了一些调整。说实话，直到今天，我也无法平衡故事和叙述，我希望我的下一部作品能在这个问题上有所进步。不过我把丑话讲在前头，这个问题解决好了，别的问题又来了，完美的作家和完美的作品是不存在的，我们能够享受的，只能是渴望完美。

傅小平：你被贴上了"善于描写女性"的标签，往往让读者忽视了对男性形象的解读。你笔下的男主人公有一种带有悲剧性的硬汉气质，他们大多寡言少语，但充满行动力和爆发力。他们对外部世界有种本能的警惕心理，与现实生活有着某种紧张的对抗关系。这样的塑造，是不是关乎你的成长经验？

毕飞宇："善于描写女性"这个标签让我"很著名"，连西方的记者都知道，只要给他三个问题，必然涉及女性。标签就是那么可爱，但它危险，容易让人忽略标签以外的部分。以我的成长经历和写作着力点来说，说我"善于描写男性"似乎也不为过。可事情却不是这样，这就是好玩的地方。我的小说一直是紧张的，我喜爱的男性往往也是紧张的，紧张是生命和艺术的力比多，我也渴望自己紧张，紧张到生命的尽头。

傅小平：有一种说法，写作就是回故乡。这隐喻看似夸张，其实一方面凸显了地域特质对于当代作家写作的重要性，另一方面是作家对自身有着重要影响的成长记忆的眷顾。我们知道，你出生的江苏兴化，是一个文人辈出的地方。这一方水土在何种意义上塑造了你的生活世界？

毕飞宇：我的故乡兴化很有趣，很穷，奇怪的是，就是这么一个穷地方，历史上出的文人特别多。由于地理位置，兴化容易遭水灾，这种无常的命运感让兴化人坚信真正的财富应当储存在脑海里。从小父母就是这么教育我的，这样的教育有它积极的意义，但负面的影响也是显而易见的，那就是世界观偏于消极、悲观。在局部，我一直乐观，但在本质上，我是一个坚定不移的悲观主义者，我的小说也大抵如斯。

李 洱

写作可以让每个人变成知识分子

李洱，1966年生于河南济源。曾任《莽原》杂志副主编、中国现代文学馆副馆长，现任北京大学中文系教授。

著有长篇小说《花腔》《石榴树上结樱桃》《应物兄》，小说集《饶舌的哑巴》《遗忘》《午后的诗学》等多部。曾获茅盾文学奖、华语文学传媒大奖年度杰出作家奖、21世纪鼎钧双年文学奖、庄重文文学奖等奖项。

在北京圆明园附近的一家烤肉店里，李洱边娴熟地用筷子翻弄烤盘上的番薯块边问我："法拉奇，知道吧？"他定然以为我是知道的，没等我回答就继续说道："我们得做个法拉奇式的对话，是不是？是对话，不是访谈。哦，得是那种一等一的对话，不是少不了'请你谈谈写作过程'的访谈。"等把筷子放下，他扬了扬标志性的额头纹，又说："哦，法拉奇式的对话，都有个导语。你也写一个吧？比如写写我们上次是怎样在电梯口碰巧遇见的。"我终于插上话，说了个"好"字，本还想效仿流行语说"必须的"，但烤盘里溢出的油烟，助长了我的咳嗽，硬生生把一个"好"拗成了三个片段，像是一个字后面，还拖着两个回声。

我明白，"对话"这个词从李洱口里说出来，有不同寻常的意味。我总感觉，于他而言，对话既是世界观，又是方法论。读李洱谈小说写作的文字，不时会读到诸如"小说应该成为一种特殊的对话方式，一种对话的容器，一种设置了和谐共振装置的器皿""在小说的内部，应该充满各种对话关系""小说一定要有对话性，内部要提供对话的机制"的话语。由此观之，在某种意义上，他把对话上升到了小说本体论的高度，他自然希望与小说写作有关的一切交流，也充满对话关系，或者就是一种对话，虽然熟悉李洱的人大约都见识过，写作之外的他聊天很嗨，不经意间就会把原本几个人的闲聊，变成他"一个人的主场"。

但我还是惊异于李洱会提到法拉奇。不为别的，只因法拉奇对话的是她那个时代里对世界有着举足轻重影响的风云人物，而他自然也明白，我面对的多是在空无中构建纸上王国的文化人。凭多年的经验，我知道，作家们无论在自己的文学世界里显得多么强悍、洋洋自得或无所顾忌，走到文学之外，却可能比常人更为敏感和脆弱。如此，面对一个作家，要像法拉奇面对一个政治家那般锋芒毕露、直言相激，更是一件难事。况且法拉奇那些打上过去时标记的对话，也已经在岁月的淘洗中不可避免地褪色了。她做的对话，我大约从头到尾读过一两篇。我偶尔找来翻翻，倒是会跳过对话正文，读读她写的导语。在那些冷静客观的介绍文字里，她记录了何以能与这些政界要人对话，经历了怎样的波折，在怎样的情境下，与他们展开对话。

李洱建议我写个导语，或许是他格外敏感于对话的情境。他首版于2002年的长篇小说《花腔》共分三部，每一部首页都用几行字设定了情境，其中包含时间、地点、讲述者、听众、记录者五个元素，可谓仿对话体的一种设计。情境自然是重要的，一场对话，倘若换一个情境，定然会是另外一个样子。

该是应了他的小说代表作《午后的诗学》的题名，电梯口巧遇他那天，正是2018年11月18日的午后，我准备从上海城市酒店四楼餐厅下到一楼，在二楼，电梯门开了，李洱挎一个肩包闪了进来，他身后是戴一顶礼帽、腰板挺直、步履稳健的王鸿生教授。我们见了，都为这样的巧遇略感到吃惊，差不多同时说了句："这么巧！"可不就这么巧！那天我参加完《文学报》主办的"新时代、新经验、新书写"主题研讨会，顺路去嘉宾驻地吃个午饭。我事后才知道李洱专程从北京赶来给王鸿生儿子的婚礼当嘉宾，他们的深厚情谊可见一斑。在2019年1月10日于北京图书订货会现场举行的"李洱长篇小说《应物兄》读者见面会"上，王鸿生透露了一点幕后故事。他是上海知青到了河南，在河南工作三十年，一直到2007年才调回上海。李洱从华东师范大学毕业后，也回到了河南。"当年，上海的朋友把他托给了我，说他特别有才气，你得多关注他。所以，我写他的评论算比较多，也比较早。"王鸿生也更习惯叫他本名李荣飞，不太叫他李洱。那天他们多半是在二楼迟迟等不到上行的电梯，索性改换一下策略，来个先下后上。要不是这样，我们也不会这么碰巧遇见了。

既然因缘巧合，我自然得多请教几句，电梯到了一楼，也就没有出去，而是随他们一起上到八楼。电梯上升中，我随口说到了《应物兄》。然后说，我们一定得就这本书谈谈。虽这么说，但我心里空空荡荡的，因为这部小说上半部已经在《收获》上连载了一段时间，但我到那时也只是听了个书名，并没有读过其中一个字。所以，我问起这部小说，更像是一句随性的问候语，说到谈谈这部小说，也更像是表达一个一直以来的心愿。好在李洱并没有问我"你读了吗""有什么感想"之类的话，而是插科打诨狠狠夸奖我。我姑妄听之，也不免想，这会不会是在圈里以聪明和狡黠著称的李洱习惯性转换话题的一种方式？

要不是李洱的"虚晃一枪"，我或许后来不会微信他说，你要不乐意谈，是完全可以拒绝的。然后说，我希望你能谈谈，虽然有工作上的原因，但主要还是喜欢你的作品和为人。我这么说并非矫情，或刻意取悦于人。我读过他的《花腔》和《石榴树上结樱桃》，真觉得喜欢。而像李洱这样"诚挚又狡黠，严肃又八卦，得体又放松"的人，不说所有人都喜欢他，估计也很少有人会讨厌他。我喜欢他的为人，也自有缘由。记得几年前在河北参加会议回来，我们一行人回到中国现代文学馆，已是午后时分，李洱在附近一个餐厅请我们吃面条。他正巧坐我对面，不知怎么就谈到他初到北京时的窘境，具体说是什么事让他受挫，我如今已记不得了，只记得他呈现给我一个已然成名的作家，不时在北京马路上奔波流徙，就像两千年前的孔夫子风尘仆仆周游列国，却遭受挫折的形象。透过碗里升腾的热气，我看到他的面部表情是苦涩的，他沉浸在回忆里，自始至终没有表现出"过去的都过去了，不提也罢"的故作轻松与释然。就在那一刻，我认定这是一个值得交往的人。在十来年职业生涯中，我近距离接触过数以百计的各式人物，能如李洱这般对一个并无多少交集的晚辈自由袒露心迹的作家却并不多见。对那些说话做事滴水不漏的作家、学者，我自然是敬重的，但只有李洱这般给我无比真实感的人，才会让我感觉很亲近。他"生活在真实中"。

那天电梯到了八楼后，我在李洱入住的房间里逗留了片刻。至今记忆犹新的是，他说到给前不久到访的伊恩·麦克尤恩与格非的一场对谈活动当主持，媒体的报道却没一个字提到他。"真是一个字都没提到我哦。李敬泽说，你看，你都让人家当了空气了。乖乖，你都不知道，我在那场活动中主持得有多棒！"他叙述的过程中面部表情之复杂，恰好应了韩国学者朴宰雨的描述：两眉紧蹙，然后又笑容浮现，笑里夹着嘲讽，面容又绝对真挚。我开玩笑说："谁让你是主持人呢？主持人当得再好，也就像空气清新自然，无处不在，谁也不会特别注意。顶多说一句，今天天气很好，没有雾霾。说完该干什么干什么去了。"

我不免想到，这般玩笑也因为自己有时正是那个被当成空气的"主持人"，或说"提问的人"，并因此不由多了一份同理心。从另一方面讲，在2004年出版《石榴树上结樱桃》之后的十四年里，李洱确乎是"空气"一般的存在。而这样的空气，也曾被煮得沸腾过。2008年底，《环球时报》翻译了德国媒体的一篇文章，称德国总理默克尔将德文版的《石榴树上结樱桃》送给了时任中国总理温家宝，并点名要与李洱对谈。一个月后，李洱与学者吴思、蔡定剑一起，见到了默克尔。李洱的名字由此真正被传媒广为得知。传媒也顺势给他打上了标签：那个被默克尔接见过的中国作家！而这位因为作品少有败笔备受读者好评，也因为受默克尔接见被推高了期许的作家在此后漫长的时间里，除了不时参加一些会议，更多时候做的都是"为他人做嫁衣"的事，再也没有作品，哪怕是一部中短篇小说问世。虽然圈内总是有人在传，他在"憋一个大炮仗"。事实上，他自2005年春天开始，已然动手写《应物兄》。当时，他还在家里墙上贴起了"写长篇，迎奥运"的字样为自己鼓劲，但等奥运年过了，且奥运年后又过了十年，他的炮仗也没有绽放。面对外界的催问，他唯有沉默以对。李敬泽不由感慨，李洱的内心还是非常强大的：一个人写一个东西写十三年，这十三年，大家想一想，世界浩浩荡荡，沉舟侧畔千帆过，病树前头万木春。估计望着这个飞速的世界，李洱一定老觉得自己就是那个沉舟。特别是后边几年，除了有写作上的艰难，除了要面对"千帆过""万木春"的外面的世界，还要面对几乎所有的朋友和差不多大半个文学界当面的讽刺、背后的嘲笑。

李洱自嘲被当了空气的时候，多半没有想到仅过了两个月，围绕他的空气就因《应物兄》被燃至沸点。上海、北京两地轮番举行的专家研讨会、新书发布会、读者见面会，使得《应物兄》的出版一时间成了理当进入"文学史画廊"的现象级事件，这部小说也屡屡夺得《收获》杂志文学排行榜等几大榜单长篇小说组的冠军，媒体的报道则是一如既往地耸动：《应物兄》写了十三年，写坏了三部电脑。我听闻各种消息，为他这部小说被如此热议感到欣慰，并带着些许困惑，同时，也不由为他捏一把汗：这般被理解，会否那般被误读？批评界的解读与读者的阅读会求得和谐共振吗？如此被赞美，会否引来相应的批评？

　　实际上，我大概能想象李洱内心经历了怎样的震荡，但到了备受关注时，李洱反而不太愿意多说什么了。在不得不出席的一些活动场合，他主要都只是对"十三"这个数字给出自己的解释。他无比诚恳，又不无诙谐地说："小说写十三年不是一件光荣的事情，这或许能说明李洱的智力中等。但这同时也说明我是比较认真的作家，愿意对文字负责任，愿意对作品中的人物的命运负责任，愿意对他们所遇到的每个困难、他们心灵里的每个褶皱负责任。我愿意深入其中，并且感受到他们的悲欣。因为我觉得我跟作品中的人物在一起生活了十三年，他们如同我的父兄和姐妹。写完小说后记的那一瞬间，我很感动。这个后记，我只写了一千多字，我的心理能量，实在已经无法承受我去再多写一个字。"

　　或许是因为无法承受《应物兄》带来的喧哗与骚动，李洱近段时间处于半隐居状态。在北京那场读者见面会上，他声称，自己已经隐居二十天了。"领导一直吩咐我要低调、低调！我已经谢绝了所有媒体的采访。"这看似有点不近情理，又似乎是再合理不过了。对于作家来说，把作品推向图书市场后，不妨任人评说。李洱或许也是在这个意义上，觉得自己不如沉默，让读者、批评家说话。但换个角度看，有谁能比作家本人更了解他的作品呢？他或许才是自己作品的那个最内行的读者。而作家本人的理解与阐释，是任何别的解读都替代不了的。由是，我们或可期待的是，当面对自己付出诸多辛劳和汗水的作品，李洱究竟会谈些什么。

巴尔扎克的那句话依然有效，作家在某种意义上就是时代的书记员

傅小平：因为《应物兄》与《花腔》都是以知识分子为主角的长篇小说，并且在写作时间上有承续性，我在读《应物兄》的过程中，会不自觉地以《花腔》作对照。我的感觉是，同为具有丰富性和复杂性的两部小说，《花腔》我刚开始读得一头雾水，但读着读着就觉得慢慢敞亮起来。读《应物兄》没觉得像有评论家说的难读，反倒是读得挺畅快、明白的。但正因为读着畅快、明白，越是读到后来就越是多了一些困惑。我的困惑在于，我看似明白，但我真明白了吗？所以，你一定在这些明明白白后面藏着一些什么，但非要我猜是什么，我又说不好。我只是隐约感觉到，你写《应物兄》应该有着很大的雄心，应该包含了诸如为时代命名之类的意图。

李　洱：作家可以对文学现象、文化现象说话，但不应该对自己的某部作品说得太多，因为这会对读者构成干扰。《花腔》《石榴树上结樱桃》出版的时候，我就提醒自己要少说话。本质上，我是一个害羞的人。公开谈论自己的作品，总让我有一种严重的不适感。因为工作关系，我每年要参加多场作品研讨会，但直到今天我仍然很排斥给自己的作品开研讨会。关于给事物命名，你知道，这几乎是每个作家的愿望。巴尔扎克的那句话依然有效，作家在某种意义上就是时代的书记员。那个著名的开头，你肯定记得，就是马尔克斯《百年孤独》的那个开头。很多人都注意到小说第一句的三维时空，其实接下来马尔克斯又写道，河床上有许多史前巨蛋般的卵石，许多事物都尚未命名，提到的时候还须指指点点。这句话，其实透露了马尔克斯的豪情，他是在用自己的方式给事物命名。没错，小说是一种特殊的命名方式。《应物兄》里有一首短诗，芸娘写的：这是时间的缝隙，填在里面的东西，需要起个新的名字。这是我所崇敬的芸娘的自诉，当然也可以说是我隐秘的愿望。

傅小平：其实我一开始想说，《应物兄》是学院知识分子题材小说，但转念一想这么说也不恰当，尤其到了下半部，各种社会力量介入儒学研究院，故事实际上已经大大溢出学院了，那还说什么学院知识分子题材呢？如果认为是这一题材，学院外那些为官、为商的有文化的人物，也应该算是知识分子的。因此，我觉得这部小说，给我们提出了一个在当下何谓知识分子的问题。

李　洱：说它是学院小说，似乎也说得过去。不过，局限应该是有的。按照这种说法，《红楼梦》就是官二代小说，《水浒传》就是土匪小说，《三国演义》就是高干小说，《阿Q正传》就是神经病小说。其实，学院中人，在小说里只占了三成，肯定不到四成。更多的人，生活在学院高墙之外。当然我承认，我确实关心知识分子问题，关心他们的处境，也比较留意他们头脑中的风暴。我愿意从写作的角度，谈知识分子问题。这里只说一点，这也是一个容易被人忽略的基本常识：任何一个写作者，即便他是个农民，是个下岗再就业的工人，是个保姆，当他坐下来握笔写东西的时候，在那个瞬间，他已经脱离了原来的身份，变成了一个知识分子。他在回忆中思考，他用语言描述，他怀揣着某种道德理想对事实进行反省式书写，并发出诉求。所以，写作可以让每个人变成知识分子。

傅小平：虽然上下部都围绕济州大学拟引进海外儒学大师程济世，筹建儒学研究院这一核心事件，但两个部分是有明显区别的。如果说上部表现内容在学院围墙之内，下部则充分社会化了，但要说下部重在通过建研究院这一事件，反映当下社会问题，我看也未必。这样会给人半部学院知识分子小说、半部社会问题小说的感觉。你自己怎么看？在你的构想中，上下部有着怎样不同的诉求？

李　洱：写的时候，没想到要分上下部。我很少考虑小说的篇幅问题。《石榴树上结樱桃》本来是中篇，写着写着变成了长篇，就是这个原因。我的所谓成名作《导师死了》，本来是个短篇，让程永新拧着耳朵捏着鼻子修改，改着改着变成了中篇，也是这个原因。责编刘稚曾建议，出版的时候不分上下卷，我基本同意了。但后来有朋友说，应该分为上中下三卷，不然读起来不方便，眼睛累，胳膊酸。那就折中一下吧，分成上下两卷。我同意你的说法，后半部分，非学院的人物出现得更多。这是故事情节决定的，所谓与时迁移，应物变化。

傅小平：显而易见，你在小说里写到的学院要比钱锺书在《围城》里写到的学院复杂多了。所以，要是从小说表现内容的丰富度和复杂度上，说《应物兄》是《围城》的升级版，那是把它窄化了。我看该是出于把《应物兄》放在一个参照系上言说的需要吧，拿来对比的作品还有《儒林外史》《红楼梦》《斯通纳》，等等。但再深入对比，会觉得其实《应物兄》和这些作品都没有太多可比性。这或许是因为面向的时代不同，作品自然也应该不同吧。再说，你大概也是想着写一部原创性很高的小说，也未必希望听到这部小说像其他什么作品，它为何就不能像它自己呢？虽然如此，你应该是借鉴了一些叙事资源，只是小说里提到了那么多书，也像是无迹可寻，不如直接请教你吧。

李　洱：你提到的那几部小说，我都读过。对《围城》我当然是熟悉的，《管锥编》我也拜读过。但我不知道，甚至压根都没有想过，这部小说与《围城》有什么关系。既然有朋友把它和《围城》相比，我想那应该有某种可比性，但我本人不会这么去比。开句玩笑，把它与《围城》相比，就像拿着猪尾巴敬佛，猪不高兴，佛也不高兴。但朋友们要这么比，我也没办法。坦率地说，在漫长的写作时间里，我再没有翻过《围城》，也没有翻过《儒林外史》。翁贝托·埃科的小说，我很早就看过，后来也读得较为认真，并参加过关于埃科的学术对话。埃科的符号学研究其实没什么原创性，但小说写得确实好。《红楼梦》我当然比较熟悉，下过一点功夫，后来我去香港讲课，讲的就是《红楼梦》。中国作家四十岁以后，或多或少都会与《红楼梦》《金瓶梅》相遇。我想，我可能受到过它们的影响，但我不知道我在哪种程度上受到了影响。或许在方法论上有某种影响？但我本人说不清楚。林中的一棵树，你是说不清它是如何受到另一棵树、另几棵树的影响的。听到有人把《应物兄》跟《斯通纳》比较，我才找来看看，看了几十页。说真的，我还没有看出《应物兄》跟它有什么相似之处。那本书写得很老实。我的书好像比它要复杂得多。

傅小平：要深入理解这部小说，王鸿生的《〈应物兄〉：临界叙述及风及门及物事心事之关系》，恐怕绕不过去。当然了，他对这部小说的一些赞誉，还有待时间检验。他同时还把现当代知识分子题材小说捋了一遍，说了这么一段话："《围城》精明、促狭，《活动变人形》辩证、直露，《废都》沉痛、皮相，《风雅颂》因隔膜而近似狂乱，这些书写知识分子的经典杰作和非杰作，都可以作为《应物兄》的文学史参照。当然，也正是因为它们的成就、经验和教训，为《应物兄》的诞生提供了不可或缺的前提。"他同时还说："至少，在汉语长篇叙事艺术和知识分子书写这两个方面，《应物兄》已挪动了现代中国文学地图的坐标。"我想借他的话问问你，他提到的这些作品，你是否做过分析式解读，以期吸收它们的成就、经验和教训？你怎么理解他说的"挪动了现代中国文学地图的坐标"？

李　洱：王鸿生先生的那篇评论，当然是一个很重要的评论。他的那几句话，如果我没有理解错的话，是想梳理一个微型的写作史，一个知识分子生活的写作谱系。这是批评家天然的权力，我作为被批评的人，只能表示尊重。在我看来，《围城》和《废都》都是杰作，已有定评，而《应物兄》还有待读者、批评家和文学史家的检验。《活动变人形》，我应该还是在华东师大图书馆阅览室看的，那时候我还在上大学呢，当时看得不是太明白，后来没再看过。我很喜欢王蒙先生的中短篇小说，比如他的《杂色》和《在伊犁》，我在杂志社当编辑的时候，曾约复旦的郜元宝为《在伊犁》写过评论。我或许需要再重复一遍，写作《应物兄》的时候，我没有再去分析那些"经典杰作"和"非杰作"的经验和教训。王鸿生先生所说的"挪动了现代中国文学地图的坐标"，按我的理解，他或许主要是想说，这部小说可能触及了写作者可能遇到的一个根本性问题：在这个时代，汉语长篇小说的抒情如何可能？

百科全书式小说是一种道德理想

傅小平：说《应物兄》是一部百科全书式小说，大概是最不会有分歧的。以"百科全书"一词来形容这部小说的丰富性和复杂性，再合适不过啊。但我还是疑惑，在如今这个信息极其发达的时代里，"百科全书"还值得那么推崇吗？要是福楼拜活过来，我想他或许会再写一部21世纪的《庸见词典》，但会不会乐意再写《布瓦尔与佩居歇》呢？当然，我们也可以说，你了解信息再多，说不定你盲点更多，更不代表谁都能当自己是"百科全书"，所以更需要有百科全书式的小说。依你看，在我们的时代里，写出百科全书式小说，有何必要性？

李　洱：哦，福楼拜要是活过来，肯定会接着写《布瓦尔与佩居歇》。百科全书式小说，首先是一种认知方法，是作家应物的一种方式。百科全书式小说，也有各种类型，比如《红楼梦》是百科全书式的，《傅科摆》是百科全书式的，你甚至可以把王安忆的《长恨歌》、阿来的《尘埃落定》、金宇澄的《繁花》也看成百科全书式的。百科全书式小说，与其说是一种文类，不如说是一种道德理想。借用罗兰·巴特的话说，那是一种仁慈。在小说中，各种知识相互交叉，错综复杂，构成繁复的对话关系，万物兴焉，各居其位，又地位平等。大狗叫，小狗也要叫。狗咬狗，一嘴毛。你之所以认为《应物兄》是百科全书式的，大概因为它涉及很多知识。但你要知道，没有一部小说不涉及知识的。知识就是小说的物质性，就是小说的肌理和细节。越是信息发达的时代，这种小说越有其合理性：我们被各种知识包围，就像被四面八方的来风吹拂。它们本身即百科全书式的。当然，我也同意你的说法，更多的信息有可能形成信息盲点，但这是小说值得承受的代价之一。

傅小平：百科全书式小说，该是强调知识含量的。但小说并不是辞典，不应该是知识的罗列。所以，我比较关心，在这样一部有着丰富知识的小说里，你怎样在知识之间建立联系，又怎样把知识转化为见识，把见识转化为小说的叙述？

李　洱：我同意你的说法，小说不是辞典，不是知识的罗列。任何一部现代意义上的小说，尤其是长篇小说，不管从哪个角度说，都是古今一体，东西相通，时空并置，真假难辨，并最终形成一个多元的共同体。简单地说，它忠实于真实的生活经验，当幕布拉开，它必定又同时是梦幻、历史和各种话语的交织。在这里，朴素的道德关切从未被放弃，梦幻般的道德诉求已经艰难提出。最终，小说叙事与真实的生活以及生活所置身其中的文化结构及历史结构之间，形成一种若明若暗的同构关系。或许需要进一步说明，真正的现代小说家，无一不是符号学家，他必须熟悉各种文化符号，必须训练出对文化结构和历史结构的直觉。而作为一种叙事话语的小说，这个时候，怎么能够离开各种各样的知识。所以，我倾向于认为，小说家的准备工作和案头工作，在这个时代显得格外重要。那种靠所谓的才气写作的时代，早就过去了。

傅小平：从知识构建的角度看，说"《应物兄》的出现，标志着一代作家知识主体与技术手段的超越"是不为过的。对于小说写作来说,难就难在怎样把"对历史和知识的艺术想象""妥帖地落实到每个叙事环节"。这就难了,太难了,弄不好"观念大于小说""思想大于形象"啊。我估计你应该深思熟虑过这个问题。

李　洱:对于"观念大于小说""思想大于形象"一类的问题,我关心的角度可能不太一样。比如,我可能更关心,一部小说有没有观念,有没有思想。20世纪以来,有观念、有思想的小说,两只手都数得过来,当然我说的是属己的观念和思想。事实上,如果观念和思想是属己的,那么就不存在观念和形象分离的问题。

傅小平:《应物兄》的故事时间,设置在21世纪第二个十年的某一年内,但前后延展开来的时间,要长得多了,可以说涵盖了20世纪80年代以来中国思想史变迁的全过程。用评论家臧永清的说法,在具有现代性的哲学观照下,怎么把知识和思想史这种看不见摸不着的东西化为一部小说所必需的行为描述,李洱做出了极有价值的建构。这让我联想到你在小说里写到的,李泽厚先生的两次出场。八九十年代时,他的到来让人激动不已。到了近些年,李泽厚到上海某大学演讲。他刚一露面,女生们就高呼上当了。她们误把海报上的名字看成李嘉诚先生的儿子李泽楷。你应该不是在小说里为了写思想史而写思想史,那到底要通过梳理思想史流变表达一些什么呢?也可能不只是反讽。

李　洱:因为考虑到读者接受问题,我对小说中涉及的思想史内容,已经主动做了大量删减,包括对李泽厚思想的一些讨论。小说中提到的那两个场景,前一个场景,我当时就在现场,当然在具体描述上,在时间地点和出场人物上,我做了些变形处理。我其实并没有太在意做什么思想史的梳理。思想史方面的内容,简单地说,都是人物带出来的,是叙事的需要,因为那些人都有自己的文化身份。你提到的这两个场景，怎么说呢，我无非是想说，萧瑟秋风今又是，换了人间。

傅小平：说到思想，我就想起十来年前思想界和文学界的那场争论。部分思想界人士提出"当代文学作品脱离现实，缺乏思想乃至良知""中国作家已经丧失了思考能力、道德良知和社会承担"，文学界部分作家指出思想界也有"三缺"：常识、阅读量、感知力。我印象中，你被认为是当下少有的，有思想能力的小说家之一。不妨说说，你怎么理解作家得有思想，或有思想能力？

李　洱：对于那种笼统的、大而化之的指责，我不可能发表看法。作家得有思想能力，这是对作家很高的要求。你打死我，我也不敢说自己做到了。我只想从最简单的问题谈起，就是一个作家，你应该写出只有你能写的小说。做到这一点，可能会带出一些思想性问题，因为你自己就是一个世界，你忠实于经验，又与自己的经验保持一定的距离，那个距离就是思想的发祥地。

傅小平：赞同王鸿生说的，写这部小说，你必须眼睁睁地盯着瞬息万变的"当下"，不断想象着"以后"，回忆和筛选着"过去"，并将其编织、缝入流动的"现在"。而这样摇曳、动荡的内在时间意识，将注定这部小说是难以终结的，是永远也写不完的。他这样一种偏哲学化的表达，倒也是说出了一个再明白不过的道理：写当下是困难的。这部小说迟迟写不完和你写当下直接相关吗？但你最终把它写完了，那写完了，是不是意味着它并不是一本像卡夫卡《城堡》那样注定写不完的小说？

李　洱：当下是最难写的，尤其对中国作家来说。原因嘛，就像王鸿生先生说的，这个"当下"瞬息万变，变动不居。这个时代的作家面对的问题，不知道比曹雪芹和卡夫卡当初遇到的难题大出多少倍。你知道，因为变化太快，你的生活尚未沉淀出某种形式感，它就过去了。所有的器物，更新换代太快了，它尚未进入记忆，就已被淘汰了。而贾府门前的石狮子，是千年不动的，它已经成为一种稳定的心理结构的一部分。你只要粗略想一下，你就知道这对惯常的写作会构成多大的影响。对作家提出指责当然是容易的，提出要求当然是应该的，但比指责更重要的是，要从写作角度提出对策，比如我们的修辞应该如何做出必要的调整。在我看来，这样的批评可能是更负责任的批评。具体到这部小说，我想不出还有别的结束方式。

傅小平：说来也是这些年的老生常谈了。因为对小说等虚构作品失望，现在不少读者转而对非虚构写作抱有很大的希望。似乎非虚构代表了未来文学的主流。我注意到，不少写小说的作家，也在一些场合声称自己越来越少读小说，看得比较多的是非虚构作品。不知道你的阅读怎么样，我看你在这部小说里提到的作品，也大多是非虚构作品以及学术著作。说说你怎么看这个问题吧。

李　洱：就文学读者而言，看虚构作品的人，或许还是比看非虚构的人要多。你不妨去做个调查。人们对虚构作品的兴趣，或许有所减弱，但不可能消失。这是因为虚构作品与人类的梦想有关。小说既是真实经验的表达，又是对梦想、现实的重组，对反省和诉求的重构，这涉及人类的心理模式和行为动机。所以，从根本上说，认为小说会消失的观点，是难以成立的。确实有些小说会消失，我是说它在文学史的意义上会消失，但小说作为一种虚构叙事作品，作为一种认识方法，它不可能消失。我自己的阅读历来比较庞杂，我读过很多非虚构作品，但也读小说。

《应物兄》是以反抒情的方式，实现了抒情效果

傅小平：据我所知，这部小说曾考虑过《焰火》《风雅颂》等书名，到最后才正式命名为《应物兄》。对于为何《阿Q正传》之后，中国作家依然不敢以人名作为小说的题目，你做过一个解释。你说，在一个社会兴旺发达，每个人成为自己的主体的时候，他才敢于以人名作为书的题目。这个解释很有启发。不过，在西方文学传统中，以人名做书名是很早就有了的。比如塞万提斯的小说大多以人名为书名，但他生活的年代，应该很难说每个人都成为主体。我的意思是说，中国小说不以人名为书名，或许还有别的原因。另外，不知你这里说的每个人是特指每个作家，还是泛指社会上的每个人？你为何在这部小说里，以人名为书名？

李　洱：用人名做书名，20世纪以前比较常见，《包法利夫人》《大卫·科波菲尔》《安娜·卡列尼娜》《约翰·克利斯朵夫》《简·爱》《卡门》，等等，太多了，数不胜数。它们通常都是现实主义作品，常常会讲述一个完整的故事，来对应某个历史时期，来描述某个人在历史中的成长。在这些书中，主人公带着自己的历史和经验向读者走来。这个主人公同时还是一面镜子，主人公、作家、读者，同时在那面镜子里交相辉映。你写了这个人，你就写了那段历史。也就是说，人物的生活和他的命运，自有他的历史性，自有他的世界性。但在现代主义文学运动之后，这种情况就比较少了。其中原因非常复杂。简单地说，最主要的原因，可能就是福山所谓的"历史的终结"，人物的历史性和世界性大为减弱。当然在中国，情况比较特殊。中国的古典小说，一般不用人物的名字来命名。反倒是以鲁迅先生为代表的现代小说家，开始用人物的名字来做书名，比如《狂人日记》《阿Q正传》。个中原由，同样复杂。因为历史时空错置，鲁迅式的命名方式与西方现代主义小说其实有着异曲同工之

妙：它虽是人物的名字，但那个名字却具有某种概括性、寓言性或者说象征性。鲁迅之后，这种命名方式就几乎不见了，这非常值得研究。当我以《应物兄》这个名字来做小说题目的时候，我想，我表达了我对文学的现实主义品格的尊重，表达了我对塑造人物的兴趣，同时我觉得它也具有某种象征性。

傅小平：但对于应物兄，是否成为自己的主体，我是有所保留的。他对社会，对自己承担起了责任吗？总体看下来，他是有所逃避的，他难能可贵的一点是，保持了某种像王鸿生所说的"间距性"。他虽然是局内人，但多少保持了一种旁观色彩。估计不少人都会问你应物兄有没有你自己的影子，不少媒体都不约而同给你的名字也加了前缀，李洱顺理成章成了"应物兄"李洱。你怎么看？

李　洱：应物兄是虚己应物，他当然有担当，他比大多数知识分子都有担当。说他没担当，说他逃避，这是你作为读者的权力，但我不敢苟同。

傅小平：应该说，王鸿生对应物兄这个人物做了深入的解析。他说，你创造出了一个公正的、悲天悯人的叙述者。我的阅读感觉略有不同，倒像是在这个人物身上读出一点加缪笔下默尔索式冷漠的气息。你是怎么设想这个人物的？

李　洱：他不是翻译过来的默尔索。他一点也不冷漠。或许应该指出一点，法语中的默尔索，与汉语中的默尔索，是两个默尔索。法语中的默尔索，生活在悖谬之中。这也是加缪不认为自己是存在主义作家的原因。

傅小平：通篇读下来，赞同王鸿生说的，应物兄虽然对全书至关紧要，但在作品中并不占有中心位置，这部小说实际上更像是一部群像小说。而要从整体上考量你写到的这么多人物，倒像是应了评论家付如初说的："《应物兄》虽然没有写出个体的悲剧感，却写出了一个群体，一种身份的大悲剧。"我想说的是，你似乎以喜剧的方式，写出了一种悲剧性。

李　洱：我同意王鸿生的看法。付如初的看法，也值得尊重。我本人倾向于认为，这部小说是以反抒情的方式，实现了抒情效果。

II

贾平凹

我没读过《百年孤独》

贾平凹，1952年出生于陕西丹凤县棣花镇。中国作家协会副主席、陕西省作家协会主席、《延河》《美文》杂志主编。

著有《废都》《秦腔》《古炉》《高兴》《带灯》《老生》《极花》《山本》《暂坐》《酱豆》等。曾获茅盾文学奖、鲁迅文学奖等国内各大文学奖，并获美国美孚飞马文学奖、法国费米娜文学奖等。作品被译为英、法、德、俄、日、韩文等三十余种文字，多部作品被改编成电影、电视剧、戏剧。

看到有人很快翻完一本书,我就替作家心疼

傅小平:我是先看的《带灯》,后读的《老生》,读到《带灯》后记里写的一句话:这是一个人到了既喜欢《离骚》,又必须读《山海经》的年纪了。饶有兴味的是,《山海经》果然融入了《老生》里。我就有些好奇,这两部看似不同题材的小说之间,是否有着隐秘的关联?或者说,在《带灯》之后,除了你在《老生》后记里提到的写作缘起,是否还经历了其他一些特别的思索?

贾平凹:这些话都是年龄大了以后我常说的。年龄大了,经的事情多了,就更能理解《离骚》和《山海经》,尤其在这个年代。《离骚》让我知道人生命运的苍凉和苍凉后的瑰丽。《山海经》使我知道了中国人思维的源头。在写作《带灯》和《老生》前后的很长时间里,我再次读了一些古书,想着能做一点解读文章,后来又打消了,投入到写现实题材的小说中来。

傅小平:两部小说写的不同题材,形式上的探索却有相似之处。《带灯》里加进数十封带灯写给元天亮的信,《老生》里引入了《山海经》。我想知道,在把书信体或《山海经》加进小说的不同部分时,你怎样把握好叙事的节奏?这样的创新写法,或许还包含了某种深意。

贾平凹:《带灯》中加进数十封信,主要是想给带灯生活的焦虑、惊恐、痛苦、无助寻一个精神的出口,当然也有小说节奏的问题。小说中还有许多闲话,其实都是要摇曳故事,让故事外的东西弥漫,而不让读者在阅读时落入就事论事的逼仄境界。《老生》中引用一些《山海经》,也有调节小说结构和节奏的想法,更重要的却是寻找中国人思维是如何形成,而对应百十年来的故事。读小说是各种人去读的,有的可能就跳过这些引文,有的则只读这些章节。我小时候读《红楼梦》,就跳过那些诗文,跳过"太虚幻境"的部分,中年后再读《红楼梦》,小时候跳过去的部分就读得有味道有兴趣了。

傅小平:如你所说,倘不是专业的读者,未必会细读小说里引用的《山海经》,还有虚拟问答,他们很可能会跳过去,直接阅读故事。但《山海经》的引入,除了与小说正文构成必要的对应,客观上造成了奇特的阅读效果。正如李敬泽所说,文字每个片段都可以单独拿出来读,非常松弛、非常从容。

贾平凹:我有个想法,不能让小说写得太顺溜,所选用的具象材料要原始,越生越好,写的时候要有生涩感。生生不息么。这方面我还做得不好。

傅小平:假如没有《山海经》的引入,直接把这四个故事连在一起写,或者像你以前写《古炉》那样,不是着眼于可以单独成篇的四个时期,而是连续写这百十来年的历史,可能就达不到这种松弛和从容。而你的写作因为与现代生活快节奏形成很大反差的慢,受到一些读者的青睐,也受到一些读者诸如"读不下去"之类的批评,而你一向是特别注重读者的。那么,《老生》之所以采用这样独特的结构,除了服从于故事本身的需要,是不是照顾了读者阅读的需要?

贾平凹:其实任何一本书都是给一部分人写的。尤其阅读小说是繁忙紧张的生活、工作之后的一种享受,它是要慢慢来的,常说"读书是福",它是有福之人读的。我不愿意写那些太精巧的故事,不愿意把故事写得像那些读书人在说书。当我看到一些人在读小说时,一边哗哗地揭页一边看,很快就翻完了一本书,我就为作家心疼。至于说到"松弛""从容",它与这部小说四个故事单独成篇的结构无关,把四个故事组成一个故事写,也可以做到松弛和从容呀。我说过语言与身体有关,与心态有关,与文学观有关,"松弛""从容"也是一样的。

并没有民间写史这个词在脑子里闪现过

傅小平:引入《带灯》的视角来看《老生》,或许是一种有意思的参照。在《带灯》里,你塑造了带灯这样一个典型的人物形象,而在《老生》里,虽然写到数十上百个人物,但这些形象总体看似乎都不怎么鲜明。如果做一深究,你这样反常规的写法,或许可以做如是理解:小说总体就是一个深层的隐喻,这百十年来的历史,事实上并没有把完整、独立意义上的人给"立"起来。

贾平凹:《带灯》是一种写法,《老生》是一种写法,《带灯》是带灯贯穿始终,《老生》里除了唱师和医生贯穿外再没有人能贯穿。过去的小说讲究"典型环境中的典型人物",但现代小说很多是连人物都没有了。《老生》是唱师的记忆之作,百多年的历史如河水而过,流淌的只是混沌和苍茫。在这一点上,我同意你的看法。

傅小平:事实上,在小说第四个故事里,你着重写了戏生,一个半截子人,最后染上瘟疫死了,而他的妻子荞荞是个健全人,她最先从隔离观察中解脱出来后,却叫唱师唱阴歌,来安妥那些不安之灵。这样的情节设计实在是耐人寻味的。等唱师唱了三天三夜,唱不动阴歌,最后住进了窑洞里,且老死在窑洞里,唱师讲的故事实际上已经结束了,这小说里的小说也有了一个意味深长的结局,在这个结局里,是能读出类似弥漫在《红楼梦》里的那种苍凉感的。

贾平凹：唱师作为小说正文里的叙述人，他的出身、生存环境、职业，决定了他是社会最底层的，是民间的，是旁观的，是超越了制度、政治、阶级、时间、生死的人，不需要给他强加什么，他只有经历。但他最后也死去，是他这些经历也该死去，必须死去，之所以叫"老生"，除了种种理由，这样的生是到老——老就是死——的时候了。

傅小平：贯穿作品始终的唱师和匡三这两个人物，是令我印象深刻的。如果说唱师是百十来年历史的见证者，匡三则是一以贯之的亲历者。匡三革命的经历，带有浓郁的民间性和草莽气。第四个故事，写到匡三接见戏生，当戏生拿出剪刀来边剪纸花花边表演唱歌时，匡三却误以为对他有人身威胁，让警卫员把戏生给一脚踹开了。感觉这样一个细节，或可理解为匡三自民间来，最终却导致了对民间的颠覆。这其中或许渗透了你对"民间写史"的某些理解？

贾平凹：《老生》出版后，我读过许多评论文章，这些文章总在说"民间写史"这个词，而我在写作中并没有这个词在脑子里闪现过，我只是写我的长辈曾经给我讲的事，其中的人和事都有真实性，绝不是一种戏说，这如同小说里那些奇异的事并不是要故意"魔幻"，而是以前在我故乡多有发生的，那里的生活就是如此。我之所以采用一些材料而不采用一些材料，那是小说的需要，如何使用这些材料，那当然有我的主观意愿。小说是我营造的另一个世界，这个世界是多义的，任由大家去理解。我喜欢《红楼梦》的"满纸荒唐言，一把辛酸泪"。

傅小平：评论文章说"民间写史"，多半是出于小说理解的需要。你"找"到唱师这民间中人来"写"这个"史"，他是个"半人半神"的角色，他讲的故事有亲见的，或为真实的历史，也自然有道听途说来的传奇。如此说来,所谓"民间写史",当然写的不会是关于历史的信史。那换成知识分子写史,是否就能写出一部信史呢?但他们写出的却常常是被时代偏见左右,或为意识形态固化的历史。以此看,民间写史反而有可能从民间的角度写出某种真实。

贾平凹: 小说里有这样一个情节:游击队的人都死亡后,留下来的匡三当了司令,他让人写游击队的回忆录,结果回忆录里就写了匡三的英雄事迹,那些死亡的人做过的事情也都成了匡三所做。但唱师知道事实真相,他后来就退出了编写组。什么是信史呢?《史记》现在是我们最相信的,当年司马迁却因此受了宫刑。

傅小平: 如果引入"史"的视角看唱师和匡三,我总感觉,他们是同一个人的两个分身。他们一个虚,一个实,正是从这一虚一实的两个侧面,构成了整体意义上的"民间写史"。做一延伸会发现,你写人物并不以塑造典型为要义,而是有着更为切己的深层指向。比如,在一些小说中,你让很多人物在小说里串场,以散点透视形成漫溢却又聚合的生活流,乍一看,像是对人物造成了"遮蔽"。

贾平凹: 你可以信小说家言,也可以不信小说家言。它是小说,小说只能发现小说应该发现的事。《老生》,包括《带灯》《古炉》《秦腔》,甚或以前的《废都》,任何实,都是指向虚的。我并不是说我的小说如何如何,但若顺着这一认知去看,该思量的是,他为什么写这些?为什么这样写?他的立场和环境又意味了什么?

这个社会需要招魂,让人能寻到自己的家园

傅小平: 虽是"民间写史",但一个小说家,毕竟写的不是历史,而是小说,或说,他只是以小说的方式去"写"历史。从这个意义上说,赞同你说的"如果把文学变成历史的时候,那就没有文学了,那就没有意思了"。小说写历史,当然不是戏说,也不是胡说,而是写那个有文学、有意思,甚或是有必要的、合理的虚构的历史。所以,你才会进一步自问:文学写到历史的时候,怎么把历史规划到这个文学里面呢?你不妨说说,这到底是怎么规划的呢?

贾平凹: 现在写小说,如果写的是现实生活题材,谁能摆脱这百年的历史呢?时间若往后推,以后的读者读这些小说,该信谁呢,不管是歌颂还是批判,有多少是文学呢?这百年是历史,也是我们的经历和命运,既然我们要把它写成小说,我以为,最好的,还是像《红楼梦》那样,写出"大荒",而我们遗憾的是没有曹雪芹的才能。心向往之是必要的,当我们面对这百年历史时,我们要勇敢、真诚,写作的时候则要忘掉这是历史。我很欣赏陈思和与李敬泽的一些观点,他们是评论家能概括出来,我仅仅有感觉,这感觉寻不到明晰的话说出来。

傅小平: 如果对照"史"的维度,就会发现你写在后记里的"写小说何尝不也是在说公道话"的反问,尤其意味深长。正因为你要通过老生来说"公道话",他就得"老老实实地去呈现过去的国情、世情、民情"。但我总觉得,唱师要呈现的,并非是历史的"实有",而恰恰是历史的荒诞与虚无。同时,小说通过对历史意义的解构或悬置,让小说讲述的故事,超出历史的局限,从而获得某种与老生一样"老生"的意义。要是这一理解成立的话,《老生》是足够震撼灵魂的。

贾平凹: 有位电影摄影家给我说过,有的摄影家在拍摄时是极力证明摄影的存在,有的摄影家在拍摄时是极力隐藏自己在摄影。我是喜欢后者,使故事的表达让人觉得这不是我在写故事,而是天地间就存在着这样的故事。我也明白,这几十年来,由于西方理论进来,更流行电影强调摄影家存在,这样使电影更强烈、更刺激,更适应年轻观众,但我还是坚持摄影家隐藏的方式，我以为这样会使作品更长久些，时过境迁那些观念就不时尚了，这也符合中国人的思维。或许，我也只能这样。

傅小平：我感觉《老生》写到四个历史时期，也可以说是写的各式小人物的苦难史。你写苦难，写得如此冷静超然，能把悲剧写出喜剧的意味来，能把残酷写出幽默的感觉来，从写作技艺角度看，实是极为高明的。当然，我也知道，你一向对你亲身经历的苦难，有着特别的敏感，而且也会在一些言说中，说到这些苦难及其在你心里烙下的悲苦烙印。如是给人一种感觉，你对苦难的书写，既是深入骨髓的，又是冷静超然的，该怎么理解这种看似矛盾的状态？

贾平凹：在现实生活里，有理不在声高，武术高手都是不露声色的，叫嚣的、恫吓的其实是一种胆怯和恐惧。我们常说举重若轻，轻了就有境界，是艺术。

傅小平：对比阅读你近年几部小说，我还有一种矛盾的印象。总体看，当你的小说志在"写史"时，你写到的叙述人，比如引生、狗尿苔、唱师等，都或是畸人，或是奇人，或是诸如此类的奇异人物，他们或是不明所以的狂乱，或是其来有自的超然；而到了"写当下"时，你写到的叙述人或主人公子路、庄之蝶、带灯等，虽然也独特，却并非奇异人物，他们纵有出世之心，但到底是入世的，而他们的精神世界总是在矛盾中撕扯、挣扎。对于这样一种矛盾，又该如何理解？

贾平凹：不同的题材不同的内容写法是不一样的。但总的都是强调品种、招魂、家园。这个时代形成的我们是这样的品种，文学也是如此，而这个社会需要招魂，让人能寻到自己的家园。

写中国小说，必会受佛道教等影响

傅小平：《老生》开头写放羊父子听镇街上一位教师讲说《山海经》，他们守候着的唱师居然没读过、没听过《山海经》。小说惯常的写法，多是一个人临死之前，听到某种熟悉的故事或旋律，由此展开无边的联想。你的这样一种陌生化的书写，给我感觉，小说里引用的《山海经》，与唱师讲述的故事有着一种互文性，或者说这两者之间有互相对话，或互为解释的意味。

贾平凹：《老生》开头和结尾是第三人称的写法，是正文的装饰。正文则是第一人称的记忆。严格讲，《山海经》引文与唱师的记忆并不直接联系，只是时空的深层次的互动。这样能不能有效，效果好不好，也仅是一种尝试。

傅小平：在后记里，你写道：《山海经》只写山水，《老生》只写人事。实际上，更像是《山海经》的山水里面包含人事之理；《老生》的人事背后写满山水之情。何况这《山海经》里不仅有《山经》《海经》，还有《大荒经》。依我看，体现在《老生》里的"荒"，是得了《红楼梦》的神韵的，却不像《红楼梦》那样"荒"了时空。毕竟四个故事，虽然没有标明确切时间，却是有具体所指的。那么，这个"荒"字，是不是包含了你以《老生》向《红楼梦》致敬的意味？你是否果真如李敬泽反复强调的那样，一直承受着《红楼梦》影响的焦虑？

贾平凹：李敬泽这人厉害，他对我作品的点评，只言片语常击在穴上，老是道破天机。我喜欢《红楼梦》，自不敢说承受着《红楼梦》影响的焦虑，但读《红楼梦》我就有通感。近期我还想一个问题，为什么《红楼梦》中的贾宝玉是那种形象，这和同时期的京剧里有小生是一样的，而舞台上的小生的形象、唱腔是那种，这是什么原因呢，为什么中国会出现这种人物？

傅小平：就像《红楼梦》写到各式人物的死亡，《老生》同样写到了很多的死亡，而且多是非正常死亡。而你写这些残酷的死亡景象时的那种冷静客观、从容细致和不动声色，是颇有先锋意味的。当然在小说里，唱阴歌的唱师，目睹了太多的死亡，让他来给活人唱阳歌，倒是极尽荒诞之意味了。我想，当你写到这些人物的死亡的时候，会是怎样一种状态？因为就写作而言，虽然呈现为文字是克制的，但在真实的写作过程中，作者体味到的或许是另一番况味。

贾平凹：写中国的小说必会受佛道教等影响，也就是说好的小说里总有佛道的气息。佛道里对生死问题是极坦然和积极的。大地是生万物的，包括人，但大地也会消亡万物和人。我故乡的人常说：人吃地一生，地吃人一口。写到死，那不是要残忍，那是现象，死带走了疼痛、病毒和恐惧，然后往生。而生则充满了爱，我说过，每个人生来都是父母做爱的产物，生出后，如果你看到一朵花而喜爱，其实花更喜爱你，这就是所谓的缘。

傅小平：如此坦然、如此客观，像是零度写作，既然是客观，自然是悬置了情感和道德判断的。问题是，小说如何写，才算是有道德呢？作为一个小说家，又该如何在悬置道德判断的同时，让小说致之宽广和博大呢？

贾平凹：小说不能做道德评断，小说也免不了会遇到道德评断。《红楼梦》在历史上也是禁书呀。

傅小平：《老生》里，是否体现了你对《三国演义》等其他古典小说的借鉴？比如李得胜枪杀跛脚老汉，似乎是曹操杀吕伯奢的翻版；老黑于卧黑沟村被抓而死，雷布哭三日三夜而头发尽白，似乎也能从庞统和伍子胥的故事里找到出处。我的理解是，这或许并非借鉴，可能只是暗合。但不管是借鉴还是暗合，能把带有原型色彩的故事写出新意来，就是一种创造。

贾平凹： 你提到李得胜枪杀跛脚老汉的事，写时我意识到这可能与曹操杀吕伯奢相似，但你提到庞统和伍子胥的事，我压根没意识到，我写的全是我听长辈给我讲的往事。当然，你提到了相似，让我惊觉，以后会小心处理类似的事了，真是谢谢。

傅小平：《老生》其实还处理了现实，或说新闻怎样归入文学的难题。例如第四个故事里，你写到"非典时期"的爱情。另外还有白土为玉镯在崖腰上凿台阶、戏生找老虎且做了假的情节，也能在现实中找到对应的事件。要只是简单搬用这些素材，是很为读者诟病的。但不能不承认，你把这些素材给充分小说化了。

贾平凹： 社会上发生的任何事情都可能成为小说的素材，尤其写现实题材的小说。以前的小说有一个功能，就是新闻功能，如今媒体发达了，社会上任何事情都被爆出来，大家才会觉得小说里用了新闻事件。但小说毕竟是长久看的，过后读小说，那些新闻事件就不那么刺眼了。当然，这里边也有个怎么用新闻事件的问题。

面对真实是要有勇气，也要有能力的

傅小平： 你擅用魔幻笔法，多有灵异描写，或许是受了拉美魔幻现实主义，尤其是《百年孤独》的深度影响。但我认为，你只是在遵从经验真实的基础上，写出了感觉的真实，这正是很多作家缺乏的。因为为

现实拘囿，作家们的感觉麻痹了，不那么尊重感觉了，而所谓的现实主义，反倒更像是伪现实了。

贾平凹： 如果说我没有读过《百年孤独》，你信不信，肯定不信，我真没去读，但我周围的人都读了，我听他们说过，大致也了解了。我在前面说过，《老生》里所谓的一些灵异描写，我写时并不觉得我在写灵异，我小时候经历过和听过村里的一些事，也去认识了许多乡村里的"神人"，所以当写到唱师这个特殊人物时，自然而然就用上了这些材料。写这些东西，并不是要故意，故意了就作伪矫饰了。

傅小平： 在我感觉里，你是有着很强的身体感的作家，你注重写切己的直感和经验，但注重自然、本真的经验，并非必然滑向如照相一样逼真的自然主义的极端。依我看，不同于很多仅停留于玩味自我经验的写作，你的卓异之处，在于你有超验的维度，或者说透过经验的表层，能看到你有一种超越民族界限，抵达人类共通的所谓现代性的追求。那么，在经验与超验之间，你如何保持平衡？

贾平凹： 荣格认为，文学的根本是表达集体无意识，是寻找原始的具象。再有一点，文学是记忆的，生活是关系的，文学在叙述它的记忆的时候，表现的就是生活——记忆的那些生活。生离死别、喜怒哀乐构成了人的全部存在形式，从上天造人来看，这些东西都是正常的，但人不是造物主，人就是芸芸众生，写小说既要有造物主的眼光，又要有芸芸众生的眼光，你才能观察到人的独特性。现在写小说我总是强调三点，一是现代性，二是传统性，三是民间性。没现代性不行，而民间性则能丰富和推动传统性。

傅小平： 即使是极端的评论，大体也不会过于挑剔你语言的"问题"。当然，你风格化的语言，在不同的小说里也有细微的变化。比如，相比《带灯》，我就感觉《老生》少了描绘、多了叙述，但无论怎么变化，你的语言都有一种蓬勃的诗性。你的文字很难被翻译，除了像陈思和说到的地方性特色，或许还有这种文学的诗性。不妨以此谈谈你对语言及翻译的看法。

贾平凹： 关于语言，我觉得首先与身体有关，一个人的呼吸如何，你的语言就如何。我理解小说就是小段的说话，说话里边有官腔、撒娇之腔、骂腔、哭腔，也有唱腔，小说是正常的给人说话的一种腔调。语言应该有情绪，把所写的人、物在特定环境下的情绪表达出来就是好语言。除了与身体和生命有关，还与人的品位格局有关，这如不同的器物会发出不同声音。另一点是说闲话，闲话与你讲的这个事情的准确性无关，是在对方明白你意思的前提下进行的，像敲钟一样，"咣"地敲一声钟，随之是"嗡……"这种韵音，韵音就是闲话，还有什么节奏呀，空隙呀，让它散发气和味，等等。关于翻译，这方面我不懂，只觉得越是讲究文体，讲究语言，它的言外之意就越多，言外的空白处的东西如翻译不到位，那就损失了这类作品的多半魅力。

傅小平： 在我的印象里，当代作家里你是最为评论家眷顾的作家之一。但凡你有新作问世，就会涌现相关评论。而这些评论也是呈两极化趋势，说好评的，常常是极高的评价，而尖锐的批评，也一味地尖锐着。不管是哪种评价，确有一些批评给人感觉像是脱离了作品本身，只是为维护自己固化的立场而做的表象的批评。你似乎很少对批评做正面回应，但我想你该是有关注的。倒是想听听，在你眼里，怎样才是理性的、健全的批评？或者说你对批评有何期待？

贾平凹： 我是关注的，但我不掺和，觉得不管对我是好的评价还是不好的批评，我首先把这些评论当作评论家的创作来看，看有没有它的见解和它的文采，如果文章本身写得好，我就叫好。二是肯定我的评论，它能鼓励，再从中吸收，以在我以后创作中加强和扩大。而批评的，当然我也做分析，找出哪些是应吸取教训的，哪些我不苟同。作家写东西是不清白的，是混沌的，啥东西都能想明白就不创作了。创作是感性的，糊里糊涂的，他能悟出来，但说不出来。这时候有评论家点一下，他一下子就有意识了，就弥漫开来了。

傅小平：在《老生》后记里，你写道："能真正地面对真实，我们就会真诚，我们真诚了，我们就在真实之中。"实有颇多感慨。我疑惑的是，作家怎样才能真正地面对真实？进而言之，你怎样在丰富而多产的写作中，在不断收获巨大荣誉的同时，还能不为其所累，继续生活在真实中，并且从真实的生活中，生发出源源不竭的写作动力？

贾平凹：面对真实是要有勇气，也要有能力的。现在的生活太复杂，你得有自己的思考。做到这几点，你就会真诚。对于我来说，写作就如农民种庄稼，种一茬庄稼收获了再去种一茬，虽然粮食已经够吃数年了，每种一茬庄稼，就老老实实去考虑种子问题，施肥问题，天气问题，希望着这一茬能比上一茬丰收。

不同体裁有各自的无可替代的讲究

傅小平：读你小说的后记，我有个未必贴切的联想。我会想到张爱玲在《更衣记》里打的小孩骑自行车的比方，她写道，小孩骑车，"放松了扶手，摇摆着，轻倩地掠过""人生最可爱的当儿便在那一撒手罢"。我想写小说就好比是骑自行车，很多骑手骑到终了，拼上最后一股子劲，就是为了能稳稳地着陆，有一个完美的收场，而你不同，你给人感觉小说写到最后，还有很大的能量没有释放出来，得有"后记"这么"一撒手"才释然。何以你会写下那么多后记，并给予后记如此大的容量？后记的写作，对你小说乃至散文的写作有何重要的意义？

贾平凹： 你这么一问，我才觉得，真是的，还有这么多的后记！五十岁后，大致都在写一些长篇的小说，散文倒是少了。每每写完一个长篇小说，因为拖的时间长，耗去的心力大，总有一些关于世事与写作方面的感慨，这就有了后记，如长跑的终点之后还有惯性再跑一段，劳作完了就长长出一口气，或做个呆想。

傅小平： 或许是你的后记写得实在是好，以至于不时听到有人感叹，要是你能以写后记的方式来写小说会写得更好。当然，我是有疑惑的。虽然有"诗化小说""散文化小说"之类的说法，足以佐证不同体裁可以相互打通，但正如诗歌、散文必有各自无可替代的讲究，小说也必有其不能为其他体裁贯通的理由。有批评家说，要是你能以写《秦腔》后记的笔法来写《秦腔》，会写得更好。我想，要换成散文的笔法，能写出屠格涅夫《猎人笔记》或汪曾祺《受戒》那样纯粹的小说，但是不是能写出《秦腔》这样更具复杂性的小说呢？

贾平凹： 我写的后记，写时并不觉得我这是在写散文，就是天上一下地下一下地随意写，或许这正是散文所需要的。但这样的文字只能写短文章，无法完成容量更大的更具复杂性的小说。其实，我也试过，比如在《秦腔》里，在《带灯》《老生》里，我尽了大努力，最后也只是现在的《秦腔》《带灯》《老生》。不同体裁有各自无可替代的讲究，这是肯定的。

傅小平： 一般来说，作者会在小说后记里，写写他写小说的缘起、过程，诸如此类。你当然也写到了，又远远超出了这样简单的交代。读你的后记给我感觉，你的小说多是从具体的人生境遇里生发出来的。比如在《老生》后记里，你就写道："这一本《老生》，就是烟熏出来的，熏出了闪过去的其中的几棵树。"你在后记开头，就从"年轻的时候"写起,写到"到了六十岁后",又由"吃过四十年的烟",写到"在烟的弥漫中才依稀可见"的几棵树,短短几行字里,人生跨度之大,着实让人感慨。你的小说写作多是因特殊的人生境遇而起的吗?

贾平凹: 任何文章,无论在写一个什么样的故事,其实都不在于写这个故事,而是借这个故事写你的人生感慨。我喜欢画水墨画,我的许多文字上的启示都来自水墨画,我摘一段美术界高人的话吧:水墨本质是写意,什么是写意,通过艺术的笔触,展现艺术家的长期的艺术训练和自我修养凝结而成的个人才气,这是水墨画的本质精髓。写意既不是理性的,又不是非理性的,但它是真实的,不是概念的。艺术家对自己、感情、社会、政治、宗教的体验与内在的修养互相纠缠,形成不可分割的整体,成为内在灵魂的载体。他说的是水墨画,别的艺术何尝不是这样呢?

有些手表,直接让你看到内部结构。这也很好呀

傅小平: 我读你的后记,会读到一种特别的氤氲之气,就像看一座山,刚要看得真切分明,来了一层雾,把它给隐了起来,而等到这雾散去再来看山,山还是那座山,却不是原先印象中的山了,你感觉这实的山里,似乎多了一种难以名状的东西,多了一种虚境。你淡而悠远地写着山,也在写着隐在山里的虚境,就像你的后记看似没什么诉求,甚至与小说的关系也不是那么近,但实际上也在提醒读者要看到小说实后面的虚,而这虚里有你精神跋涉的印记,有你真正要追求的大境界。有意思的是,像《高兴》的"后记一",可以说是一篇把写《高兴》的前前后后说得特别清楚的叙事散文,但你还要追加一个与小说没什么关系的写六棵树的"后记二",似乎只有这样才能把实与虚给平衡住了。

贾平凹: 在很长的时间里,我的小说常被人误读,我又不能站出来和人争辩，但别人误读了，委屈了你，你又不服，你免不了自言自语地诉说，这就是为何后记里我总是要写一些我对写作的认识。我似乎一直在谈一种虚与实的关系，在谈这种虚与实的写法。说到这儿，说到虚与实的写作，又想到前边咱们说的那一点了，小说毕竟有写实的部分，而且是主要部分，比如写到吃饭，就得一盘菜一盘菜地往桌子上摆呀，不能只说一句：摆了一桌丰实的菜。

傅小平：你的后记，虽然是附在小说之后，却有不依附于小说的独立的价值。但因为是附在小说之后，就难免让人到里面去找原型。这么说吧，很多作家，他笔下的人物即使有原型，他也不见得用文字写出来，他宁可让读者相信这些人物就是他的创造。你似乎不同，你乐意让读者"看到"小说人物有现实的出处，有评论家就说，看你的后记，就能找到你小说人物的原型。但我对照读后，感觉又不完全是那么回事，而这正是我想向你求证的，事实是这样的吗？

贾平凹：后记里我或许写到了此部小说的缘起。我不避这些。我看有些电视剧的片头，也有他们如何拍摄这部电视剧的镜头；也见过有些手表，直接让你看到内部的结构。这也很好呀。有一些魔术师在台上表演，他故意露马脚，他要教你怎样做这个魔术，但他让你知道了一些，到最后他又把你弄糊涂了。

你有什么样的心，就能看到什么样的心境

傅小平：你有一本特别的书《前言与后记》，特别就特别在你把前言与后记辑成一本厚厚的书，这不说在中国，就是在世界文坛上，也并不多见。当我把这些前言与后记串联在一起读，我能清晰地感觉到你对时间的敏感。你似乎特别关注到一些节点，像你的三十岁、四十岁、五十岁、六十岁，真是"岁岁年年花相似，年年岁岁人不同"啊。你也会特别写到自己的生日,还有父母的忌日,等等。同时,你的小说写作也呈现出一个时间的序列,给人感觉是,你在写前一部小说的时候,就已经触摸到后一部小说的轮廓了。何以你对时间如此敏感,时间对你的小说写作又意味着什么?

贾平凹:时间是最伟大的和恐怖的,它使任何东西都成为过程,而在过程中完满各自的生命。春天来了万物是一种形态,夏天来了万物是一种形态,秋天和冬天来了万物又是另一种形态。一块石头在老庙里都有了神灵,千年的树也能成精。许多许多问题,我在十年前无法搞懂,十年后自然而然地就明白了。写作是敏感人的活动,写出来的书也是给那些敏感人阅读的。

傅小平:依我看,在你这些小说的后记里,还藏着一部你写作的地理志。把这些后记串联起来,能清楚地看到你写作场景的转换。有意思的是,你对自己这样一种写作状态,有一个"流亡写作"的命名,与一些作家的"居家写作"可谓大异其趣。该怎样理解你说的"流亡写作"?这样一种"流亡"与你书写的乡土,与小说之外的你构成怎样的关系?是不是你的"流亡"说到底是为了更好地归来?

贾平凹:我生性羞涩,不愿意去一些豪华的热闹的地方,觉得浑身不自在。但我喜欢去那些偏远的乡下,或许我来自乡下,觉得在那里就有与生俱来的愉悦。为了了解这个年代,能把握住这个年代,我每年去北京上海广州几次,感受一下中国最先进的最时尚的生活是什么,一有时间,就大量地到西北一些贫苦落后的乡下去。抓两头才能比较好地认识当今的中国吧。当然,这种跑动,是认识社会的需要,是心性的需要,也是写作的需要。

傅小平:从你的后记里也能感觉到,你虽然离开了故乡,但你依然要回到故乡去写故乡。而很多作家，虽然在乡村长大，他们到了城里以后，往往是在城里写故乡的人与事，即使不时回到故乡，他依然是在城里写乡村，这种城与乡的距离，对他们来说有着特别的意味。而你的写作不同，你似乎只有远离城市的喧嚣才能写故乡，也只有在乡村的氛围里才能妥帖地写乡村。有意思的是，即使像写城市的《废都》，你居然也是隐居在乡村里写成的。何以如此？

贾平凹：各人有各人的写作习惯吧。其实我也不是都得回到乡下写乡下。我是从乡下到城市的，如果我一直在乡下，我可能也写不了乡下，我到了城市几十年后，反倒对乡下的事看得更清楚，也更有感情去写乡下。我的写作基地一是故乡二是西安，我从西安的角度认识故乡，在故乡的角度上观察中国。

傅小平：我想在乡村写乡村，是很能写出在场感的。读你的小说，乃至后记都能读出那种浓浓的生活感和烟火气，不知不觉就被你的书写感染了。不过我也读过，有批评者对你散文写作的在场有所质疑，比如你的长篇散文《定西笔记》，他们就认为，你更像一个观光者，而没能如张承志写他的西海固那样，把你灵魂的深给放进去。这样的批评，该是认为你身在场了，但心没有在场。

贾平凹：这可能是写法不同。有的写法是往极致往极端地说，有的写法是言外之意。现在的年代，人们常常习惯那些尖锐的痛快的文字。火和水是不一样的，火和水都可以死人。有什么样的心理状况就有什么样的身体状况。境由心生，你有什么样的心，就能看到什么样的心境。

傅小平：实际上，你的小说写作就像你前面说的，长期坚持两块阵地，一是商州，一是西安，从西安的角度看商州，从商州的角度看西安，以这两个角度看中国。你的散文写作，无论是叙事、写人，还是记游，都比小说的物理时空要大得多，开阔得多。如果说小说是重聚合的，散文则是偏发散的。小说会在一个不大的时空里，容纳很多的人事；而散文常常在一个大的时空里，聚焦一些小情小事，要以此去谈散文写作，会否对散文的"散而不散"有不同的理解？

贾平凹： 我没有思考那么多，正如我写这些后记时，并没在意我要写散文了，我只是有感而发，随心所欲地写那么多文字。

傅小平： 你的后记也好，散文也好，读了都给我一种大象无形的混沌之感，或说是远看混沌，近看清晰，却很难找到一个确切的点，对其有整体的观感，这会不会是你用了散点透视的缘故？让我感到惊奇的是，但凡可见、可感之事，无论远近，无论大小，无论雅俗，你都能信手拈来，而且是自然写来，看不出什么用心经营的痕迹。虽然看似散文什么都可以写，但我还是想知道，你有怎样的取舍？

贾平凹： 这不太好回答。取舍吗，那是一种感觉吧，有话要说就多写些，无话可说就打住。

散文相比小说，不能表现更丰富更复杂的东西

傅小平： 读你的后记，还有散文，我会想到维特根斯坦的一句话。他说，要看见眼前的事物是多么难啊。读了你写到的一些很多人都似曾相识的事物，我会感慨，很多人可能看见的是一个概念、一个象征，或者是藏匿于事物之后的一个所谓深度，而你看到了事物的表面，而且把这个表面准确地摹写了出来，但这个表面恰恰是最为我们忽略的，而即使是意义或深度，我想也该是隐现在这个表面之中的意义或深度。从这个角度看，写散文首先要做到的是，得有一颗"人生若只如初见"的心，经历很多的世事沧桑之后，你是怎么保持这样一颗心的？

贾平凹：你这话说得好啊！世上许多道理其实人人都懂的，或许被古人或许被外国哲学家都说过了。年轻的时候要激情，要显能，年纪大了，经事多了，则只是家常话。背一把剑的可能是武士，威风过街，人人敬仰，但拿一根打狗棍的也可能是更厉害的高手。写作文是常使用成语的，成语是归结了现象，写文章则是把成语还原于现象。

傅小平：你写散文，一定也会读很多的散文。关于读散文，倒是信服谢有顺的一个说法，他质问，我们多少时候有闲心去做一个纯粹的读者？他还感慨道，当代散文界实在是"批评家"太多，"读者"太少了；"阐释"散文的人太多，"读"散文的人太少了。当然，他的"读"是另有一番深意的。我倒是想知道，作为一个散文家读散文，你如何读，怎么读？

贾平凹：读散文首先是欣赏呀。因为我是要写散文的，我读到一篇好的散文，会再读两遍三遍，想这种文章我怎么写不了呢，这个内容我会怎么写呢，我就得寻找它好在什么地方。如果心有成见，或生嫉妒，或先入为主，一见人家穿了件好衣服，就掀开襟间看有没有虱子，那就无法欣赏衣服的好了。

傅小平：多年前，你写过一篇讨论散文的文章，倡言散文要往大境界，往题材的阔大里去写。比照散文的现状，你当年的期望，尤其是不同领域的人都在写散文这一点，应该说得到了体现。但我还是疑惑，具备这两个条件，散文就能成其为"大"吗？读一些不是专门散文家写的、看似大的文章，却没能读出"大"的气象来，这是为何？我想问题还是出在写作的细部上，比如读你的散文，你口语的妙用，动名词的活用，包括一些比喻的转用，常给人以豁然开朗之感，似乎是突然之间，文章的格局就给打开了，更不要说这些都以特有的方式丰富了汉语的表达空间。过了这么些年,对于散文的"小"与"大",你是否有新的阐释?

贾平凹:当年提出"大散文",是有针对性的,到了现在,情况是好多了。但任何一种倡导都只是针对风气的,风气的彻底改变,需要一批好的新的作品来支撑,好的新的作品还得慢慢产生。

傅小平:你为中华新好散文联展作的开篇语里,非常肯定地写道,散文是检验一个作家功力的,专写散文的不一定去写小说,但写小说的却一定是散文也写得好。我觉得事实就像你说的那样,但未曾去细想何以会这样。想听你说说,小说家写散文,给散文带来了怎样的新质,又在何种意义上影响了散文写作的面貌?

贾平凹:散文相比起小说,它还是不能表现更丰富更复杂的东西。它的容量和篇幅小,尤其写抒情性的,如果长期地写,思维容易狭窄,又有多少情去抒呢?没有那么多的东西写,又要写,那就越来越做作,矫情,无病呻吟了。我见过许多画家,他们常感到没什么可画,但又是职业画家,每天去画,就职业玩技法,搞重复。所以,常写常不新。

把实用变得不实用了就是艺术

傅小平:有一个问题,我一直疑惑不解,就是何谓散文的真实?都说散文要真实,那散文怎样写才能真实呢?如果写不好,即使你写的是真事,给人感觉都可能是假的;反过来说,如果写得好,即使没么么回事,读了感觉也像是真的。最典型的例子莫过于范仲淹没到过岳阳,却写出了脍炙人口的《岳阳楼记》。后来我又读到莫言说,散文可以大胆地虚构,而且他相信大多数作家已经在这样做了,只是不愿意承认而已。他的观点自然可以争论,我们能确定的是,散文即使排斥虚构,也未必排斥想象。比如,读到你写景物的文字,会给人一种错觉,不是你在观察它们，而是它们自己活起来说话，感觉有些魔幻，但非常奇妙。我想这该是一种移情的想象吧，那该怎样理解散文里的这样一种想象？

贾平凹：我不大理会散文一定要写真实事的观点，什么才是真实事呢？文章是不能完全写出真实事的，一切艺术都来自实用，而把实用变得不实用了就是艺术。想象就是真实的，把实用变得不实用靠的就是想象。

傅小平：很多人都注意到，你的散文里有庄禅佛学的意味，且越到晚近意味越深。实际上，你对此深有自觉，你曾说道，在某种程度上，散文和佛教有相似的地方。你还说，如果佛教是心的科学，散文就该是心的写作。当然对你的这样一种写作趋向，不同的人有不同的理解，有人说这是你天地贯通后的一种大气象，也有人说这是你颓唐人生观的反映，你是往高蹈虚空里写了。我倒是想到另一个问题，你的写作难能可贵地融合了中国传统思想及传统文学的精髓，但要面对的问题是怎样同时写出现代意识。在这方面，你在写小说时做出了很多可贵的探索，那写散文又该怎样写出散文的现代意识呢？

贾平凹：这个问题可以转换成如何理解现代意识。好多人都以西方的观点作为现代意识的标尺，那么，还是以美术来谈吧。在西方现当代艺术发展过程中，个体的心理发泄是主要的创作动力，是现代主义绘画包括后现代主义的观念艺术和装置艺术的主要源泉。而中国的艺术就是对人格理想的建构，而且是对积累性、群体性的人格理想的建构，它不只是完善自我，更是在建构这个群体性、积累性的理想的过程中建构个体的自我。现代意识实际是人类意识，考虑到大多数人在追求什么，在向往什么，能突破政治、阶级、族类的局限，你就能关注到人的本身，感悟到生命和人生的意义，诚然中西所走的路有不同，最后的境界是一样的。

傅小平：回到《老生》后记，我特别喜欢你的一个说法，写小说何尝不也在说公道话吗？以此类比，我觉得，写散文何尝不也在说体己话。说说你的体己话吧，你在散文写作上，还会有什么新的探索？

贾平凹：小说或许是编个故事给别人听，散文却是给自己写的，你怎样对待自己就怎样写散文吧。

张贤亮

我从不走套路

张贤亮（1936.12—2014.9），江苏盱眙县人，生于南京。

20世纪50年代初读中学时即开始文学创作，1955年从北京移居宁夏，先当农民后任教员。1957年被送往农场"劳动改造"，1979年重新执笔创作小说、散文、评论、电影剧本等，成为中国当代重要作家之一。代表作有《灵与肉》《男人的一半是女人》《绿化树》《习惯死亡》《一亿六》等。

像张贤亮这般人生跌宕起伏，写作丰富复杂的作家，远不是一篇简单的文章或几个字词可以"论定"的。当我回想起他的时候，却总有两个词——亦庄亦谐、大俗大雅，如孪生兄弟般，携着不可阻挡的气势，穿过词语的丛林联袂而至。应该说，张贤亮后期的作品如《一亿六》等读来荒诞又有谐趣，但内在却有着深刻而严肃的内涵，饱含了他对人类和民族生存问题的庄重思考。他前期的作品则相反，面目端庄而严肃，却也透着诙谐之处。作为一个卓有成就的作家，张贤亮是有大胸襟、大气魄的。他的人生堪称大起大落、大开大合，倘若归结到为人处世和写作风格，他诚可谓大俗大雅。

可以佐证这一判断的是查建英在《八十年代访谈录》里写到的场景。20世纪90年代，台湾作家陈映真在山东威海的一个会上发言，谈到他对年轻一代、对时事、对当时文化与环境的忧虑与关切。等到张贤亮上台，却是开口就调侃：我呼吁全世界的投资商赶快上我们宁夏来搞污染，你们来污染我们才能脱贫哇！陈映真自然是有些错愕的，他会下去找张贤亮交流探讨，张贤亮却说：哎呀，两个男人到一起不谈女人，谈什么国家命运、民族前途，多晦气啊！

这样插科打诨的话语，难免会让人误以为张贤亮只谈风月，不问国事。实际的情况是，在很多作家"躲进小楼成一统"的时候，恰恰是他最真切地关注国家的前途和命运。试想有多少作家能做到，在近二十年的"劳改"中熟读马克思主义著作，尤其是《资本论》呢？又有多少作家能做到复出后重拾创作，并且在一片荒凉中赤手空拳创办影视城？有这样的对照，我们就能明白，张贤亮的调侃在很大程度上是因为他不尚空谈。相比很多作家，他更具历史学者才有的那种宏阔的眼光，也更具与现实搏斗的实干家才有的魄力。

饶有趣味的是,张贤亮的写作着实是有关女人与风月的。《收获》主编程永新曾在一篇文章中回忆说,当年张贤亮的小说《男人的一半是女人》发表的时候,很多女作家认为他不尊重女性,老作家冰心因此给巴金打电话,让他管管《收获》,但巴金看完之后,得出的意见是,张贤亮的小说似乎有那么点儿"黄",但是写得确实好,没什么问题。

张贤亮活得坦坦荡荡、自由自在。他敢于把心中所想真实表达出来,他敢于对自己的话负责,这需要何等胆识、勇气和智慧。而我说智慧,在于张贤亮敢于挑战禁忌或习俗,但他其实是极为明白底线和界限所在的,他也总能比很多"不敢越雷池半步"的人多迈出一步,他因此成了众人瞩目的弄潮儿和先行者。也因此,他从不落俗套,也从不曾落伍。而我还想说的是,这同样不是一般作家能做到的,我遇到比较多的情况是,作家们表达小心翼翼,顾左右而言他。即便在私底下或接受采访时,大胆说了几句,也是事后要求做仔细而审慎的修订。

当然,我总是尽我所能让作家们多说一些,因为我希望对话能让他们面对公众有意为之的沉默部分,或确实在内心里沉睡着的部分开口"说话",退而言之哪怕是打开一个小小的缺口。这方面我是要特别感谢张贤亮的,对他的采访让我感到,他绝少有意为之地沉默。他不只是打破了我对一般作家的固有印象,还洞开了我近乎第六感的某种感觉。他告诉我一个作家原来可以这么说话。一个人的思想和言说也可以不为任何东西拘囿,而是像不羁的灵魂一样自由。

我说张贤亮自由,绝非夸饰之语。他有一般作家难以企及的豁达和洒脱。我记得那次采访后不久,张贤亮来到上海,单位领导出于对他的敬仰,希望能见面请教,便托我联系。以我的经验,总觉得这是万分为难之事,但凡名人居多像是居住在万神殿上,如果你人微言轻,着实是不好打交道的,更何况我还在采访中挑了他不少刺呢。出乎我意料的是,他二话不说就答应了。编辑部后来在外滩近处一个停有海盗船模型的酒屋宴请了他,我们围坐在桌子旁,听他漫无边际地神聊。印象中,他什么都谈，谈到了我有所耳闻的一切，也谈到了我闻所未闻的一切。他没有如我们所想那样谈文学、谈小说。当时真想问问他，为什么不谈，却终究没问。我想要是我问了，他或许会反问我，为什么要谈？文学就得是文学本身？文学不可以是文学之外的任何东西？现在想来，当时我大约就什么问题插过一两句话的，张贤亮倒没有笑话我涉世未深，只是说这个事情哪是你想象的那样！随后和盘托出自己的见解。当然他给我留下最深印象的是他的声音，我总觉得我不是在酒屋，而是在大教堂里听他说话，响彻耳边的不是布道或赞美诗，而是能触及我内心深处的大文学的声音。

我总是想，张贤亮不谈文学，和进入90年代后作家们相聚时普遍不谈文学是有区别的。换句话说，张贤亮在更早的时候就不谈文学了。他岂不是又当了回先行者？但他无疑是热爱文学的。在大起大落的人生里，他变换了很多角色，他的文字风格也在不断发生变化，唯一不变的是他对写作的挚爱。我曾问他为什么写作，他说就是好玩。我当时并不怎么理解，等到他去世后不久，《新民晚报》记者让我回忆与他接触的点滴时才豁然领悟到，他说的好玩并不是玩世，而是一个人真正回到内心之后的真诚与纯粹，而好玩的背后，依然是深切而真挚的关怀。一如他的随性，其实不是随意，而更多是一般人难以企及的，敢于慨然自言"最有争议的作家"的，那种无拘无束的人生境界。

当一个重要人物去世，我们总会禁不住感叹，一个时代逝去了。这句话的另一层意思或许是，另一崭新的时代开始了。但张贤亮的去世，在我看来很可能象征着一个文学时代的结束。可以说，像他这样由文入商，并且在文学和商业上都做出辉煌成就的作家，现在几乎销声匿迹了。时隔多年，我依然会想起那次聚会后，张贤亮在他兄弟的陪同下沿福州路熙熙攘攘的人行道渐行渐远，最后在拐角处消失的身影。我总是隐隐期望，如他这般的格调和境界，并没有在我们这个世上随风而逝。

是人物语言"低俗",不是小说低俗

傅小平：《一亿六》发表以后，在读者圈内引起了很大争议。有人拍手叫好，也有人斥之为低俗，更有人读后表示失望，他们认为从这部作品来看，张贤亮的创作已不复有当年的创新和突破能力。新作语言太大白话了，有一些不必要的粗口，而在性描写上，泛滥不说，相比当下一些作家直接、率性的叙述风格，反而显得缺乏力度。对此，你怎么看？

张贤亮：首先我想澄清一点误解。有些媒体提到我的小说引起争议，被指低俗，我想问的是，他们所谓的读者在哪儿？说不好就是记者自己，甚至没看过小说，就凭道听途说来事儿的记者，能代表读者的声音吗？我可以给你举个例子，有一位农民工就曾告诉我，他春节回家坐了二十多个小时的火车，一口气就把小说读完了，并觉得心灵得到了抚慰，看到了生活的希望。这才是我写作这部小说的初衷。要说这部作品"低俗"，就人物的语言来说，说得的确没错。《收获》杂志在编辑过程中，就以语言"低俗"，会对读者产生误导为由，对其中一些语言进行了改动，还对有些段落做了删减。对此，我觉得挺遗憾的。其实很浅显的一个道理：小说中的语言是根据人物自身的身份、个性来安排的，并不是由作家本人决定的。你让一个拾破烂起家、大字不识一个的民营企业家说文绉绉的话，那就完全不对路了。

说到这部小说，没有创新、突破，那明摆着是一种偏见。我想有一点是显而易见的：你看我们现在很多作家要么写历史故事，要么写个人情感，很少有人直面现实。在这部小说里，我拿"精子危机"作为故事的入口，展开了一幅当代社会的真实图景。不夸张地说，医疗、教育、就业、环境危机等现实问题，在里面都有不同程度的反映。而在写作形式上，认为我说大白话也好，讲粗口也好，单论通篇以对话的形式，合乎逻辑、不紧不慢地步步推进，在当下写作中就很少见到吧。再看看，我的小说人物、故事、写作手法，那都可说是前无古人的。在开头，我就告诉读者我要写一个伟大人物，但是写完了这个人还没出生，还在娘胎里，所以叫"前传"。这个以前就没有人写过。

至于性的描写，没像有些作家那样来得凶猛、直接，这个我承认。简言之，可以说，我的小说里面没有性描写，更没有玩味性的过程。要有，那都是人物自己在说，而且，你也看到了，但凡涉及性，我写得不低俗、不露骨，适可而止。当然，通过"精子危机"切入小说主题，这种隐喻的写法会被人说是在卖关子，但我自认为，只有通过这种方式才能把小说的主题传达出来，也只有这样才能把故事讲得好看。

傅小平：有读者看完小说后大感意外，他没法相信，这部小说居然出自当年写下《男人的一半是女人》《绿化树》等经典作品的作者之手。作为一个见证时代风云变幻，有着丰富阅历的作家，你没有选择从自己身边熟悉的生活中取材，而是假借这么一个特殊的题材来创作，让人不禁怀疑，张贤亮是不是创作力已经枯竭？

张贤亮：我要的就是他们这种意外的感觉，大家以为我只会苦难、劳改？这是一般读者对我的误解，我从来就不是一个习惯走套路的作家，我的写作很多元化。可能许多人不知道，电影《黑炮事件》的原著小说《浪漫的黑炮》就是我写的，中国第一部无厘头闹剧《异想天开》也是我写的。我的套路多着呢。当年有谁会想到在一片荒凉的西部戈壁上去建造一座辉煌的影视城呢？我做到了。我就是不守常规，不会走同一个路子。小说只要有趣，有可读性就可以了。

我给你透露一下写作的情况。写作《一亿六》最初只是因为欠了《收获》主编李小林一篇文债。我曾答应给《收获》写一个短篇的，但一直没有写。正巧当年金融风暴卷来，大家都惶惶不安。我看到一篇报道却说，当前金融风暴其实并不可怕，更可怕的是人类本身能否延续下去。因为我们的人种越来越衰弱，精子越来越不行了。我当时觉得很震惊。此前，我就听说，某地建立精子库，结果来捐献的一百多人精子质量都不合格。这就是我们的现实！它一下把我给抓住了，一发不可收。没想本来只是一个短篇的构思，写着写着就变成了长篇。

你大概想象不到，我笔下这些人物全都是我"编"出来的。我没有这方面的生活经历，也没有这方面的朋友。只不过是道听途说，比如跟几个朋友在酒吧里，听别人顺口说了一两句，我抓住一两点，发酵出来。每一个作家都有他的敏感区，虽然没有原型，但是在亢奋、疯狂、梦幻的写作状态，他脑子里什么都跳得出来。我当时是"疯魔"了，只是写，花了不到两个月的时间就完成了。

好作品要给人光明与希望

傅小平：或许正因为小说人物没有原型，是你凭着想象"编"出来的，在阅读过程中，我有一种印象：从总体上看，人物形象过于符号化。如果说带点邪性和草莽味的王草根、陆姐等个性还比较丰满，看得出你偏爱的"一亿六"过于理想化，有刻意拔高之嫌；而"二百五"呢，人物性格更是模糊不清。

张贤亮：如果没理解错的话，事实上我们可以说，任何典型人物都有符号化的特点。你说的两个缺乏个性的人物，恰恰是我着力塑造的。"一亿六"与"二百五"，他们都来自土地，单纯得近似于白痴，除了对"帮助他人"有明显的判断，对其他事物，诸如欺骗、罪恶、阴暗等缺乏最起码的分析与辨别能力。"一亿六"就像我设想的那样，没有受过任何事物，诸如制度、教育、金钱、利欲等的剥夺与浸染，他面对这个嘈杂的、病态的、漏洞百出的社会，保持了原始的天真，难能可贵。这就是我想表达的。你也知道，当下我们一些作家，关注底层生活，总是力求写得黑暗、绝望，我想这并不是好的趋势。好的作品要给人希望，透露更多光明的东西。说到"二百五"吧，她可以说是"一亿六"的另一种存在方式。一个无爹无娘的孩子，靠着政府的救助长大，她的行为完全是无意识与被动的，缺少最基本的道德和羞耻感。她的境遇，恰恰反映了我们这个时代教育的严重缺失。我们学校里开的有些课，很少深入到学生的心灵中去，化为一种具体的道德感，警醒他们在社会中明辨是非。你细细琢磨下，就会明白其实这两个人物也并不是那么符号化，相反其中有很深的内涵。

傅小平：就小说创作而言，纵使叙述形式再荒诞、离奇，具体到细节，它必须是真实的，经得起推敲的。小说中描写的"精子争夺战"，各方人物最后达成一致意见，在让"一亿六"和珊珊直接发生性关系并怀孕中圆满收场。且不说，这种超乎寻常的构想，多少触及了社会伦理的敏感神经，其中又有多少合理性？

张贤亮：或许，因为故事本身已太过离奇和荒诞，很多人不会注意到这个细节，你注意到了。这个部分的确更有挑战性，挑动社会的敏感神经。事实上，我们身处的这个社会，纷繁复杂，远远超出我们的想象。从这个角度看，我小说里写到的事，不是没有可能。从故事本身来讲，它有自身的逻辑，非常合乎情理。王草根需要情人珊珊替他生一个男孩来传宗接代，他自己没办法完成这个大事。经过考察，他发现"一亿六"恰恰是他理想中可以借种生子的男人；对陆姐来说，她不能接受弟弟"一亿六"借种给别人，但他对性一无所知，又恰好需要有人启蒙，而珊珊非常乐意接受这个"任务"。更重要的是，各方已经约定：完成这个重大任务之后，"一亿六"和珊珊就不再有任何往来。所以，小说最后有这样的收场顺理成章。当然，或许你会认为王草根在这过程中，必得经历复杂的思想斗争，我看这多半是写作者们的一厢情愿。王草根没什么文化，他认的就是现实，就是怎样想尽一切办法生个男孩子，怎么便捷、怎么可行怎么来。反过来，要是这样的事情，发生在一个知识分子身上，那几乎是不可能的。

现在写东西就一个字：玩

傅小平：你在小说结尾做了"植入性广告"，将镇北堡西部影城写了进去。有读者发表异议说：作为该影城的董事长，张贤亮的这种做法不够大气。你自己怎么看？

张贤亮：说白了，我这么做就是要打广告，这种植入性的广告现在不是很多？更重要的是，我很为宁夏抱不平，宁夏在全国知名度太低了，无论是文化还是其他方面。

傅小平：那把小说的背景选在宁夏，让故事里的人物说宁夏话不是来得更加直接？

张贤亮：我有这个私心啊，但故事的叙述让我偏离了这个私心。我让小说里的人物说四川话。因为，我小时候一直生活在四川，抗战时期，我们一家人从江苏迁到重庆，我写四川话是想纪念一下我的童年。

傅小平：可以说，从你走上文坛之后，无论世事如何变幻，你都是一个站在风口浪尖的代表性人物。写作、经商、从政，你个人的身份也经历了几次变化。在诸多的变化中，有什么是没有改变的？

张贤亮：我确实"多变"，因为我反对的就是一成不变。要说没有改变的，那就是我始终是一个作家，始终在坚持写作。前些年，一直有人说我已经"退隐文坛"，看到我这部小说后，这种说法不攻自破了吧。工作之余，写作就是我唯一的消遣，我现在是在一种完全自由的状态下写作，这样的创作就是一种快乐、一种享受，书写完了，就定型了，就没得玩啦，所以，我一定要慢慢写。

傅小平：在很多场合，你都强调自己的小说是写着玩的。但似乎玩得特认真、特专业，在玩味中渗透自己的严肃思考，在我们的理解里，玩更像是一种说辞。往后在写作上，你还会玩出什么新的"花样"？

张贤亮：玩，那才是写作的最高境界。说到底，写作不就是一种娱乐性的劳动嘛。正儿八经地写作，岂不是苦不堪言？这些年，其实我一直在写一部小说，只是发表得少而已。《一亿六》其实是插在这中间写的。在这部小说里，我选择了以前那种风格，但我也会做一些创新，叙述、情节都会有新意，估计到时候又得有人说，但我还在乎别人怎么看吗？不在乎！我都已经老了，现在写东西就一个字：玩。

张 炜

要清醒，要有一只不太糊涂的耳朵

张炜，1956年11月出生于山东省龙口市，原籍栖霞县。现为中国作家协会副主席。

著有长篇小说《刺猬歌》《外省书》《独药师》等二十余部，散文集《融入野地》等，非虚构作品《我的原野盛宴》等，诗学专著《斑斓志》等，文论集《精神的背景》等。1999年，《古船》被评为"二十世纪中文小说一百强""百年百种优秀中国文学图书"；《九月寓言》等作品在海内外获七十多种奖项；长篇小说《你在高原》获茅盾文学奖等十余项奖项。作品被译成英、日、法、韩、德、瑞典文等多种文字。

真正的先锋是勇气，是对艺术和思想信念的坚持

傅小平：十九卷长篇小说年编、二十卷散文随笔年编及七卷本中短篇小说年编的相继出版，读者大致可以借此触摸到你立体而生动的精神形象。透过这些有着很大体量的作品，我的一个强烈感受是，你是有坚定价值观，有一贯的精神追求，且对此有充分阐释的作家。也因此，当我试图从中找到一个入口，经由你关于文学、人生的既有思考再往里掘进时，我感觉是一次精神的历练和挑战。我首先想问的是，在你看来，某种恒定的价值观对于一个作家或写作者而言，有何特殊的重要性？你是否经历过思想危机，或怀疑过自己一贯持守的价值和信念？

张　炜：随着时间的延续、探求的深入以及面临的诸多问题的迫近和变化，一个人常常会陷入新的矛盾和怀疑当中。不过有些基本的东西可能是不变的。比如对真理的热爱，对诗与思的执着，这些不应当改变，而且探求之路上的许多痛苦和矛盾，也会由此而来。如果一个人总是随着世风和潮流去改变自己，不失时机地跟随和迁就，那就有可能成就另一种人生，大约也不会有什么"思想危机"吧。

傅小平：无论是你的写作，还是你的阅读，都体现出你坚定鲜明的立场和独立的价值判断。比如对于托尔斯泰，我注意到你经常提到他的《复活》。相比而言，他的《战争与和平》和《安娜·卡列尼娜》最是为眼下一些作家和读者推崇的。至于《复活》，那基本上是"遗憾之作"了。事实上，尽管这部小说里有一些为写作者"力戒"的说教，但托尔斯泰天才的笔力使得这种说教融入卓绝的叙述之中，反而形成了独创的风格。悖谬的是，这种堪称典范的社会小说模式，在托尔斯泰之后成为潮流，但大多是失败的，这反过来影响了人们对《复活》的评价。

张　炜：有的写作者是比较单纯的小说家，有的是比较复杂的作家。现在人们有个误解，多少将"作家"等同于"小说家"了。托尔斯泰显然不是单纯的小说家，而是一个很复杂的作家。他是一个综合的人物、一个卓越的人物，是小说大匠，是宗教家、思想家、教育家。仅仅从阅读消遣的角度去看他的作品，既获取不了最大的快感，也不会理解他的文字。他的小说之所以伟大，就是因为这种巨大的综合体现在其中。单纯的小说家对于我们这个世界虽然不能说无足轻重，但价值和品级相比之下就低得多了。总之伟大的作家手中才会产生伟大的小说，而单纯的小说家可能会困难一些。所以说只有托尔斯泰这一类伟大的人物，才能写出那一系列巨著，包括《复活》。在思想和艺术的小时代、消费时代、物质时代，要理解《复活》比较难吧。

傅小平：何以会理解比较难？能否展开谈谈？

张　炜：思想和艺术的小时代是由读者和作者共同建构的。读者将在一切读物中寻找实用品或娱乐品，而作者也将在这个层面上最大地满足他们，这就形成了一个循环。《复活》是那些独立自为的思想家和艺术家的精神投影，他们这一类人不会加入低一等的精神循环，因为对他们来说，仅有一生的时间太宝贵了，而他们这一生要解决的问题又太大太多。他们只会在更高的意义上进行思想活动，比如终极真理的探究、宗教神学，即人们常常引用的康德那句"天上的星空和心中的道德律"。物质欲望时代的精神状况通常会平庸得多，它与《复活》所探究的世界相距十万八千里。

傅小平： 你说到作家探究、解决很多问题，这是否有益于小说写作，却是有争议的。记得米兰·昆德拉在耶路撒冷演讲中，就批评作家不该扮演公众人物，试图为公众代言，而是要做回纯粹的小说家。小说家一旦扮演公众人物的角色，就使他的作品处于危险的境地，因为它可能被视为他的行为、他的宣言、他采取的立场的附庸。"而小说家绝非任何人的代言人……他甚至不是他自己想法的代言人。"悖谬的是，作为小说家的昆德拉的确在他自己的作品中发现、探讨了很多涉及人类、人性、社会、哲学、政治诸方面的重要问题。

张　炜： 小说家在不同场合和不同语境中，会有一些不同的想法，这些想法之所以相互冲突，是因为看问题的角度变了，这时就会发现不同的道理。总的来说，单纯小说家的道理，与一个作家的道理会不太一样。但这里想强调的是，更大处着眼的写作，而不是局部的、一时的写作利益与写作策略。后者小于或低于前者，所以总的来说还是要服从前者。

傅小平： 现在依然有很多作家，把托尔斯泰、陀思妥耶夫斯基等奉为写作的标杆，但也有作家对此表示不满。他们觉得动辄谈论19世纪批判现实主义，谈论这几位大作家，是对当下写作处境的一种回避。因为，当下作家即使再伟大都不可能成为另一个托尔斯泰，而假如托尔斯泰活在当下，他也不可能写出那样伟大的作品。

张　炜： 我认为现在是最需要谈论19世纪批判现实主义作家的时候，没有这种重要的文学与艺术、思想与道德的参考和启迪，我们就会安于现状，回避和迁就自己当下的写作处境，做出"与时俱进"的解释。破碎的、欲望的和消费的文化浊水里，要有探头呼吸的可能和机会，这样才不会被憋死；不然或者是终止健康的艺术和思想，或者是发生变异，成为适合这摊浊水的某种新物种。谈论托尔斯泰不会成为另一个托尔斯泰，谈论别的作家就会成为那样的作家吗？显然也很困难。可见这种设问和担心一点必要都没有。

傅小平：你也比较多地谈到雨果和巴尔扎克。在一些写作者的眼里，或许依然认为他们是大作家，但更多是把他们束之高阁，而不是视为一种活的文学资源。我想你不断提及他们，一定有你的道理。

张　炜：我谈巴尔扎克不多。谈了一些雨果和歌德，以及那个时期前后的一些作家。这些国外经典和中国经典一样宝贵，都是不可逾越的。他们是在更长的时间里积累的人物。不是说现代作家不重要，而是现代作家所经历的时间还不够长。精华的识别和集中要满足一些条件，相应的时间是最重要的一个条件。现当代文学不能取代十八九世纪或更早以前的文学，反过来当然也是一样的。不断提及更早的那个时代，就是关心和看重现当代文学。每个时代都有自己的问题和障碍，有自己的遮蔽和局限，所以阅读必须是跨时代跨世纪的。

傅小平：赞同。某种意义上说，评价也必须是跨时代跨世纪的。泛泛地谈论和比较不同时代的文学，并给出高下优劣的评判，是存在很大问题的。体现在当下学界，不同评论家及不同的批评阵营，对现代文学与当代文学的评价之判然有别让人瞠目。依你看来何以如此？

张　炜：不同的批评都可以听，但要清醒，要有一只不太糊涂的耳朵。批评一旦成了"阵营"，也就没什么意思了。批评和写作一样，需要秉持独立性、个人性的原则，是个人知与悟的表达。离开了思悟的能力、质朴的体验，在先入为主的观念下做出的文学评价，是没有什么价值的。看风头，看势利，使性子，这样的批评不仅没有学术价值，而且还往往短视、无趣和愚蠢。

傅小平： 这让我想起美国作家艾萨克·巴什维斯·辛格说过的一句话。他说，看法总是要陈旧过时，而事实永远不会陈旧过时。眼下很多言之凿凿的争论，实际上只是离事实十万八千里的看法之争。你前面提到歌德，他有一句流传很广的话：理论是灰色的，唯生命之树常青。眼下少见像你这样进行创作的同时，对理论或观念性的思考孜孜以求的作家。何以你会写下如此多"灰色"的，很有可能是"速朽"的理论思考？

张　炜： 害怕"速朽"直奔"永恒"，这样的聪明也许并不可靠。鲁迅当年就一直希望自己"速朽"。对是与非的纠缠，而且是近在眼前的，离"永恒"和"常青"会多么遥远。但就做人来讲，这也算一份不能推开的责任，是一种人生态度，这种责任和态度本身就是很朴素很自然的，于是也构成了"生命之树"的枝枝叶叶。

傅小平： 有人说，我们置身其中的时代，是一个巴尔扎克式的时代，却没有出现巴尔扎克式的作家，并为此备感困惑。你是否认同这样的判断？

张　炜： 我想，今天再像巴尔扎克那样写作，大概已经不行了。那样奢侈地使用文字，现在是不允许的。由于多种媒体的介入，生活节奏的加快，人们需要更简要更结实的文字。这好像是资本原始积累的残酷时期，但仍然不是巴尔扎克的时代，因为在精神和科技、物质和自然，诸多方面已经变得完全不同了。文学作为一种精神和思想的果实，再也结不出与19世纪相同的果实了。但在雄心和价值、气概和追求，这些方面仍然可以相互学习和比较，问题就在这里。

傅小平： 实际的问题在于，眼下作家仅止于比技艺、比水准，并因此觉得自己已有足够的理由去言说巴尔扎克等一些大作家的"过时"。当然以我的观感，如果以19世纪法国文学来做一比照。我们置身其中的这个时代更可以说是雨果、巴尔扎克和福楼拜"三位一体"的时代。而今，80年代那种雨果式的激情已然逝去；90年代以降巴尔扎克式残酷的社会描绘，人们已习以为常；福楼拜笔下看似波澜不惊的"庸常"，就成了作家们力图诠释和表现的愿景。某种意义上，这也是福楼拜的《包法利夫人》在当下之所以被特别推崇的部分原因。

张　炜：好的作家必定有超越的眼光和气度，不太受一个时期艺术潮流及趣味的影响和左右。鲁迅当年所谓的盼望出现一个"凶猛的作家"，意思大概就是指超越的能力和勇气。其实作家的生命力足够强悍，就会表现出综合归纳和居高临下的理解力，既从自己的时代起步，又能走得很远。专注于生活的细部是必须的，但这并不意味着让庸常埋掉自己，不能随波逐流。

傅小平：当说到文学传承时，很多写作者张口就会说出卡夫卡、卡尔维诺、博尔赫斯、福克纳、马尔克斯。活跃在当代中国文坛的先锋作家，多数也承继了这一文学脉络。某种意义上说，这也成了先锋之所以为先锋的一个必要的背景。相比而言，你更倾心于批判现实主义文学的"传统"。这使得你的写作始终和先锋文学保持着距离。你怎么理解先锋，还有先锋与传统之间的关系？

张　炜：我同样算是比较熟读这个时期的现代主义作家作品的一个写作者，说到底这种阅读是不能回避也不能偏废的。我只是强调我们需要19世纪艺术与思想的参照，强调要拉大我们的精神坐标。当代的"先锋"如果离开了这种参照，就会流于简单的模仿，变得单薄，也难以走远。实话说，在市场和消费主义的召唤下，哪里还会有什么"先锋"。真正的先锋是勇气，是对于艺术和思想信念的顽固坚持，是一根筋。伪先锋是不需要传统的，因为现学现卖就来得及，完全不需要在一个更大的艺术和思想坐标里思悟和整合。伪先锋说到底仍然是商业主义的一部分，是与商业投机属性相一致的写作方法。

道德激情、价值信念是当下最切近最迫切的问题

傅小平：这几天读了你的《谈简朴生活》《疏离的神情》，还有谈话录《行者的迷宫》，读到一个有趣的现象，书中除了少数几位你特别心仪的作家的名字，你一般都用"有一位作家"代称，很少直接写出他的姓名，即便是你本人很欣赏的作家也不例外。这样的不提，是因为你设置了很高的文学标准，是出于为尊者讳的考虑，还仅仅是一种写作习惯？

张　炜：我在谈道理谈事，主要不是谈人。应该让谈者和被谈者都自由和超脱一些。想让读者和听众直接面对问题而不是具体的人，将思考力凝聚到这些方面。

傅小平：极目当下文坛，很少有作家一以贯之地言说道德激情、价值信念等好似离现实非常遥远的话题。某种意义上，你们追慕神性的写作且身体力行，自身也获得了某种神性的气质。我注意到，不少读者在谈到你们时是肃然起敬的，这在文学已被世俗化的当下极少见到。我的一个想法是，言说神性往往有自我神化，或被读者神化的可能。但从你的行文、处事，分明感到你是把自己放到普通人的位置的。这其中该怎么平衡？

张　炜：道德激情、价值信念不是什么"遥远的话题"，而是当下最切近最迫切的问题。这一切也不仅是言说，而体现在具体的劳动中，作家的最大劳动就是作品，这些都应该统一。如果不统一就成问题。大家都追求统一，也完全知道这是个多么艰难的过程。我在作品中充满了对自己的质疑、追究和批判，对自己的软弱性既痛苦又警惕。至于作品中的神性，我和很多当代作家一样，可能都嫌远远不够吧。但是没有神性的写作，就不会抵达真正的深邃和高度。

傅小平：事实上，眼下碎片化的时代，追求某种统一性多少是一种奢望。实际的情况是，很多人都处于怪异的"言行不一"的分裂之中。就拿学界来说，很多人慷慨激昂地评说世事，抨击派别，指责他人，但他们对自己那一派别和阵营，却是极度依附和谄媚。所以，一些看似掷地有声的批评，其实只是虚张声势的生存策略，借力打力的文字游戏。你不能不为此感到非常沮丧。

张　炜：离开了诚实和对这种品格的追求和坚持，其他都谈不上了。当然人无完人，关键还是要看如何对待为人的原则和学术的原则。好在这些都是容易看清和鉴别的，只需好好做、努力做就行了。

傅小平：在这样的分裂中言说神性，确乎有些不合时宜。因为神性最起码的要求是身体力行，而后才能"道成肉身"。这就好比启蒙，如果没有启蒙者坚定的信念和立场，没有被启蒙者潜在的内心需求，所谓的启蒙实际上是无效的。而今，民众多追求的是现实需求的满足。这样，执着于精神的言说，会否有面对无物之阵的困惑？实际上，很多学人正是质疑自己的价值诉求，才不得已选择大踏步后撤，进而揣测民意以博人眼球、求得喝彩。

张　炜：这大概不是我们这个时代的问题，而是所有时代的问题。如果容易解决，容易战胜自己的软弱，每个时期杰出的人物就会很多了。事实上这样的人总是不多，一代代都不多，所以他们才令人尊敬，也才珍贵吧。

傅小平：在最近一次研讨会上，有评论家质疑包括你在内的一些作家,对"民众"持双重标准。他认为,当民众进而到广场体现人民意志时,你们是欢呼的;退而到内室表达大众意愿时,你们是有所轻慢的。我想,此种观点其中一层意思是以为,你们批判民众放弃理性判断而迷信偶像,但你们自身却有被偶像化之嫌。或者说,这两者之间存在一种隐秘的同构关系。究其实,我想他要批评的是,在你们身上体现出了某种抽象的、高蹈的、力图代表民意的"精英主义"倾向。

张　炜:民众也需要质疑。"民众"不是一个一成不变的概念。民众有哪些意愿?再问,究竟是民众重要,还是真理重要?真理与民众并不对立,但也并非总是统一。还可以问,民众在哪里?没有个体又怎么会有民众?其实"广场"和"内室","精英"和"民众",都可以是人为的虚拟的暂时的,这些划分都不重要,重要的是服从于人类的和宇宙间的普遍法则。

缺少历史的认知,就会走向实用主义的荒诞与浅薄

傅小平:眼下不少人出于对世俗现实的反驳而激扬理想主义,你反其道而行之,对理想主义表示质疑,是很需要勇气的。你进而对所有的"主义"表示质疑,对我也很有启发。但这里有一个矛盾,从历史上看,理想过于虚无缥缈,似乎也只有成了"主义",才有了让很多人追随效仿的现实操作性。所以古今中外,都少不了"主义"。在你看来,该怎么把握好这一尺度?

张　炜:我不太喜欢"理想主义"这个词和概念。"理想"是好的,是追求向上和向善,追求完美的情怀和志向。一旦凝固成"主义",就有些简单和粗暴了。"主义"再复杂也是简单的,它有可能是相当僵化和教条的,也会过于自信。而"理想"是追求和向往,有了这种志向和心情,就会不断纠正自己、质疑自己,就会在包容中学习和改造,只为了不断地靠近真实。"理性"也是一样,"理性"多么重要,但是"理性主义"会认为"理性"是解决一切问题的依据和尺度,是至高至尊的。其实世界上的许多事物,仅靠"理性"是难以解决和把握的。"理性"并不是通向终极真理的唯一通道。

傅小平: 之所以有此认识,有赖于你深邃的历史感,这也是你区别于很多作家的重要特点。如你所说,很多问题之所以是问题,是因为我们把眼光放得太近。如果放到一个很长的历史阶段看,比如你说到的网络文学的界定和争论等都不成问题。但问题在于,以历史之名来消解或取消当下某些事物存在的合理性,是否就一定合理?而执着于当下的很多人,是承受不起这种荒诞的。比如对文学史论者而言,没有那么多的分门别类,实际上就部分消解了其存在的价值。

张　炜: 如果没有深邃的历史感,就会将一些最基本的现实问题搞得裹缠不清。历史不是用来消解当下的,而是用来廓清当下的。万物皆有根源。缺少历史的鉴定和认知,就会走向实用主义的荒诞与浅薄。对于当下诗学问题,少数深奥的专家只能坚持,而绝不能为了满足俗众的简单化而改口或放弃。缺少卓越人物,缺少基本的学术坚守,将是一个民族文化溃败的开始。文化的保存和发展取消了层次和差异,也就取消了可能性。我们现在是努力将坚硬结实的文化和学术内核放弃,去迁就和妥协于那些虚妄的东西,归为似是而非的"大众"见解,站到乌合之众一边,这样来求得一种安全感。其实这不过是投机行为,是让人悲哀的学术和思想的现状,是消费时代和物质主义时代才有的怪相。学术以妥协为荣,以随众为荣,以附和强势为荣,这只能是学术的耻辱。

傅小平: 当很多人为当下碎片化的时代感叹,进而遥想史诗写作的时候,你对此提出质疑,很是让人感慨。我的疑惑是,你写的很多小说,都有家族的背景,而家族故事一般都会被放到五十年、一百年这样漫长的时间里来叙写，也因此必然会带有一定的史诗色彩。这么说，你的写作和理念之间是否存在矛盾？

张　炜：史诗式的写法是历史上形成的一种固有模式，它大致以线性时间来处理漫长的历史事件、结构作品。现代作家质疑和改变史诗式的写法是自然而然的。但这并不意味着一定要让自己的写作"小品化""碎片化""单薄化"。较长的时间跨度和复杂的历史事件，只能给现代写作带来更大的难度，提出更高的要求。怎样调度一切文学表现手段完成自己的"现代"，这才是一个真正的写作学问题。

傅小平：但凡有抱负的作家，都声称自己有志于写出伟大的长篇小说，而且对此有自己的标准。但我注意到很少有人声称有志于成为一个伟大作家，尽管优秀的作家，大多有成为伟大作家的雄心壮志。那么是否写出了伟大长篇小说的作家，就称得上是伟大作家呢？

张　炜：其实在写作方面我缺乏"伟大"的志向，所能做到的只是认真探求、自我苛刻。"小说家"和"作家"之间是不能画等号的。写作爱好者、小说爱好者是很多的，真正称得上"家"的当然要少多了。因为这不是一个职业概念。平时为了客气和尊重，称呼一个写作者为"家"，被称者当然不能信以为真的。作家可以写小说，也可以写其他，比如思想类著作。只要写出了其中某一类的"伟大"，就应该算是"伟大作家"了。写出了"伟大长篇小说"，当然可以算是"伟大作家"，不过这种"伟大"都不是当代人可以命名的，它起码需要一百年左右的时间才可以鉴别。如果有人轻许某某"伟大"，那只能说明他同时也高估了自己，认为自己具有超越一百年的宏巨眼光。那一般是客套话、吉祥话和鼓励话，不必当真。

知识分子需要勇气和坦诚，要践行，更要提议和呼唤

傅小平：在社会转型期，考察知识分子的精神生态，大概是一个很好的角度。不妨看一下近代以来的历史。稍远一点我们会想到王国维的沉湖自杀。这一决绝的举动至今想来依然震撼，其迸发的生命意志更是让人肃然起敬。从现在披露的史料看，很多知识分子在新中国成立前后也经历了痛苦的转型过程，以至于他们中的很多人直到去世都没能释然。此后80年代末90年代初，知识分子也经历了大的思想动荡。再后来，知识分子的转型就特别顺当了，你也提到很多知识分子从理想主义一步就跨越到了实用主义，而且在践行实用主义理念时往往更彻底。这是为何？是否消费时代对知识分子有更大的腐蚀性？

张　炜：从理想主义一步跨到了实用主义的知识分子，显然比比皆是。这也没有什么奇怪，因为真正的知识分子本来就不像我们想象的那么多。许多"知识分子"不过是掌握了一些书上的套话，并没有什么独立见解。套话是各种各样的，有的套话让人厌弃，有的套话倒能唬人。他们讲着套话，跟住势头，在一种势头下是很容易表现"勇气"和"学问"的，一旦失去了势头的支持，他们就会转向。有的转得慢，有的转得快，有的连"五分钟的机会主义"也搞。这哪里是什么知识分子。究竟是不是知识分子，不要看他受了什么教育，有了什么著作，而要看他能否始终如一地坚持真理，是否能够反省和批判自己，是否拥有独立思考和创造发现的能力，尤其还要看他在失去势头支持的情形下会怎样。物质对人的腐蚀性怎么估计都不过分，有人在严酷的环境下还可以抵抗一番，一旦面对物质的诱惑却绝对受不了。这样的例子太多了。

傅小平：赞同你对知识分子所持的广义的理解。事实上，知识分子也并非仅仅指的人文知识分子，还包括政商界，乃至更大范围内对社会有强烈关注的知识人。从中国知识分子的现状看，对现实政治持何种立场和判断，依然是定义知识分子的一个重要界点。

张　炜：当然。大是大非问题考验每一个人，也不光是知识分子。

傅小平：你对当下社会有很大的关切，但总体而言更关注人文教育等影响长远的事物，对眼下为公共知识分子或意见领袖们聚焦的一些更为切实的问题较少发言。这是出于何种考虑？

张　炜：我的写作和发言总是围绕切实问题，并且很具体，这从我的言论及作品中会看到。我面对复杂的问题，很想独立和全面地思考。是否具有这样的能力是一个问题，能否坚持这样的信念又是另一个问题。任何切实的问题都需要长远的观照，不然就会简单化片面化，变成浮躁的响音。

傅小平：在最近的几部作品里，你比较多地提到"简单""朴素"等字眼。我想某种意义上你是针对当下纷乱浮躁的人心才有此一说的。这个问题也引起了包括你在内的一些有识之士的关切。前几年知识界就曾发出"拯救人心"的呼吁。我很明白这种关切的重要性，但有时又觉得这是知识分子的一厢情愿，因为拯救人心从来不仅仅是纯粹的灵魂世界里的事情，它并非简简单单就可以完成。对此你怎么看呢？

张　炜：知不可为而为之，这没有什么奇怪。知识分子要践行，更要提议和呼唤。如果大家都觉得没用，都不说话，这个世界就是无声的了。每个人都依据自己的能力和方向做一些好事，社会才能发生改变。

傅小平：你在上海书展参加《行者的迷宫》座谈会，以"默与鸣"为题，未尝不是包含了这样的呼唤。是回避社会责任而刻意地保持沉默,还是明知要付出一些代价,都要坚定地发出自己的声音,对任何时代、任何国度的知识分子来说,都不是一个简单的选择。

张　炜:"默与鸣"的说法源于古代的范仲淹,原话大概是"宁鸣而死,不默而生"。他在强调一个人要说出该说的话,强调为人的责任。真话还是要说的,尽管有时这会让人讨厌。弄清讨厌的是什么人、喜欢沉默的是什么人,这个很重要。"话多必失",这是谁都明白的道理。可是患得患失却不应该是知识分子的性格特征。其实一个民族的文明正是说者建立起来的,作家需要起码的勇气、天真和坦诚。

作为一个生命失去了感动,实在是一个大悲剧

傅小平:很多作家都在忧虑小说的前景。前些年,"小说已死"的言说很是热闹,这些年相对少了。但小说往何处去的命题,依然为作家们关切。比如说,在这样一个碎片化的时代里,作家的写作是否只能表达一些碎片化的经验呢?还是说,越是在这样一个时代里,越依赖于一种综合的经验?在《行者的迷宫》里,你谈到作家的眼光既要向内,也要向外,并打通内外的界限,从而表达一种综合的经验。这一观点有一定的启发性,能否进一步展开阐述?

张　炜:现代小说面临着更巨大的变化,可能它今后不仅要单向延续狭义现代主义的"内向",而且还要注目19世纪或之前的"外向"。"内"与"外"的接通与结合,大概是未来小说写作需要考虑和完成的一项大工程。

傅小平:不能不说在"内"与"外"的结合上,你的写作达到了很多同时代作家难以企及的高度。在挖掘灵魂的深的同时,你格外关注当下文坛稀缺的开阔的风景。在这宛若天成的风景里,有如许的形色、光影,乃至声音、气味。这种不加渲染的丰富,看起来又是如此自然。像记叙万松浦的动物们的《它们》寥寥数语,都给人以特别的感动。当下作家写作很少写到风景,即使写到也只是点缀。而你的描述融入了你的身心、灵魂,让人读来有空谷足音之感。

张　炜:大自然作为生命的大背景,我关注得还远远不够。我们或许应该明白,自己的视野越来越局限于斗室、人造风物,专注于曲折的人事机心,这本身有多么荒诞和脆弱。大自然的巨手轻轻一转,精致的人工小巢和逼天大厦会顷刻无存。网络时代,人的眼睛可能只盯着小闹剧,根本无法在真实的山川大地上荡开。这不是写不写自然风景的问题,而是能否与大自然这个永恒的生母对话、有没有这种对话的冲动和能力的问题。

傅小平:有一个问题,你在一些篇章里也曾谈到。作家步入写作之初,他的文笔会有些稚嫩,但常常不经意间会让你感动。写作时间长了,这种感动就会慢慢消失,甚或为了让写作有一个客观的面貌,他们会刻意过滤掉这种感动,有些作家甚至把感动等同于煽情。

张　炜:人如果不再感动了,作为一个生命失去了这种能力,实在是一个大悲剧。感动如果成为写作者的一种姿态和手法,那也很廉价。

傅小平:在你看来,写作者该怎样终其一生都持有这种难能可贵的感动?

张　炜:这种感动丧失了,他的艺术生命也就完结了。没有感动,也就只剩下模仿。只有生命的感动才是难以模仿的。

傅小平:有评论家就指出,眼下一些作家缺少基本的爱的能力、感动的能力，读他们的作品，只能读到暴力、读到残忍。当然如果因此认为，文学艺术只能表现爱和感动，那只能说是评论的武断和专制了。就我的理解，好的文学，不应该为某种潜在的理念所制约，而是要体现出自然、自由、自为、自在的诉求。简而言之，很多大作家的确在作品里一以贯之地诉说着爱和感动，那是因为他们本身天然地、发自内心地富有爱和感动的能量。

张　炜：人是不同的，所以怎样写都是可能的。我认为杰出的作家不是为了让人尊敬和感动才去写作，而是为了抒发心里的尊敬和感动才要写作。这是一个总的方向。

傅小平：在某种意义上，这也和感动的"贬值"有关，曾经被推崇的浪漫、抒情等，都被视为不真实，因此越来越淡出写作者的视野。

张　炜："浪漫"在我看来更多的不是创作方法，而是艺术本来就有的质地。没有飞扬的想象，没有激越的心灵，哪里有艺术的酿造？从现实到艺术是一个心灵酿造的过程，发生的是化学变化而不是物理变化。没有将现实生活当成酿酒的粮食，这种"现实"对写作者也就失去了意义。所以说，缺乏浪漫情怀的写作者，不可能是真正的艺术家。就写作学的意义来推论，甚至可以说艺术是没有"现实主义"，只有"浪漫主义"的。当然这样讲并不妨碍研究者的学术说辞，也不妨碍他们从作家作品的外部色彩上做出某些界说和概括。

傅小平：艺术没有"现实主义"，只有"浪漫主义"。这一说法可视为对近年"浪漫主义"被污名化、妖魔化的一个有力反击。印象中，国内还一度流行一本《论无边的现实主义》。单从书名上理解，罗杰·加洛蒂的这本著作要表达的主旨与你说的相反，艺术是只有"现实主义"的。两相对照，你怎么理解？

张　炜：没有看过，不知道。凭我的观察和体验，"现实主义"只是一种外部色彩，诗性写作的内在本质并非如此。"现实"没有经过酿造，一定不会是艺术。

傅小平：可能是源于小说本身的诉求，或者受了非虚构写作热的影响，眼下写作都特别强调真实。你也多次谈到真实，谈到要依据生活的真实，来写人物，写故事。但真实这个概念，很多时候是经不起推敲的。或许所有的真实，都只是每个人理解中的真实。作家依据真实的面貌实事求是写出来的真实，很可能并不真实。余华在随笔《虚伪的作品》里，就对这种真实提出了质疑。再比如，以一般意义上的真实的标准，你在《芳心似火》中写到的一些故事，很难说是真实的。对此，可否展开谈谈？

张　炜：我前边曾把文学作品和现实生活的关系比喻成酒和粮食的关系。从现实生活变成文学作品，其实是一种神秘的酿造过程，要再次强调的是，这中间发生的是化学变化，而不是物理变化。文学与现实不是真实与否的问题，而压根就不是同一种东西。粮食压得再紧再密，也不是酒，因为没有发生化学变化。所以说只要是没有经过心灵酿造的所谓"文学"，都不是真正的文学。对于文学阅读来讲，那些要享受美酒的人，给他再多的粮食都不能让他满足。

傅小平：我的理解是，文学意义上的真实有赖于个人的体验，而体验的过程就是产生"化学反应"的过程，体验越宽广越深刻，就会越接近真实。在《行者的迷宫》里，你提到葡萄园，在很多外人眼里充满浪漫想象的这么一个"桃花源"，对劳作者来说，意味着一份沉重而又艰辛的生计。我想这是躲在密室里，凭着天马行空的想象，凭着网上得来的种种资料而编织故事的写作者们所无从想象的。在你看来，这种体验对于作家写作，乃至对其人格的塑造，有着怎样的重要性？

张　炜：没有真实的生活经历，没有漫长曲折的现实生存历练，所有的"想象"（酿造）都是谈不上的。任何酿造都要依赖"现实"的粮食。凭空想象就等于无粮造酒，这种酒是害人的，更不会是醇厚佳酿。一个人也只有历尽种植和收获粮食的艰辛，才会珍惜这种酿造。

傅小平：在一篇文章里，你提到当下社会的错乱，很大程度上源于人们不相信存在终极的真理。我的理解是，人们之所以不相信，一个重要的原因是对一元世界的惧怕与抗拒。但问题是假如存在终极的真理，是否我们的世界就只能一元论了呢？再比如，道德相对性固然带来了价值观的错乱，但强调绝对性，又会否对社会的多元构成威胁？在你的理解里，所谓终极的真理指的什么？如果它并不是实际的存在，那是否更接近于康德所说的"心中的道德律"？

张　炜：如果不相信有终极的、永恒的真理，那就只好认为一切都是相对的，既然这样，也就没有追求真理的必要和意义了。只有相信具有永恒的真理，才会坚持"多元"并存，因为每一个思想和理论系统都近乎一个假设，它再完美都可以质疑，都在等待探究。对多元的整合与综合，才有可能接近终极真理。可见包容并不是一种姿态，而是一种深刻。真理的存在是超验和先验的，但探究的过程可以接近它。也就是说，我们不探究，它也仍然是一种实际存在，只是我们不知道它在哪儿、它是怎样的。而我们生来就想知道真理。

傅小平：你解决了我一个长久以来的疑惑。遗憾的是，尽管我们这个时代看似非常多元，实际上二元对立的思维依然普遍存在。

张　炜：二元对立的思维是极其有害的，因为它遮蔽真实，把问题幼稚化、简单化和浅表化。但可惜我们通常不知道什么才是二元对立，往往把真正复杂和包容的思维方式当成了二元对立，然后再去批判它。比如对多元的包容一旦成为姿态，赞赏和采用这种姿态，实际上已经走向了一元独尊，进而必然要走向二元对立。只有执着地追求真理、相信永恒真理的存在，才能朴素而持续地追寻，对任何一元都会既尊重又质疑，不断地解码，从根本上克服二元对立的思维模式。

傅小平： 写作中经常会遭遇到的"官方与民间"这对概念，就是二元对立思维的体现。在不少作家的写作中，对民间普遍有美化倾向，对其藏污纳垢的复杂性认识不足。即使是寻根文学，对民间文化的劣根性有所批判，但立足点并非针对民间本身。你怎么理解？

张　炜： 空泛化概念化地宣讲的"民间"和"官方"，其实很难有什么本质的区别。抽掉了理性和正义，抽掉了信仰，打出什么旗号都会作恶。如果仅仅是换一个名号就通行无阻了，就可以让人轻信起来，这是很危险的。

为了表达和接近真实，许多时候是不能"极简"的

傅小平： 作家的写作与他倡导的理论之间，常会有不一致的地方。比如你崇尚简单、朴素的生活，也崇尚简单、朴素的写作。但读你的小说，无论是语言，还是结构，包括故事的设计，都会读出一种繁复之美。在你的散文里，为了加强辨析，有时也会有一些缠绕和往复。我想，你说的简单、朴素，大约不同于风行一时的极简主义。而倘使极简，却不能传达出丰富的韵味，恰恰构成了对极简主义的反讽。那么，繁复是否是抵达极简或是简单朴素的一条可能的路径呢？

张　炜： 极简主义不是一种朴素，而是一种风格和方法。朴素是追求真实（真理）的需要，而表达和接近真实，有许多时候是不能"极简"的，这时候"繁复"就成了一种朴素，也是走向最大的"简单"了。为了追求一种风格而丧失了真实，这就不是朴素也不是简单，而是人为的复杂化了。

傅小平：在你看来，极简与通常说的简练、简洁之间是什么样的关系？我看过相关评论，认为你的文字在一些方面，还可以再简练一些。当然或许这是因为看问题的角度不同所致。某种意义上，小说的诗意，是需要通过一定程度的渲染才能达到的。文字的繁与简，归根结底取决于小说自身的表达需求。

张　炜：我的文字还可以再简练一些，也需要再繁复一些，这都要视具体的作品、具体的语境和表达的需要。从总的方向上看，我是追求简练的。简练就是赶往一个艺术目标的最短路径，而不是指使用了多少言辞。后一种理解是机械的皮相的，可能一吨的言辞是简练的，而一公斤的言辞却是啰唆的。做到简练就很好了，极简就不必了，因为担心过了，刻意了。

傅小平：我们说到的极简、简练，主要是就语言层面上说的。你也特别强调语言对于写作的极端重要性。当然写作是一门综合的艺术。应邀参加上海书展的英国作家大卫·米切尔就曾谈到，小说有五元素：情节、人物、主题、形式和结构，其中只有结构还有不少创新的空间。如果说小说的结构，某种意义上对应着不断变换结构的世界图景，那么这样的判断有一定的道理。你以为呢？

张　炜：形式和结构之间的最大区别是什么我还不知道。我只是觉得他这里的五元素，起码对于纯文学写作来说还少了一个重要的元素：意境。我觉得结构是最少创新空间的，因为这是诸多元素中最表象的部分，弄来弄去还是那一套，又能新到哪里去？形式上过分用力就会形神脱离，说到底还是"小道"，可能是"壮夫不为"吧。

傅小平：有评论家近乎执拗地称，《你在高原》不能称为长篇小说。这样的判断未必包含了太多的道理，但可以促使我们做一些思考。比如，在眼下讲究短平快的时代，长篇小说是否潜在地包含了篇幅上的要求？长篇小说能否自成一体，必然包含了主题或结构的明晰性的特殊要求？

张　炜：这样的评价太高了。如果《你在高原》不能称为长篇小说，它的异样品质会更好。可惜我在专业小说写作的道路上已经走了四十年，或许早就没有挣脱的凶猛了。小说是各式各样的，指认某个凝固的模式是虚妄的，也是门外之谈。

傅小平：你的整体创作，尤其是《你在高原》，其中一个很重要的意义在于，你书写的是一个大时代。在这个大时代里，体现了你宏大高远的精神追求。尽管眼下社会看似正越来越滑向某些自我迷恋的、消费主义的小时代，尽管或许这也只是一个文学的"小时代"，但多少年后回望，读者一定会庆幸还有这样一个"大时代"在。对眼下这个时代，你做何判断？文学又当有何作为？

张　炜：前边谈过，希望作家的写作能有超越性质，不要被时代潮流和倾向淹没。可以一块儿呻吟，也可以独自呼号。但不管怎样都要有生命的质感，不能空洞苍白和大而无当。

如果是一个有大牵挂的生命，要想不多产都不行

傅小平：让我感到矛盾的另一个印象是，你的写作更多受到齐文化的影响。如果我的理解不是太过偏差，齐文化与老庄思想是有着某种渊源的，但你对其总体上持批判态度，而对孔孟思想给予更高的评价。

张　炜：齐文化并不偏向老庄，齐文化是一种商业文化，这方面它是实用主义和物质主义的，这是让我极反感的部分。但同时它又是一种放浪的海洋文化，是富于幻想的文化。老子庄子也需要区分，这个工作比较复杂，我一时还做不来。孔孟思想对于克服齐文化中的实用主义物质主义，是最有力的武器。当今盛行的重商主义消费主义，是和齐文化中的劣质部分一脉相承的，也是我们这个民族的哀痛。

傅小平：现在很多人谈到你，都会想到万松浦书院。你在很多文章里，都写到这个书院，可见对它倾注的热情。如果从精神寄托的层面上讲，书院是你的"瓦尔登湖"，尽管你或许并不感到梭罗似的孤独。你也谈到美国人对梭罗的推崇。但我还是疑惑，中国的"瓦尔登湖"，对眼下忙忙碌碌的国人意味着什么？或者它最本真的价值和意义，只有在多少年后才会真正体现出来？

张　炜："瓦尔登湖"的思想并不怎么深刻，尤其在当下。但是真要实践它也不容易。今天有条件住进这样一个"湖"的人，也确乎不多，太奢侈了。说到万松浦书院，它不光不是这样的一个"湖"，而且还和"湖"的思路背道而驰。因为书院是集合和继承传统文化的地方，是深入探究的地方，是投向实用主义物质主义的小小一镖，而不是躲个清静，不是闲情无为，更不是自力更生自我勤俭就能概括的。

傅小平：《谈简朴生活》里，你附了一篇《筑万松浦记》，何以要把这篇作为附录？在我的感觉里，"筑"字也格外意味深长，该是体现了你对汉语词汇，乃至汉语文化的某种特别的理解。

张　炜："筑"是修筑，是一点一点进行的，从无到有，让人想到燕子衔泥。这个"筑"显然不仅指有形的物质的书院，还指无形的精神的书院，要寻找和确立后者更难。

傅小平：你谈到很多大作家，一辈子可能就围绕一个主题来写作。比如你说到索尔·贝娄一辈子都在写犹太知识分子，威廉·福克纳一辈子都在写他那块邮票大小的地方。我想知道的是，你迄今数以千万字计的大量作品，是否也包含了一个共同的主题？如果有，是否可以归为"唱给大地的挽歌"？

张　炜：我的主题可能比较复杂，一时还难以提炼。我慢慢写，慢慢会显现出来。

傅小平：期待。让我感到佩服的是，你对各种主题、题材的超乎寻常的掌控力，且不失细节之美。你的创作，从细部看会有一种紧张感，但整体上又给人感觉特别放松，有弹性。依我看，这是多数作家稀缺的才能。读很多作品，你会感觉细部被无限拉长、放大，以致松软无力，整体却有局促之感，显得不够大气。尤其是长篇小说，往往越是写到后来，越是难以为继，最后只能草草收场。因此，我对你的写作构思和布局特别感兴趣。

张　炜：我构思一部作品，哪怕是一部短篇，往往都会放在心里许多年。它只要放在心里，就会经历无数次的修改，不管是自觉还是不自觉，修改都会发生。一个人有再强的思维能力，有些大工作还是需要较长时间才能计划起来的。有人担心存在心里的时间太长了，要写的东西会不再新鲜，会有陈旧感。其实一旦陈旧了就等于这枚种子发霉了，那它就不再需要发芽了。真正茁壮的种子一定会生长出来。一般来说，单薄的作品，许多时候就是因为埋在心里的时间还嫌太短。

傅小平：正因为你诉诸文字表达的，都是深埋心里不能忘却的，你的多产更让人感到震动。你自己对此抱有平常心，也举了托尔斯泰和列宁的例子。托尔斯泰自不待言，可谓写下即是永恒。至于列宁的多产，部分原因可能在于，他的一些文字是别人根据其在不同场合的讲话、演讲记录整理的。现在一些作家之所以多产，未尝不包含了怕被迅速淡忘或埋没的深层焦虑，因此要不断"制造"出作品，让读者关注到自己当下的存在。由此我想，何种意义上多产，也是一个需要辨析的问题。你以为呢？

张　炜：一个作家多产，他需要的理由也多。如果是一个有大牵挂的生命，想不多产都不行。这些年我忙碌于写作之外的事情，产量也就不多，算是中等吧。你说的一些人物的演讲记录，如果不重复、有新意，那恰是难度更高的创作。多产一般来自精神强度，来自认真的生活态度，所以他对文字的认真，很可能会到近乎苛刻的状态。通常来说，芜杂的堆积只会令人厌烦。

傅小平：你的写作是严肃庄重的，这和当下流行的写作格格不入；受时代氛围的影响，很多作家的写作都偏向轻喜剧式的表达，他们的作品也因此倍受欢迎。当然也有一部分作家追求以喜剧的方式传达悲剧的意味，所谓喜剧是最高意义的悲剧，所谓写作贵在亦庄亦谐，以轻击重吧。你认为流行的写作观念是否包含了某种误读？你怎么看待自己的写作状态？

张　炜：娱乐作品不能说毫无价值，但不能让所有人都投入娱乐。我不是写娱乐作品的。通俗作品也自有价值，但不能让所有作家都去写通俗作品。我也不适合写通俗作品。至于说让更多的人欢迎，这对我没有什么吸引力，因为我知道更多的人欢迎什么。

一部作品开始了，创造一个世界的工作也就开始了

傅小平：你在写作中高扬诗性，且对"诗性"一说做了很多辨析。很显然，诗性与写作体裁无关。但优秀的诗歌，会表现出更多的诗性，而且只有顶级的诗歌，才能标示出诗性的最高标准。在收入《疏离的神情》一书中的《诗螺丝》中，你还特别指出诗所具有的把词的内涵给固定住，不让其消散和流失，不让其变形的了不起的作用。由此很想知道，诗歌对你的写作产生了何种重要的影响？

张　炜：我最早是写诗的，现在也一直写。诗处在文学的心脏部位。诗歌虽然并不一定比现代小说更有表现力，但它的确是文学的核心。诗性的强弱当然决定了作家的品级，但诗性却不一定要由诗歌来表达。我认为中国现代诗的出路不完全在，或者说主要不在翻译诗那儿，而在继承诗经一脉，然后再往前走。

傅小平：如你所想，着实有一部分诗人，越来越意识到继承诗歌传统的重要性。诗人杨炼就认为贯通于汉语诗歌的是从楚辞、汉赋、骈文、律诗传承下来的，建立在汉字音乐性上的形式主义美学传统，近年他也一直在倡导"新古典主义"诗歌写作。你一直在写诗，何不把这些诗歌结集出版？在一篇文章里，你写道，你一直在写诗，却苦恼于表达的困境。该怎样理解？

张　炜：我很早以前出版过两部诗集，前几年也出版过一部。不满意。不满意就得想法儿解决，好在还没有束手无策。诗是文学的最高形式，是核心，是最高品级。这和拥有读者的多少无关。现在的自由诗处于成长和探索的前期，甚至还不是中期。白话诗的音乐性减弱了，不能在心中歌唱了，这大概不是吉兆。大家担心它在歌唱中变成顺口溜一

类。其实深刻和深沉的咏叹永远都不会成为顺口溜。

傅小平：你还说，现在的人们"迷失在黑夜中"，他们不明白荷尔德林所说的"黑夜里我走遍大地"是什么意思。

张　炜：荷尔德林的"黑夜里我走遍大地"，很美也很费解，我想这预示着诗意在阴郁的空间里才能得到强盛的生长，它害怕在强烈的阳光下暴晒。黑夜里的混沌状态让生命溶解一体，让呼吸接通星空和大地。

傅小平：在《夜间写作的人》这篇散文里，你写到夜间写作造成的损失，并对这一可能导致作家丧失现实感的写作表示警惕。我着实听说过一些作家习惯在夜间写作，因为夜间会让想象力发挥到极致。

张　炜：事情说那么绝对就有问题，我只是就一个方向说了一下。白天写作和夜间写作当然有些区别，这方面大家都有体会。可能各有利弊吧，平衡和控制一下也许有必要。我主要是身体扛不住，所以才白天写。我需要的写作时间不多，读书的时间多一些。

傅小平：《你在高原》之后，你更多转向散文创作。更准确地说，是你在写小说的同时，一直在写散文。的确有很多作家倾心于写散文，越到写作的后期越是如此。对你来说，散文创作意味着什么？

张　炜：我的二十卷本散文是1982年之后到2011年的全部散文，第一次集合到一起。1982年前的散文太差，一开口就是片面性，荒谬得很，于是没有收。而我的小说年编是从1973年的作品开始收的。可见讲故事、虚构事情，是容易藏拙的。胡言乱语言不及义，胡扯，要滑头打哈哈，有时候还会让人当成"大学问""大思想"去推崇，而要直言和阐明理性就不那么容易了,想打个哈哈蒙混过关可不容易。我十六七年前就在准备的一部小说,因为那个四百五十万言的长卷给耽搁了,但是现在还没有力量写出来。不是体力不够,而是心力需要积蓄。它对我可能是极重要的一次写作。

傅小平: 你说到的这部十六七年前就在准备的小说,是怎样的一部小说?一直关注你写作的读者也非常关切,有了《古船》《九月寓言》等被广泛阅读和阐释的小说作品之后,有了《你在高原》这样大部头的小说创作之后,你还会在小说创作的世界里,给读者带来怎样的惊喜和感动。

张　炜: 等我的心力聚起之后,会写出一部对自己来说真正重要的作品。它是我从未表现过的题材。我不会满足于过去的创作,因为最想说的一部分话、对我构成大诱惑和大兴趣的,还没有说出来或没有说尽。我在从容的时间里,饱满的状态下,会好好地说一番。

傅小平: 在与你同时代作家普遍表现出写作颓势的大背景下,是什么支撑着你经年累月、孜孜不倦地追问和探索,又是什么维系着你一以贯之的极其丰产而又有相应水准的写作?

张　炜: 我觉得写作这种劳动和探究既无比有意义,又有极大的吸引力。一部作品开始了,创造一个世界的工作也就开始了,还有什么比这种工作更有意义?这简直是让一个生命诞生,当然是了不起的事业。我觉得为此花上一生是值得的,最不可能光阴虚度。人生的最大幸福也就在这里。

韩少功

文学的冷眼与热肠

韩少功,1953年生于湖南长沙,祖籍湖南澧县。

1985年发表《文学的根》引起了全国性的"寻根"讨论,并以自己的创作实践了这一主张,反响热烈。1996年出版《马桥词典》引起各方争论。著有长篇小说《马桥词典》《暗示》《日夜书》《修改过程》,中短篇小说集《爸爸爸》等,散文集《山南水北》等;译作有《生命中不能承受之轻》《惶然录》等。曾获华语文学传媒大奖年度杰出作家奖、鲁迅文学奖、法兰西文学艺术骑士勋章、美国纽曼华语文学奖等奖项。作品被译为英文、法文等十多种文字。

至今不确定是出于什么原因，我对那些思想型或说学者型作家，会自觉不自觉地保持距离。是因为他们身上有本雅明所说的"灵韵"，让我觉得走近了有不敬之嫌，还是因为他们思想在高处，让我心向往之，却也敬而远之？无论如何，正因为此，虽然几年来都和韩少功有邮件、电话往来，但我几次看见他，并且颇为巧合，都是见他独自或坐着喝茶，或站着抽烟，目光凝望远处，像是在自由遐想，我想着和他打个招呼，最后总是退却。虽然感到遗憾，我却也能找到理由：说不定那会儿，他正在想什么问题呢，贸然上前打断他的思路，岂不是唐突了。

直到2019年4月20日参加"博库·钱江晚报春风悦读盛典"，韩少功因为他的长篇小说《修改过程》荣获最高奖——白金图书奖，前往杭州领奖，我才终于和他有了面对面的交流。这也并非机缘巧合，而是得益于《花城》杂志编辑在颁奖会结束当晚安排了对话。既然是当面采访，我想敬而远之也不可能了。现在想来，颇具戏剧性的是，采访开始前，两位编辑老师和我，都想在酒店里找个安静的地方，但大堂正在装修，手机导航能搜索到的茶吧、咖啡吧也都在不近的地方，而韩少功因为有夫人同行，去他房间自然不合适。于是我提议去我房间。说完又觉草率，不禁心怀忐忑。但她们一个电话过去，韩少功欣然同意。

事后回想，韩少功答应前来在情理之中，当时也没有更理想的选择。但他二话不说就来了，却多少在我意料之外。早年在同行那里听过一点有关他的江湖传言，道他在海南文坛是怎样一个说一不二的扛鼎人物，而以我和他隔空交往的经验，也觉得他虽然给我有亲和之感，但在一些事情上是有他不能通融的一定之规的，却没想我们初次见面，他就打破了种种"规矩"。他进房间后，随意找了张椅子坐下，再是简单聊几句家常，就自然而然切入话题了。与他交谈，与其说是在进行紧张的思想交锋，倒不如说是做了一次神清气爽的精神漫游，因为自始至终我们都谈得特别放松，韩少功更是时不时发出朗朗笑声。他笑的频率那么高，又是那么自然，即便所谈话题严肃或沉重，给我感觉都像是多了一种轻逸之感。

韩少功谈笑间没有苏轼词里写的"樯橹灰飞烟灭"，而是越往深处谈，越是柳暗花明。我这么说，是因为韩少功谈论问题一般都是从小处着眼，谈着谈着就开阔起来了。而他的写作虽然有大气象，却也多是从小处入手的。在几十年的写作生涯里，他都聚焦于他曾亲历的那个他认为"最熟悉、最切近、最有发言资格"的知青年代，或以此为原点展开思考。在韩少功看来，如果知青年代留下的考题他都做不出，却夸口换一张卷子就能拿高分，是不会有人相信的，更何况这道考题有点意思，"千年未有之大变局，就在这几十年，就在这两三代人身上，确实值得复盘和琢磨"。而纵使有万千想象，他也不觉得应该离开我们生活的时代，像如今流行的网络文学写作那样根据间接的材料"向壁虚构"，或为迎合国际潮流去进行所谓的国际化写作。"因为一个人再国际化，他也得非常具体地生活在地球的某个点上，受具体的历史文化资源对他成长的限制，并且受到具体的母语，具体的政治环境，具体的血缘关系的影响。他必须在某一个非常具体的环境里脚踏实地解决自己的吃喝拉撒，表现自己的喜怒哀乐。"

实际上，恰恰是通过这种看似本土化，并且有局限性的写作，韩少功写出了很多作家难以企及的、"上下几千年，纵横几万里"的宽阔。以《修改过程》而论，韩少功以叙述者肖鹏创作的一篇摹写"77级"同学经历的网络小说引发不满，牵引出东麓山脚下恢复高考后的这第一批学子。随后小说用移步换景的笔法逐一写出陆一尘、马湘南、林欣、赵小娟、楼开富、毛小武、史纤等人物以及他自己的际遇。如出版宣传语所说，肖鹏的小说记录了他们的人生，似乎又在修改他们的人生，而人生更像是一个不断被生活修改的过程，书名寓意正在于此。但相比这一显而易见的哲理性，更重要的是，韩少功在对"77级"命运变迁的观照里融入了深度思考，从而赋予这部不到二十万字的小说以丰富的思想容量。

而"思想"在当下是多少有些被误读的。对所谓的思想能力，除被泛泛认为"有思想"的少数几位，大多数作家都避而不谈，或顾左右而言他。韩少功作为具有典范性的思想型或学者型作家当然愿意谈，但他脱口而出的第一句话却是：思想能力不是一个贬义词。我想，他第一反应如此，该是多少受了当下文学情境的"刺激"。国内作家大多以艺术感觉自诩，认为思想与感觉是难以兼容的。再说思想是什么呢？思想从外在表现看，不就是爱议论嘛，爱议论的捷克作家米兰·昆德拉，当他的作品被引进出版时，引得多少国内作家趋之若鹜，而今几十年过去，却有越来越多的作家，尤其是曾经的先锋作家视他为二三流的小说家了。这似乎是一个热衷于思想或议论的作家，在艺术水准上必然要付出的代价。

对类似这样的见解，韩少功是不以为然的。他最早翻译了昆德拉的《生命中不能承受之轻》，他的写作受了昆德拉的启发和影响，他也不避嫌为这位如今"不受待见"的作家辩护几句。他说，昆德拉还是一个不错的作家，不一定是全能选手，但有些单项指标可得高分。当然以我隐约的想法，国内文坛对昆德拉评价的起伏，或许是一些作家视野开阔以后，对其创作有了重新打量，也或许因为在他们看来，思想是灰色的，艺术之树常青。时代背景转换了，谈已经"过时"的思想能有什么意思呢，只会让自己显得陈旧，还不如多谈谈感觉吧。所以不少作家都会说，让我们来谈谈感觉吧，我们要什么思想！但实际的情况多半如韩少功所说，他们其实说不出来思想。"他们崇拜感觉，但一个牧民对草原的感觉，一个水手对海洋的感觉，一个农民对土地的感觉，他们还看不起。他们误以为比坏、比烂、比狗血的，那些夺人眼球的东西，就是感觉。其实不是，他们说那些是感觉，往往是因为牧民、水手、农民的感觉，他们写不出，达不到，也就对他们构成了压力和侵犯，让他们很不舒服。道理是一样的,他们抗拒思想,抱怨、反感思想,也不是真的。他们达不到那种思想的境界,就会感觉被思想压迫了,所以就表现出那种姿态,他们的姿态说白了就是一种话语的包装。"

用韩少功自己的话说,他是愿意对当下一些"鲜明"的姿态,表达鲜明的不同意的。国内文坛流行比拼艺术感觉、艺术技巧,但在他看来,很多作家的写作,如果说出了问题,那主要是态度问题,而不是技术问题。以他的观察,不少作家都能写好自我,写好与自己同质性高的人物。但自我之外,他们写男女老少都写不像,写起来都只是个轻飘飘的符号。以韩少功的理解,之所以会这样,是因为他们平常不关注,他们生活得太自我了,既如此,他们写作的时候拿什么来写?所以,他们写自己活了,写到他者就飘了,写个农民、小偷,或是强盗,就更没谱了。"你要写他者,首先就要关心、关注他们,要深入体会他们的生存逻辑。只有这样才能真正接近他们的内心。当然,你要完全理解一个人,是要求太高了。但我们要尽可能把这种理解最大化。只有这样,你写出来的人物才有说服力。"

如果一个作家只能写好自我那点酸甜苦辣,一写别人就露馅,就呆板,就轻飘,在韩少功看来,他是不够有情怀的。"很多作家开始写作拼聪明,拼经验,他们经历得多,故事就多。但这些写得差不多了,最刻骨铭心的都写完了,就拼知识,他们读书多啊,天上地下的都知道,但到最后作家拼的是境界、情怀。"以韩少功的理解,情怀其实就是指一个人关切的半径有多大,如果他只是关切笔尖上的小利益,要写出大境界,是不可能的。"所谓情怀,不是要求你去写一个大的宇宙观、世界观,而是体现在写具体的一事一物上。有些作家写一棵树,都能写出精气神,都能写得出神入化,他一定是往里面投射了很多情感的。"

相比很多作家,韩少功的关切无疑有着更大的半径。他关切文学问题,也关切眼下社会问题,而且他总是把问题放置到更为宽阔的中国乃至全球语境下来打量,由此得出自己独立的思考。每年三四月间,他都要从海南海口回当年插过队的湖南汨罗八景乡住半年,来杭州领奖之前，他就已经在那里住了一个星期。而韩少功返乡，与其说要如梭罗般构建一个理想中的"瓦尔登湖"，不如说他为自己关注当下乡村乃至中国找到了现实的范本。韩少功对处在时代转折点上的乡村自然也是有话说的。而他始终不脱离历史和现实语境的言说，也比很多流行的看法更有说服力。但他声明，这些我们就谈谈，你不必整理进去。我想，他提出这样的要求，倒不完全是出于中国知识分子式的谨慎，而很大程度上是他一向要求自己对所谈话题有很大的把握，并力求在语言表达上有尽可能完美的呈现。

事实也是如此。对话当晚，我们一直谈到午夜时分。持续三个半小时的谈话，除韩少功说的"不必整理"的部分，整理出来的初稿也有两万七千字。我发给他过目后，他做了大幅删减，并把自由、率性的口语表达，改成了精炼而雅致的书面语。我想，要是在手稿年代，如果有机会把他所做的修改直观呈现出来，倒是挺有意思的。好在他的这部《修改过程》，就是呈现"修改过程"的。不同的是，对话的两个版本，呈现的是不同状态下的真实，不存在真伪问题。但韩少功在小说里，往往逼真地还原一个细节，随后就揭伪说，这不是真的。"这相当于有两种作者，一个说：我说的都是真的，请各位信我；另一个说，我说的其实不一定对，你们姑妄听之。"至于哪种态度和策略更能获得读者信任，韩少功自己也不确信。但他确信读者会做出自己的选择，也就把这个有趣的问题抛给读者了。

拒绝思想本身也是一种思想，而且是一种懒汉思想

傅小平：你作为一个思想型或说学者型作家，我好奇你一般是怎么进入小说写作状态的。你进入写作，是出于思想的步步推进，还是受了某种强烈的感觉或鲜明的意象的触动？虽然我从材料里知道你早在二十年前便尝试写77级的故事，等到几年前时机成熟了，你才开始写《修改过程》。但从大的框架上看，我总觉得你的这次写作后面是有很多准备的，也隐含了某种深远的思想背景。

韩少功：原来我和史铁生有个共同的看法：能想清楚的写随笔，想不清楚的写小说。这就像人的视野里，有聚焦区能看清的，也有聚焦区外比较模糊的，"虚"掉的那部分。文学是用文字来表达细节的艺术，但很多细节没法用思想来条分缕析，说不出个一二三，有多义性，甚至可能一时无解。不尊重这种多义和无解，就会强加一种概念化，相当于文学的自杀。但这并不意味着文学离思想越远越好。很明显，拒绝思想本身也是一种思想，而且是一种懒汉思想，没啥可夸耀的。就像一个球员上场以后凭感觉，怎么赢球就怎么来，但这种优秀的感觉能力，各种神操作，恰好来自平时严密的研判和规划，离不开刻板的训练，恰好需要理性的思想。

傅小平：相比你二十年前写的部分，这次写作做了哪些修改？在细节呈现上，有很大的变动吗？

韩少功：这次重写改变特别大，不算原作修改，是另起炉灶。总的走向、构架都变了。即使保留了一些细节，但功能也都有所变化。我没法向你一一交代哪些变了，怎么变的——写起来脑子发热，怎么合适怎么来，哪记得住呀？我只能对你说，打掉80年代那种大学生的自负和自恋，热肠配冷眼，可能是最重要的基调变化。原稿中也没有戏中戏的结构。

傅小平：有二十年的时间跨度，很多想法都会起变化。不过，作为一个亲历者，你写77级，一定会有人好奇，里面写到的人物、故事有没有原型？

韩少功：我本科那个班，有六十来位同学，全年级有两百多位，至今为止，没有人来"对号入座"，可见这是一个虚构的东西。但在我的小说里，大部分人物都有原型——只是这些原型会被改造、被推演、被夸张、被拼接、被举一反三。原型是种子，最后完成的形象是树苗。我从来都不习惯凭空虚构，更不擅长依托档案资料去写汉朝、唐朝、火星人什么的。我喜欢小说里那种细致入微、结结实实的逼真感。要做到这一点，没有原型依托，就会很困难，写起来不兴奋，也累得多。

傅小平：我赞同评论家许子东在他的《当代小说阅读笔记》中说的"韩少功在骨子是个'知青作家'"。因为不管你的写作有多大变化，"知青一代"始终是你表达的中心或重心，也是你思考的原点。

韩少功：这一代人就是我最熟悉、最切近、最有发言资格的。我要面对现实，不面对它还能面对什么？我要写，不靠它还能靠什么？这些人先是当红卫兵，再是当知青，再到进大学，进入社会各行各业……这就是摊给我的考题。如果这道题我做不出，却夸口换一张卷子就能拿高分，不会有人相信。何况这个考题有点意思，千年未有之大变局，就在这几十年，就在这两三代人身上，确实值得复盘和琢磨。这就像你同一个好友，在下大雨的深夜回忆往事，床头对床头，聊得感慨不已，不也是一大乐趣？

傅小平：既然写的是回忆，其中定然有你亲身经历的印记。有意思的是，眼下年轻作家，尤其是网络作家很多都不写亲历的生活。这次获2019春风悦读盛典年度新人奖的作品《年羹尧之死》，想必也是主要借助于档案和材料写的。

韩少功：我还没读你说的书，无从判断。但我相信应该鼓励作家多种多样，哪怕是有一些作家，要做的恰好是关闭现实，在现实那里暂时告假。他们让读者放松下来，去游一游什么后宫、江湖、民国或唐朝；

如果给作品贴上一个主题，也多是劝善、爱国那种低难度的主题，其主要目的说白了，就是娱乐。比如让读者在寻宝、艳遇、复仇一类的白日梦里，享受感官刺激和心理满足。古有东方朔，是那时候的段子王；后有张恨水，鸳鸯蝴蝶派，是那时候的"男频"或"女频"。直到今天，网上还有排山倒海文字的"游戏机"，文学的"棋牌室"，包括不断地通关升级，游戏一玩就几千万字，让读者沉迷上瘾。应该说，发达社会里识字率大大提高；小康条件下，很多人的闲暇和精力也过剩。那么这种文字的消费品、休闲品还少得了？这不也是民生需求、文化服务的合理部分？因此，面对这个识字率大升后的新情况，"巨婴化"读者剧增的新课题，人类既要有管控，包括防毒品和防沉迷，又得多一些理解和宽容。要知道，向鲁迅和曹雪芹对标，不是所有识字者都能做到的，即便在知识界，也不是任何时候都有强大社会心理动力的。用经典打击娱乐，说对方太低级了；或者用娱乐打击经典，说对方太"老"了，都是传统文学理论一根筋的后遗症。

傅小平：现在登上文坛的这批年轻作家，从年龄上讲，应该算是知青的下一代了。你近年的写作主要面向的就是后知青时代，你写了当年的知青返城后的生活，也写到了知青下一代的生活故事。反映在小说里，无论是《日夜书》里马涛的女儿笑月，还是《修改过程》里马湘南的两个儿子，都是很失败的。这是不是说，在你看来，知青的命运悲剧性传递到了下一代？

韩少功：知青一代身上有悲剧性的东西，但见证和亲历了千年未有之大变局，阅历较为丰富，晚年还能把广场舞跳到欧洲，把手机自拍拍到非洲，也是一份幸运吧。至于他们的下一代，谁知道呢，每一代人都会有自己的酸甜苦辣，都会有五花八门的命运。我写到了"知二代"的某些情况，打上了问号，其实主要是针对他们的父母。拉开历史的距离来看，这些父母苦过了，拼过了，可歌可泣过了，但在一句"青春无悔"

之外，在高调的怀旧之外，就没有一点迟疑和尴尬？有没有对孩子做过错事？有没有回忆时不愿谈、不愿想、会掩盖或遗忘的东西？在这里，文学应该是读者最温暖又最铁面无私的对话者。

傅小平：文学写到最温暖，容易；写到最铁面无私，就难了。我们的记忆是有选择性的。往事不堪回首，我们总会自觉不自觉地回避掉一些让我们苦恼和难堪的东西。时间也会给很多事物抹上一层诗意的面纱。但有些被压抑的东西，有时还是会跳出来。这就能理解，即便是我们看着很成功的一些人，虽然他们获得了世俗意义上的成功，心灵上也可能有着很深的挫败感。小说里的马湘南，应该算是成功人士吧，他却会因为后代生活没指望跳楼自杀。

韩少功：说一点数据吧。据世界卫生组织统计，最近一二十年，抑郁症患病率在全球范围内急剧上升。四分之一的人有不同程度的心理障碍，十分之一左右的中学生有严重心理障碍。

傅小平：照这么说，马湘南的自杀，可以归结为一种病理现象？那即便是精神疾患，也是有缘由的。我就觉得知青岁月对于经历过那个年代的人，似乎并不仅仅是回忆，而是任多少时光都无法抹去的、流淌在他们血液里的一种基因一般的深刻印记。你看，马湘南是一个极其现实的、活在当下的人物，他都会不自觉地陷在对往昔岁月的回忆和模仿里，比如他带领员工跑步，唱革命歌曲《打靶归来》《沙家浜》。

韩少功：处于一个剧烈的社会转型时期，很多人是亦新亦旧，心理性格煮成了一锅夹生饭，只是自己可能没有察觉。马湘南搞军训、唱红歌，不一定是他打心底里喜欢红色年代，而是他的青春记忆里只有这些。他要当资本家，经验和文化的资源都受到了自己履历的限制。这几十年，知识界好谈意识形态，但对于很多人来说，意识形态经常是一种包装。冷战后期以来最大的意识形态是利益，是利益把所有的意识形态都虚无化了，口里谈主义，其实是生意。就像马湘南，一个"双面人"，既可以是建制派，也可以是反对派，用他的话来说，这一派那一派都是"米米"，都是钱。一帮书生曾争论谁是"体制内"谁是"体制外"，这在这个马老板看来肯定挺可笑的。

傅小平：当你听到这些书生气的讨论，或者是对那个年代的误读，你会不会产生纠偏的冲动？你似乎从六十岁往后，或者说从《日夜书》开始，就进入了一个回望的创作阶段。这么说也是因为，包括后来你的长篇散文《革命后记》以及《修改过程》，都是从你早年的经历出发，用长篇的体量来审视、解剖我们这个时代。这是不是说，你这十来年的创作，是在有意识地对知青一代以及更广阔的时代做一个梳理？

韩少功：倒不一定有精心的预谋和选择，只是贴着感受走，听从自己的内心，自然就会这样了。当然，注重自己的第一手经验，理解也不一定对，有时也可能出现当局者迷的情况。但哪怕把自己的误解和无知记录下来，交给读者和历史，那也是一种责任吧。

傅小平：你这么想，因为你有使命感。有评论说，《修改过程》可以当成《日夜书》的姐妹篇来读。你赞同吗？

韩少功：要说是姐妹篇，也无不可。两部小说有叠加的部分，但77级不全是知青，只是知青中极小的一部分。这一点需要注意。

傅小平：回到之前的问题，你觉得知青一代的思想和行为模式，会传递到下一代吗？当然，很有可能两代人从外在看天差地别，但内在还是有关联的。

韩少功：代际有遗传，也有变异，不会有统一的模式。"有其父"并不一定"必有其子"。据说舜帝是一例，刘备也是一例，父子之间差不多是反向塑造。如果一代代人像俄罗斯套娃，也不见得是好事。比如子女从父母那里继承了禀性、观念、行为模式，但反过来把父母当作最方便、最直接、最容易成功的试验对象，事情会怎么样？你教会他们对外人冷漠自私，他们却首先冲着你冷漠自私，拿你来实习和练手，你受得了？当你想找回仁义道德，捍卫自己的权益，是不是还来得及？这种给自己挖坑埋雷的家教并不少见。

傅小平：这似乎是个解不开的结。当上一代人感叹说，下一代人有这样那样的缺陷时，很少省悟到，要追溯起来，下一代身上的一些问题，根都在自己身上。

韩少功：很大程度上是这样。

傅小平：豆瓣上有网友评论说，《修改过程》是"回忆之书，审视之书，嘲讽挖苦之书，犹疑不定之书"，感觉挺有意思的。小说里，记忆力绝佳的中文系主任肖鹏，感觉记忆力消退之后，因为担心失去记忆，所以开始写作。这样的构思，像是包含了某种隐喻。你有没有肖鹏这样的紧迫感，担心自己再不回忆就晚了？肖鹏的所谓回忆，算不算他经历虚无后的自我拯救？

韩少功：虚无主义是80年代的一种思想暗潮。有个作家当时说：我是流氓我怕谁？就有当时的时代印记。问题是，虚无主义看上去是一个狂欢节，但只要没有虚无到自杀，没把自己彻底虚无掉，一旦时间长了，就是漫长的不能承受之轻。肖鹏应该是能理解这一点的。

如果作者要打掉小说的"真实感",那自我揭伪,可能就不是无聊

傅小平: 熟悉你写作的人都知道你注重文体创新,《修改过程》也不例外。这方面评论界已经有一些探讨,说到这是元小说写作之类。说实话,我到现在也不是很清楚文体具体指的什么,只是感觉在语言之外,结构应该是文体一个很重要的面向。一种说法认为,在小说五要素里面,只有结构还有不少的创新空间。但也有一种观点认为,结构只是小说最表象的部分,最没有创新之处。

韩少功: 这很难说,要看作者想表达什么,怎样才能最充分地表达那个什么。文无定法,因人而异,因题材、情绪、读者条件等而异。比方说,这本书里用了一些"穿帮"和"出戏"的伎俩,写一次雷击,打得停车场上一片哇哇哇地自动报警,然后作者交代这是移花接木,故事现场并没有雷。又比如,写一个人匆忙出操,把皮鞋踢飞了,射出一条抛物线,砸到谁谁谁的头上,然后作者交代,这个细节也是挪用的,在这里临时拼装,您就凑合着看吧。如此等描写可能都有些无聊和多余,不这样写也完全可以。但如果作者是要打掉小说的"真实感",那么这种自我揭伪,可能就不是无聊。当然,伪不是真,揭伪是不是就真了?这相当于有两种作者,一个作者说:我说的都是真的,请各位信我。另一个作者说:我说的其实不一定对,你们姑妄听之。比较一下,哪一种态度和策略更合适,更能获得读者信任?这是一个有趣的问题。

傅小平: 具体到这部小说,另外一个比较大的创新,是你用了戏中戏的结构。

韩少功: 我受了传统曲艺的启发。曲艺里常有这种入戏、出戏的穿插,这方便于剪裁,省去一些过程交代。开个玩笑,我大概可以凭这个小说加入曲艺协会了。

傅小平：这样的结构，也让你省掉不少笔墨吧？譬如说，这部小说里，肖鹏要正面写马湘南的话，就需要很大篇幅。但你让一个律师来帮他总结马湘南，那在不大的篇幅就概括了。这么一想，我觉得你的长篇大体看篇幅都不长，也或许是你有意要省掉一些笔墨。但换句话说，能把长篇往长里写，也是一种本事。

韩少功：现代人很忙，要读大砖头那样厚的书不容易。德国学者顾彬说得比较极端，说长篇小说的时代已经过去了。这个倒不一定。尽管大长篇耗时成本高，但我相信还是会有的。

傅小平：说到结构创新，你打破了首尾呼应的圆形结构。譬如《日夜书》里一开始没写贺亦民这个人物，到小说结尾，他却成了大书特书的人物。这部《修改过程》从陆一尘写起，到了后来，这个人物就不大出现了，戏份很少。当我回头再看小说的时候，就感觉他仿佛只是肖鹏小说里的一个虚构人物。在这一点上，应该说，你打破了我的阅读期待。这是有意为之的吗？

韩少功：有些人物有头无尾，有些人物有尾无头，没有前后呼应，这的确不太符合小说的常规。但我们每个人的生活，可能都有这种残缺，缺三少四，七零八落，天下事不了了之。这才是生活的真实原态。我理解和尊重美学常规，但也愿给小说多留一点"毛边"，或粗加工、半成品的痕迹，接近回忆录的散漫自由。这是我个人偏好，可能没什么道理。把小说里的生活剪裁得整整齐齐，结构上也起承转合，严丝合缝，特别圆满，会损失一些真切感。欧洲小说脱胎于古代戏剧，通常是用这种单焦点、封闭化的结构。但中国小说传统不一样，它脱胎于散文，像《史记》中的纪传体，大多是说到哪算哪，"信天游"，《十八扯》，

《清明上河图》那种，好像也不妨碍人们阅读和理解。

傅小平：你这样写人物，可能会为你得来两个极端的评价。一是，你善于移步换景、闪转腾挪，拓宽小说的表现空间。另一是，你很少写贯穿始终的人物，说明你不怎么擅长写长故事。

韩少功：《修改过程》编辫子还算是编得蛮紧的。但自己的习惯一时改不了，得失都在其中吧。

傅小平：你的小说里很少有核心人物，也很少有贯穿到底的故事线索。这一般来说会让小说缺乏一种一气呵成的完整感。但你的写作不同，可能是因为你擅长细节刻画，虽然你写的是人物群像，但其中很多人物都让人印象深刻。

韩少功：要收要放，都得讲究分寸，一个长篇保持在十来个人物以内，大概是比较合适的容量。三两个主要人物的故事，最好能基本完整。有的同行，在一本书里写出上百个人物，好比满汉全席，一百个菜，你吃了这个就忘了那个，到最后吃串了味，可能过于冒险。现在也很少有作家列什么人物表，帮助读者忘了的时候去前面翻一翻。

傅小平：你写小说，有列提纲、列人物表的习惯吗？

韩少功：一般会有个提纲，但最好的情况，是你写着写着就大大突破了提纲——那是好事，应该高兴，说明你进入状态，有新的想象喷涌出来。

傅小平：你给小说里的楼开富、史纤安排 AB 两种命运，是一开始就想好的，还是写着写着想到的？另外，像马涛和马湘南分属《日夜书》和《修改过程》两部小说，也可以说是同一个人物的 AB 面。这是很有意思的一种实验性写法。但要我钻牛角尖的话，我还是为一个人物的 AB 两个面向，何以会如此判然有别，感到疑惑和不解。因为从生活常理来讲，我们回忆一个人，可能会在某些细节上有出入，但对他的大体印象还是比较确定的。所以，你写一个人 AB 面区别这么大，是出于戏剧化表现手法的运用，还是在生活中见过类似的现象？

韩少功：我经常感慨，我们人生的角色和轨迹，并不是非此不可的。一个很小的偶然因素，就可以让我们的道路完全改变。拿楼开富来说，AB 章里都写到他妻子患先天性小脑萎缩。如果这个病早发几年，A 章就成立了，他老婆不可能通过体检，一家人就出不了国。要是晚发几年，B 章就完全可能，一个小官迷，在国外那种生存环境里，倒完全可能走到自己原先极力反感的政治对立面。这种不确定性，出于我平时对不少熟人的猜测和想象，写到楼开富身上，就成了这样子。

在一种自我中心的时尚风气之下，很多作家的世界永远丰富不了

傅小平：感觉你很注重人物的性格逻辑，你在写作过程中，会不会在这上面反复推敲？

韩少功：江山易改，本性难移。性格即命运。……这些老话都值得体会和重视。写人物性格，应该说是作家的基本功，是小说创作的入门。

傅小平：我倒是觉得，作家要写好人物，不只得掌握写作技巧，还得有相当的阅历。换句话说，作家看透人情世故后，才会跳出自我，也更懂得设身处地。

韩少功：对，积累这种阅历，首先需要一种关心。因此能不能把人写活，首先是一个态度问题，不是一个技术问题。有些作家能写好自我，包括写好与自己同类型的人物，但一旦写到自我之外，写男女老少都不像，写雅俗贵贱、士农工商都只是些轻飘飘的影子。为什么呢？因为他们平常根本就不关注那些人，连自己的父母都不关注，连自己的邻居都不关注，到时候拿什么来写？可惜的是，在一种自我中心的时尚风气之下，很多作家的世界永远大不了，丰富不了，写到哪里都是重复的自我独角戏，穿上了不同的衣装而已。

傅小平：怎么说呢，人是有惰性的，作家也不例外，他们即便有好奇心，要不是外界环境驱使，也宁可待在自我的小安乐窝里面。相比而言，你们这一代作家有特殊性，在青少年时代，很多社会大事件，尤其是上山下乡运动，都与个人命运休戚相关，即使你们想自我也没机会，社会形势迫使你们关注周边的世界。

韩少功：或许有那么点关系，我不知道。知青当年是弱者，一些小草，随时都可能被什么大脚印子给踩死，所以活得格外小心翼翼，危难中的神经也特别敏感，会更多关注他人和社会一些吧。

傅小平：我注意到这部小说的人世变迁，是在时代转型大背景下，一个很大的时间跨度里展开的。而且有时在同一个章节或几个段落之间，你也会让人物在过去、现在乃至未来之间闪回、跳转。我好奇的是，你很少用"他回想起"之类的修辞，却不着痕迹地完成了这种转换。

韩少功：没仔细想过这个问题，怎么顺手就怎么写了。我只是觉得，拉开一个历史跨度，相当于有了近景聚焦，还有了中景和远景的变焦，可能更容易看得清楚一些。

傅小平：有些写作是时间的礼物，它只会在我们生命中的特别阶段生成。当然这部小说，你说它是"不着痕迹"，其实是处处留有痕迹。包括你让小说结构露出"破绽"，还有书出版后新增的附录二，特意点明第一章肖鹏在陆一尘的干涉下，把待发表的涉及陆哥真爱小莲的一章删除了，而现实生活中，退役的举重运动员小莲其实是肖鹏的护士。所以书名里的"修改"俩字是有深意的。

韩少功：这部小说其实还有个副主题，就是对小说本身的认识。这就像我们透过镜片看风景，你也需要了解镜片是怎么回事。我们透过平镜、凹镜、凸镜、棱镜，看到的风景是不一样的。换句话说，任何客观都是要被主观不同程度"修改"的，这是另一重"修改"。所以，小说打一开始就绷紧镜片和风景的紧张关系，第一是认识什么，第二是对认识什么的认识。这需要两头出击，还不能落入虚无主义。一个小莲，在小说中被删掉了，但又在现实生活中冒出来了，大概形成了一个暗喻，提醒读者注意"真"和"假"的双重风险，在双重风险中寻找那么一点点真。

傅小平：书名"修改过程"，虽然主旨很明确，但太缺少诗意了。这个书名是你一开始就想好的吗？在出版过程中，是否经过斟酌？

韩少功："红楼梦"很抒情吧，"石头记"就很直白，显得拙。究竟是哪个书名好，不妨见仁见智。

傅小平：在小说里，你要了一个花枪，你让一个叫蓉儿的女孩给肖鹏写邮件，建议他给这部小说取名"修改过程"。

韩少功：实际上，我早就想好了这个书名，在电脑里存了"修改过程"四个字，底下什么内容都没有，一存就是十多年。我觉得，这四个字作为小说书名挺有意思，没想到这次就用上了。

傅小平：这也算是"主题先行"吧。

韩少功：叫书名先行也行。"爸爸爸""马桥词典"，那些书名都平实，都拙。"山南水北"算是比较诗意一点，但这样的书名对于我来说不多。我还是喜欢朴拙、平淡。

傅小平：我还是更喜欢你以前那种有着充沛诗意的表达。我感觉从《革命后记》开始，你这种诗意或者说诗性的表达就越来越少了。但我又不得不承认，体现在这部小说里，你这种缺乏诗意的表达，又恰恰是最具有时代感的。我不确定你是不是为了准确描摹当下这个时代，有意运用这样比较粗糙，又带着点泥沙俱下的感觉的语言。那你怎样看你之前作品语言里充溢的诗性？我还想问的是，在你看来，文字诗意与否，是否和时代构成某种同构关系？

韩少功：诗性这个东西，怎么说呢，我们看相声就知道，说相声的人，越是讲到好笑的地方，越不能笑，得绷住；越是到了煽情的时候，自己越不能哭得稀里哗啦，倒是该特别平静，甚至冷峻。这里有一种美学上的辩证关系。在另一方面，诗意因人而异，没有统一的品格和标准。有人觉得粉色很诗意，有人觉得大黑大白才够诗意。有人看见小花会流泪，有人看见枯藤才会流泪。更进一步说，任何时代都有诗意，冒出唐诗宋词的那年头，就没有苦难、血腥、贫穷、专制、庸俗、肮脏？就没有大把大把的烦心事？但那些唐诗宋词是怎么冒出来的？实际上，我经常在写作时很冲动，眼热鼻酸是寻常事。但落到文字上就得冷处理。

傅小平：也就是说，你往往在情感潮涌的时候，才进入写作状态？

韩少功： 不冲动，不可能写好的。

傅小平： 但具体到人物，写作者的情感可能要复杂一些。对自己颇为认同的人物，当然会投入很多情感。但对自己都反感的人物呢？

韩少功： 要写好一个你反感的人，也得动感情，得将心比心，设身处地，不能漫画化和妖魔化。这样做并不妨碍你的反感，倒能使你的反感更准确、更深入、更有说服力。你可能记得楼开富。如果我不理解他的家世、他的艰辛、他的委屈、他内心柔软和向善的一角，那么他就是一幅漫画，而不是一个人。你同一个假人过不去，其实很弱智，犯不着。

情怀是指你关切半径多大，对他人、对家国、对世界，有没有热情

傅小平： 这部小说从总体基调上看是反抒情的。但恰恰是一些带有抒情性的段落和情节，特别打动人。像毛小武被警察抓走以后，那条痴痴等他回来的黑狗等。从这些书写里，我就觉得或许我们对抒情这个词有误读。

韩少功： 所谓情感无非就两种，一种是悲伤，一种是欢乐。一部小说要是不能让你笑，也不能让你心酸，就失去了灵魂和温度。诗情并不都是粉色的，它有各种色彩。鲁迅写《阿Q正传》，用开玩笑的口气，老是调侃他，更说不上捶胸顿足。但你读的时候，你觉得鲁迅心里是很疼的，有一种深刻和沉郁的黑色伤感。

傅小平： 鲁迅的这种写法，可能会让人以为是一度流行的那种零度叙述，或者就是冷漠，但实际上不过是因为他写得内敛和节制，给人

这种错觉罢了。就像读加缪的《局外人》，我们都会说主人公默尔索挺冷漠的，但你还是会感到这看似冷漠里面有一种引而不发的力量。当然了，《局外人》是从开头第一句，就定下了那种看似冷漠的基调。体现在这部《修改过程》里，总体基调也有别于你之前的作品。我读的时候觉得这部小说文字有些粗粝，不像以前那么精致。

韩少功：也有评论家说这本书特别"讲究"，我也不知该听谁的。我猜你主要是指人物的语言。这么说吧，语言跟着人物走，是什么样的人物，就得用什么样的语言。这一些年轻人，一群"野生动物"，从"十年动乱"中走出来，还没好好规训就开始了校园生活。写这样一些人，你大概没法写得文绉绉，某种野性甚至粗粝恐怕难免。

傅小平：对，我想说的就是这个意思。我想到有一个特点，在你的写作中是一以贯之的，那就是融汇在小说字里行间的那种亦庄亦谐的格调。你用亦庄亦谐的语调来写这部小说，是否也有意要对过往某些知青书写的滥情，或不真实的抒情，做一个解构与颠覆？

韩少功：没怎么想过这事。

傅小平：没怎么想过，也或许说明你多少想过。反正，在你的作品里读到抒情的段落，我倒是能读到一种情怀的。这部小说里也有一个标题为"情怀党"的章节，我想是有所指的。不妨说说"情怀"这个词，对于写作意味着什么。

韩少功：情怀不是什么心灵鸡汤，不是小资的多愁善感。在我看来，情怀是指你关切的半径有多大，对他人、对家国、对世界，有没有热情。

傅小平：一个作家写作时有没有投注热情，我们是能感觉出来的。如果是写人自然看得分明，要是他写动植物，都能写出精气神来，写得出神入化，他一定是投射了很多情感。只有这样，他才能抵达那种物我两忘的境界啊。

韩少功：有没有情怀这个东西，你从文字里一嗅就能嗅出来。靠多愁善感和豪言壮语秀情怀，来一大堆形容词和感叹句，多半是假货。相反，一个作家，不管是写城还是写乡，不管是写人还是写物，一落笔就见心性，藏也藏不住。有些人，连写爱情都没心没肺的，写上好几页还是陈词滥调，天下文章一大抄，情怀在哪里？倒是有些人，哪怕是写石头、写机器这种冷冰冰的东西，也能写得活色生香，有捂都捂不住的感觉和想象。就像鲁迅说的，血管里流出来的是血，喷泉里流出来的自然是水。

傅小平：鲁迅很多话都一针见血。说到底，从作家笔下能流出什么来，除了才华，也考验情怀。我不记得从哪读到过一句话，我估计是亲历者说的，大意是，知青一代，是很有情怀的一代。不过很多作家的确自觉不自觉地把这一代人，塑造成有情怀的一代。但在时代的风云变幻中，或许恰恰是这一代人变得最为现实。我想这个转变的后遗症，在年轻一代人身上依然有所体现。

韩少功：笼统地说知青一代有情怀，是假新闻。每一代都是鱼龙混杂、泥沙俱下的，甚至每一个人内心里都有明有暗，有佛有魔。三分钟的热度，谁不会？问题是三年，三十年……真正的情怀是一种耐用品，属于长时段、长周期的。情怀这个帽子最好不要随便戴。

傅小平：所以，《1977：青春之约》里，"理想的修辞"和"世俗的语法"两节，乃至这种提法本身，应该体现了你的某些思考，你在《革命后记》里,也对这种杂糅与夹缠,做了深入的解析。

韩少功:记得《革命后记》里有个细节:有些革命电影,把国民党的生活统统描绘得灯红酒绿,纸醉金迷,美女如云,其实很夸张——那年头国民党的大多数并没那么气派,很多时候也穷兮兮,就像黄仁宇回忆的,一人三颗子弹,同样穿草鞋,生虱子,饿肚子。那么,导演为什么要这样拍?在这种夸张里,是否也掺杂了某种羡慕嫉妒恨?事实上,一些小孩后来模仿电影场景,最喜欢模仿妖艳和威风,与控诉反动派没什么关系。"理想的修辞"和"世俗的语法",打一开始就暗中纠缠。只有一些书生,才会把历史看成一个高纯度的过程。

傅小平:在这一点上,倒是需要文学发挥一点解构的力量。

韩少功:文学的好处就在于,可以用小指头捅破伪装,通过一个细节,把事物的这种复杂性表达出来。在很多时候,理论家做这事倒很费力,很麻烦,绕口令式地说一大堆概念,还不一定说得清。以前有些人批评我,说我写的东西不够鲜明,不够尖锐,不解气。我总是怀疑,很多解气之作失于简单化了。在某种意义上,我更愿意对那种"鲜明"表达鲜明的不同意,对那种"尖锐"表达尖锐的不服从。当年不少伤痕文学,解气是够解气,尽管情有可原,尽管有一定的积极意义,但留下了思维方式的一根筋和图解化,不是什么好事。

傅小平:受时代影响,有些作家习惯于黑白分明地表达,哪怕他们明白生活不是这么回事,也做不到"我手写我心"。但也有一些作家是受利益驱使,向市场妥协。为了让人读着解气,把人妖魔化,不也是一种妥协吗?

韩少功:是这样,作家很容易对市场、对舆论、对评论家妥协。这里又可两分,一是国内的接受空间,二是国外——特别是西方国家的接受空间,都可能形成压力和绑架。

非虚构在严格意义上也是虚构或半虚构

傅小平: 在这部小说里,你引入了网络小说的框架。当然,肖鹏写的所谓网络小说,与当下最具典型性的网络小说是两回事。他不过是用了网络这个媒介而已。我读材料也看到你原想把这部小说写得更接近网络小说,只是最后放弃了。

韩少功: 早期的网络小说实际上与纸质出版物差别不大,像《成都,今夜请将我遗忘》,获过奖的网络小说,其实与传统小说差不多。进入新世纪后,穿越、玄幻、宫斗、仙侠等题材在网络上爆炸,才有资本的进入,才有新一代的网络文学。肖鹏到底是用网络还是用纸媒来连载小说,这个在技术上处理不难,无可无不可。但文学的产业化问题,确实在这本书里有所涉及。两个串场人物,都是肖鹏的学生,一个是网络小说大神,另一个是研究生,追随潮流投奔文化产业的热门课题。他们让肖鹏这个老师很不适应。

傅小平: 我觉得你要能让小说里惠子与肖鹏争论一下"文化产业化"的问题,挺有穿越感。在惠子生活的那个年代,或许还不存在这样的问题吧。当然,他们围绕"文学能多大程度地呈现真实"这个议题展开争论,也挺有意思。有人也许会说,非虚构写作能最大程度呈现真实啊。但恰恰是在能否呈现真实上,非虚构受到很大的质疑。且不说有些非虚构写作者杜撰真实,严肃的非虚构写作,也未必能不带偏见写出眼下丰饶多面的现实。你对当下非虚构写作有何判断?

韩少功: 非虚构,在严格的意义上也是虚构,至少是半虚构。提倡新历史主义的海登·怀特说过，史学其实是文学。虽然说得很极端，却也有启发性。"名"和"实"可以相近和相似，但不可能达到百分百的契合，不可能等同。档案就是真的吗？回忆录就是真的吗？不一定。哪怕一个人特别真诚地写日记，也可能误解自己，欺骗自己。正是在这个意义上，非虚构写作也是一种"名"，"名"不一定副"实"。《三国志》和《三国演义》也都是"名"，只是两相比较，虚构成分有多少之分，有深浅之分。history 离 story 并不太远。换句话说，人类在逼近彼岸的认识上，既不能虚无和无所作为，也不能狂妄，不能把话说满，不必把日记、档案、回忆录一类东西，当作通向彼岸的捷径。

傅小平：从这个角度上讲，"非虚构小说"的称谓有其合理性，它相当于承认了，非虚构里也包含了虚构，不是有更高的可信度吗？不过国内读者似乎更能接受，虚构的归虚构，非虚构的归非虚构。而不是一部作品冠以"非虚构"之名，还从根本上摆脱不了哪怕是极小程度的虚构之实。像纪录片或是一些音频资料等，严格说来不也是非虚构吗，这样的记录方式会不会更能反映真实呢？想想也未必，作者主观意识介入，就一定会带有成见或偏见，但要没有主观意识的介入，事物本身都得不到认知和反映。这是一个悖论吧。

韩少功：影像是视觉的延伸，音频是听觉的延伸……这些都是有助于人类的好工具。严格地说，这些工具能增进感知，但也不能完全避免失真。我在《暗示》那本书里就说过，电影院里的战争场面，哪怕是纪录片，与实际战场上的腥风血雨，哪是一回事？如果是一回事，观众还敢进电影院？在这里，再现真实的最大难点，是在视觉、听觉之外，味觉和嗅觉都不好办，触觉就更不好办，其信息的采集、储存、传导、复制等，几乎还无法想象。大数据看来也帮不上忙。现在的大数据还相当幼稚。有些电商依据大数据向我定点推送广告，在我看来就特别可笑。他们统计我，定位我，读我的心，但一大半会读错。

傅小平：虚构、非虚构之辨，关系到人的认知问题。肖鹏在与惠子的对话里谈到文学是一种把"事实"转化为"可知事实"的基本工具。你说的"可知事实"的"可知"两个字是有所指的。你还说，我们必须依靠文字和文学来支撑我们对世界的认识。由此可见，你特别看重文学的认识功能。我觉得这里面还包含了一个问题，亦即什么样的文学，能真正提供给人这样的认识功能。

韩少功：我区分"事实"与"可知事实"，是针对比较极端的主体论。像维特根斯坦所说，对于那些我们不能谈论的，我们只能沉默。海德格尔也有类似表达，说人类只能在语言中安家，世界即语言。我愿意比他们多说一点，就是说，在语言不能抵达的地方，在无"名"的黑暗里，并不都是 nothing。人们至少可假定另有一些事实存在，可望逐步纳入语言的覆盖区和显影区。撤除这个假定，人类几千年的认知史就会变得不可理解，语言和知识就会被神化，其有限性反而会被遮蔽。

傅小平：你有没有可能高估了文学的作用？文学让人有认知功能，哲学等其他学科，甚至仅是图像，也可以提供这样的功能啊。

韩少功：在英语世界里，文学的概念非常宽泛，广义的 literature 不单指文学，还包括所有文献，几乎涉及所有学科。其实中国先人理解"文"，定义"文"化和"文"明，也差不多。

傅小平：我有时也疑惑，认为文学有这样那样的功用，会不会是作家的一厢情愿。以拓展知识面的角度，如今大量资讯就可以让人开眼"认识"这个世界，"认识"事实。我看近几年的中国人读书报告显示，中国人年均阅读量，一直在五本上下徘徊。那我想有人或许会反驳说，不读书本又会怎样，我们不也在手机上网络上阅读、学习很多东西吗？

网络时代的所谓阅读，的确是更复杂了。

韩少功： 你一下就落到具体的问题上来了。具体问题就得具体分析，这与哲学里说的认知机制不是一回事。广义的文学，包括道听途说，包括说书、戏曲、视听材料等，与阅读数据关系不大。日本朋友告诉我，他们那里数据高，但包括太多的动漫，太多的名著简写小册子，学生和教授应付功课时最喜欢的那种。这些都需要具体分析。

傅小平： 所以，关键问题不在于你读了多少书，还在于你读后吸收了多少。福楼拜说过一句话，大意是谁要能熟读五六本书，就可以成为大学问家了。即便这样，还得问问我们有了学问之后，有没有可能让学问发挥真实的效用。

韩少功： 文学是文化的一部分，当然有作用，否则就不会有市场，我们也不会在这里唠叨这么多。但我也不赞成夸大这个作用。这对于哲学、法学、史学、艺术、宗教，甚至科学来说，其实也是一样的。几千年下来，文学影响过很多人，特别是青少年，甚至引发一些历史事件，但总体而言，人性的表现形式有变化，人性的弱点和风险却大体上一如既往，该贪污的还是贪污，该杀人的还在杀人，似乎是一个恒量。文学以及其他学科的价值，也许不在于实现世界的完美，而在于阻止这个世界变得更不好。

深知识只可能来自实践

傅小平： 我记得《革命后记》发表的时候，有人质疑你有强烈的精英意识。但实际上你对精英意识是有深刻反思的，在这部小说里就体现了你的反思。

韩少功：精英是什么？有钱人？成功人士？高学历者？……这个概念很笼统，比较粗糙。学历教育当然重要，但"纸上得来终觉浅"，陆游说的。书本和学校只能提供浅知识，即间接知识。这对于人类来说当然必不可少，因为一个人没法对所有事情都亲力亲为，必须借助大量间接知识。不过，深知识，即直接知识，真正能进入骨血的那种，只可能来自实践，靠书本和学校以外的知行合一。在这个意义上，精英如果说是有价值的话，那就在于他们最乐于、最善于实践，包括向实践的同行学习，向工人、农民、商人、科学家乃至三教九流学习。眼下有一种莫名其妙的"文凭崇拜"，动不动就夸谁谁谁"受过完整的良好教育"，无非是把名校挂上一堆。西方同样如此，比如经济学是特别精英化的一个领域，数理工具运用得最好的社会人文学科，一般人根本混不进去。对全球性的经济危机既没及时预警，也迟迟找不到有效的对策。这是否值得精英们反思一下？

傅小平：我也在想，怎样才算是精英？作家，尤其是那些有一定影响力的作家，能不能位列其中？或者"精英"这个词本身，已经包含了社会关怀的一面？但有不少作家，恐怕也只是关注文学这点事，再说文学已经是个很宽阔的领域了。

韩少功："功夫在诗外"，如果诗人们只读诗，散文家只读散文，肯定营养不良。作家不宜偏食，最好是杂食。

傅小平：但一个作家杂食了，兴趣广泛了，也可能使得他的写作没那么聚焦。要是一个作家有强大的思想能力，或许就能把一些分散的碎片融会贯通，从而使得写作显现出一种整合性。在你看来，有思想能力，是不是很重要？

韩少功：那要看做什么。作家是多种多样的，像写田园诗、爱情诗、儿童诗……也许不必太懂哲学和历史。如果做评论，思想能力当然是首选条件。

傅小平：我不确定国内文坛对昆德拉的争议，是不是也因为他太重思想表达，太热衷于议论了。我记得，昆德拉作品刚引进出版那些年，几乎是一片叫好声。但近些年，我先后听到有多位作家不约而同认为，昆德拉只是个二三流的小说家。你的创作深受昆德拉影响。你现在对他有没有什么新的见解？

韩少功：我对他没有新的看法。要说的，以前都说过了。总的来说，他还是一个不错的作家，不一定是全能选手，但有些单项指标可得高分。

傅小平：我们有时也会笼统地认为，好的文学作品，应该有很高的原创性。但原创性到底是什么，包含了哪些方面，又是很难说清楚的一个问题。

韩少功：原创性这个东西，谁都没办法量化。你说，唐诗宋词经常化用前人的典故，是有所继承的。四大古典文学名著中，《西游记》《三国演义》《水浒传》都有前身，有民间传说打底，在很大程度上，是集体接力的结果。但原创性这东西，大家心里都有杆秤，混是混不过去的。白先勇比较《红楼梦》的几个版本，就很有洞见和说服力。这就是说，经过几十年、几百年的沉淀，回头一看，一切都水落石出。一个出版集团的老总还告诉我，国内当代得过大奖的作品，眼下80%以上都没法再印，没人读，没人议论。这不才一二十年吗？怎么就淘汰得这么厉害？可见，要判断原创性什么的，最好还是交给时间。一个作品刚发表，就去速断速决七嘴八舌，可能不大靠谱。

傅小平：那关于"寻根派"的讨论，是不是也是扯淡的讨论？对于"寻根文学"代表作家的标签，我记得你做过一些辩解，认为这样的论定简单、狭隘。

韩少功：大家都有说话的权利，争议完全正常。我猜想这方面的争议还会有续篇，因为牵涉到中西文化比较这个大题目，取得共识一时很难，有些话只能以后再说，慢慢说。按照钱穆先生当年的意见，拿中西双方来比较，要想心平气和深思熟虑地比，须等到双方经济水准接近了再说。他说得不无道理。因为西方率先实现工业化，中西比较一开始，就无奈叠加了古今比较。在我看来，前者是指地缘文化，比如宜牧相对宜农，奶酪相对豆腐，是多元格局的横坐标。而后者则是指迭代文化，比如铁器取代石器，汽车取代牛车，是趋同路线的纵坐标。把两个维度拧在一起，拿高度和长度编辫子，当然只能七嘴八舌拎不清，还动不动就来情绪、冒火气、脸红脖子粗。我们最好还是听钱先生的，再等一等看。

傅小平："寻根派"这个标签，或许没什么意义。但当时寻根派警惕一味西化，主张到民族文化传统里去"寻我们的根"的思想，至今还有价值。

韩少功：如果没有全球视野，没有对包括西方在内的世界文明成果的充分汲取，这个本土的"民族文化传统"也看不清，深入不了。因此，继承传统的真义，是我们重新发现和创造一个传统。这是另一层道理，好比我们不知道男人，很难知道女人是什么；没有经过白天，很难理解夜晚是怎么回事。

李 锐

我唯一的希望是能诚恳地写作

李锐,1950年生于北京,祖籍四川自贡。

著有长篇小说《旧址》《无风之树》《万里无云》《银城故事》,小说集《厚土:吕梁山印象》《太平风物:农具系列小说展览》,思想随笔集《拒绝合唱》等。作品曾先后被译成英、法、日、德、荷兰文等多种文字,获法兰西文学艺术骑士勋章等多种奖项。

文体创新并不是问题，问题是不要把创新变成创新迷信

傅小平：有抱负和追求的作家，大多有较强的文体意识，所以都特别注重形式的创新。这也造成了一种不好的倾向，文体创新被过分抬高，"写什么"的问题却被搁置了起来。这种创新的焦虑，固然让作家在形式上免于自我重复，很多时候也会导致其对某一领域浅尝辄止。以创新之名，可能带来的是对历史和现实的漠视。在这一点上，我觉得你的写作是有启发的。之所以这么说，是因为在这方面，你基本没有走过极端，也可能是你对文体创新始终有所警惕。总体上看，你的小说在"怎么写"和"写什么"的路径上，保持了某种平衡。

李　锐：大音希声。希到极处就无声了。即便是无声，也一定要有"有声"和它对照才能存在。文体创新不是问题，问题是不要把创新变成创新迷信，更不要因为创了新就把自己摆到高雅无比的象牙塔里自命不凡。自命不凡的结局就是无人问津。

傅小平：是不是我们对文体创新一直存在误读？从文学史的经验看，文体创新往往源于时代的转折，它暗含了观念的变革，而并非只是包含结构安排的新颖化、语言表达的陌生化、情节设计的离奇化等内容。也就是说，文体创新的背后，其实都有不得不做如此变动的理由。但看当下的很多写作，你会发现这种理由是不存在的，某些故事或许循规蹈矩地娓娓道来，更有其可取之处。

李　锐：文体创新从来都是和观念变革联系在一起的。发现了原来的世界的狭隘性、虚假性，就一定要再来表达、描述一个新世界；这有点像是用天文望远镜观察宇宙，不同的工具，所看到的是完全不同的世界。看到外面的世界无穷大、无穷变，就回到内心。结果发现内心世界也是无穷大、无穷变。人就在这个困境之中来回地纠结，于是，就纠结出了无穷多的想象，这些想象被留下来，不是因为它们完美、正统，而是因为它们有无穷的缺陷和遗憾，于是就激起了后人无穷无尽的弥补和创造。这就是我所看到的艺术史的动力学。

傅小平：就当下的阅读潮流而言，反映真实历史事件的写作，其实并不讨好。在一些读者看来，要真正了解历史，还不如读纪实作品；要娱乐消遣，读纯虚构的作品，比如穿越、盗墓之类的小说，或许更能给自己带来天马行空的阅读快感。可以说，这是一个严肃写作者面临的两难困境。

李　锐：在了解历史和娱乐消遣之外总还有人有其他的精神需求。我从来就不梦想自己写的小说要给所有的人看。

傅小平：在一些随笔文章，还有公共场合，你都强调文学创作的严肃性。这种严肃性，固然能显示你对创作的认真执着，但也有人认为是一种高姿态。这种写作姿态，与当下流行的图书市场似乎是相背离的。即便是那些曾经追求过崇高的作家，现在也习惯于说写作只是写着玩。他们认为，好作品是把玩出来的，而不是冥思苦想、正襟危坐写出来的。我想，到了80后、90后这批写作者，他们的写作，多半不再有那种沉重的使命感。

李　锐：文学本来就是多种多样的。还有就是不要太关心潮流，不要太关心别人怎么样了。有人愿意浑身舒服地顺流而下，那是他的选择。这个世界从来就不是专门为了文学才存在的，文学从来都是在风霜雨雪、污泥浊水中生长出来的。至于大家现在都爱炒的80后、90后、文二代，原本就不是文学话题。报纸上总得热闹才有人买。为了不给人炒作的话题，我就不要评价他们的写作了吧。我们这些"老作家"，当年不也都年轻过吗？不也都和当年的老作家们在文学观念上有很大不同吗？谁都会年轻，谁都会老，都会死。还是那句老话，太阳底下无新事。关键不在老还是年轻，也不在观念新还是旧，关键是看能不能写出好作品。两千多年前的屈原对于我们是何其老呀，可那又是何其的瑰丽、飞扬啊！你能说他的诗不好吗？你能说他的观念陈旧吗？屈原写诗的时候，既不是为了发表，也没有什么图书市场，他甚至根本就不可能知道两千多年后，有人会这样衷心地赞美他。对于写作者来说，除了写出好作品，别的都不在话下。

被市场专制是可怕的，为了销售量而娱乐至死也是可怕的

傅小平：通常意义上的纯文学，必然包含了严肃的精神内核。然而，从现在整个图书市场看，那些最受欢迎的小说，往往特别注重没有任何担当的游戏精神。马原声称，传统意义上的小说已经死亡。当然，他这个说法，其实还预设了一个前提，所有的小说作者都是面向市场写作的，作家创作的小说，如果暂时找不到相当的读者，就被归入"死亡"之列。作为一个对文学有自己坚持的作家，对近年来屡唱不衰的"传统文学死亡论"你有怎样的理解？

李　锐：这个问题已经是老生常谈了吧，自从尼采宣布"上帝"死了之后，大家就跟在后面"死"来"死"去的，先是"人死了"，后是"作者死了"，再后是"文学死了"，什么都"死"光了之后，第二天早上太阳照样还是升起来，还是看见了那个大家都活着的世界。小说作者不是从今天起面向市场的，起码中国的小说作者从话本时代，从唐宋传奇、

"三言二拍"的时代就面对市场了，尤其到了明代，随着造纸术、印刷术的提高，随着读书人口的扩大、市民趣味的普及，中国的坊间书肆，中国的图书市场、书画市场是极其繁荣的，那几乎可以称作文明普及的黄金时代。

写了小说被拿到市场上去卖，和专门为了市场销量写小说是天壤之别的两件事。当"码洋"明星，做市场奴隶，和卖洗衣粉没有什么两样，都是合法生意、辛苦挣钱，也不值得大惊小怪。因为明朝的市场上也买卖糖酒烟茶、日用杂货，那并不能阻挡中国古典文学四大名著里的"三大"产生在明朝。从某种意义上说，正是明朝那个"通四海""达三江"的广阔市场，培育、传播了《三国演义》《水浒传》《西游记》和肉欲横流、花天酒地的《金瓶梅》。要知道这些个"劳什子"都是和中国"传统文学"格格不入的洪水猛兽，它们一次又一次地遭到批判、查禁，却一次又一次地"春风吹又生"。

在我看来文学和任何事物一样，从来就不是一成不变的"传统"，文学总是在新旧更替、文本转换中生机勃勃地存在着，总是在污泥浊水当中长成参天大树。

傅小平：对图书评价中"市场至上"的观念，你认为是否需要保持必要的警惕？

李　锐：被市场专制是可怕的，为了销售量而娱乐至死也是可怕的，但是市场本身并不是妖魔。有位评论家曾经在一个文学研讨会上说，任何文学书籍销售超过两万本就是可耻的。我不知道这个"两万本"数字的统计依据是什么，也不知道为什么一万本就不可耻。但可以看出来，这肯定是一个以市场为敌的极端态度。其实，我们的难题不只有"市场专制"。在金钱和权力的巨大剪刀中间精神溃烂、精神侏儒遍地，这才是我们真正的困境和难题。

傅小平： 我同意这样的观点。对市场或者说经济的过分关注，转移了我们的视线，让我们有意无意忽视了很多其他方面的问题。体现在写作上同样如此。码洋、销量、影视剧的改编，及围绕谁将出演男女主角的猜测等，成了讨论的热点，作品本身却成了被遗忘的布景。悖谬的是，媒体通常也是从市场角度，拿你和你女儿笛安来做比较的有些新闻挺耸动的，认为笛安在文学上比她父母成功。理由是，笛安的新书销量更好，关注度更高。另外，像苏童等不少名家都给了她很高的评价。你怎么看这样的比较？

李 锐： 正如你所说媒体和新闻是要求"耸动"的，不耸动毋宁死。但是一"耸动"起来，就容易和真实相去甚远。笛安的书的销量是比她爸妈都要强，要多很多倍。据我所知给笛安很高评价的不只有苏童，还有别的很著名的作家。所以说，看笛安的小说，不要以销量来评价，还是看看她写出了什么和别人不同的内容，看看她在文学上表达出什么别人没有表达的东西，看看她给了你什么样不同于别人的阅读感受。

傅小平： 对笛安在文学创作上的成绩，你如何评价？

李 锐： 笛安很善于把凡俗琐碎的生活写得荡气回肠。而且，她有留学国外的经历，这不单在个人经历，更在审美趣味上给了她迥异他人的特质。这种经历和眼光，正成为中国新一代作家更广阔、更复杂的国际化背景（我想强调的是，现在的"国际化"，已经越来越用不着必须走出国门了，中国已经越来越成为国际化的重要组成部分），或许，就传统文化的传承来看，这又是他们与我们相比更大的缺失和局限。当然这只是指大的社会背景而言。具体到个人，我真的遇到过阅读量惊人的80后年轻人，我说的阅读量是指对中国古代典籍的阅读量。

傅小平： 很多奖项其实并不看重市场，而是坚持纯文学的标准。特别是诺贝尔文学奖,有时更倾向于颁给创作上成就斐然,但还没被过度关注的作家。国内对诺奖一直有一种"影响的焦虑"。因为汉学家马悦然的偏爱,你一般被认为是"最接近诺贝尔文学奖"的作家。这个称谓让你更受关注的同时,大概也给你带来了一些困扰。

李　锐:媒体上的"耸动"从来没有给我带来困扰,因为我不看、不听,也不相信"耸动"。马悦然教授是比较喜欢我的小说,他已经把我的三部长篇和一部短篇集《厚土:吕梁山印象》翻译成瑞典文出版,这是事实,但也仅此而已。世界上只有获得诺贝尔文学奖的作家,从来就没有"最接近诺贝尔文学奖的作家"。这样的话题耸动一次两次也就够了,反复耸动没意思。

傅小平:这就难为媒体了,因为写报道都要找新闻热点,在没找到新的更耸动的话题之前,就得在一个老话题上反复"耸动"了。而对于读者来说,其实经由反复,才能加深印象。就好比评论家,他们发明种种概念,很多时候是出于从理论上阐释某些现象的考虑。而且,标题式的概念显然也更容易被读者理解和接受。比如,评论家习惯用代际来划分作家,自然有其道理。不同时代作家的写作,在思想观念和表现内容等方面,的确会有大的差异。大体看,50、60、70年代作家还比较相近。到了80、90年代这一拨,与前辈作家相比,就会有比较大的差别。我们知道,你和蒋韵合著的《人间》,由郭敬明再版,你跟80后作家群体,会有一些交流。那么你对他们有什么印象?怎么看待流行的代际观念?

李　锐:我从来不觉得80后、90后是文学话题。按这个说法,不知道该把曹雪芹和李白、杜甫算到几"0"后?这个世界上到目前为止,只要是人,大部分都要生孩子,孩子一天天长大,自己一天天变老。即便不生孩子,也会随着年龄增长而不可阻挡地变成"父母辈""祖父母辈"。长辈总是希望晚辈进步,总是希望晚辈比自己强。如果不幸真的是"一代不如一代",那到头来"人"也就真的离死不远了。80后一眨眼就三十岁,青春真是个最靠不住的东西。记得当年好像是钱玄同先生曾经放过一句狠话,大意是人过了四十岁就该枪毙,可话音刚落,就到该"枪毙"他自己的时候了。不只青春靠不住,年龄也靠不住。我对80后作家没有群体性的接触和了解,更没有深入、广泛的阅读,所以不能做出判断。在我看来,无论年轻还是年老,唯一的判断标准还是要看你写了什么作品。"革命尚未成功,同志仍需努力。"大家还是不分老幼、不论辈分好好写小说吧。时间从来留不住,一眨眼就没了。就在此时此刻,就在我们闲谈、吃饭、睡觉、散步的浑然不觉中,这个世界上正不知有千百万的新人类,从母亲黑暗、温暖的子宫里骤然降生到人世间;也正不知有千百万陌生的生命回到永恒的黑暗之中。生死转瞬,有如沙尘落地,落下的是生命,掩埋的也是生命。

傅小平:迄今为止你的创作,大多聚焦农村、农民,还有就是历史题材。在以后的创作中,是否会有新的转向?城市化写作,或许是将来写作的一个趋势,和你同辈的一些作家,也一直试图在这方面做出自己的探索。在这方面,你有什么样的考虑?对未来的写作有怎样的期许?

李　锐:这和每个人的经历、命运、爱好有关,和"趋势"无关。曹雪芹时代的趋势是科举至上,可他就是反科举、反趋势,就是沉浸在自己的女儿国里不知今夕何夕。幸亏曹雪芹反趋势,不然的话我们到哪里看得到千古绝唱《红楼梦》?我对自己没有什么期许,甚至连越写越好的期许也没有。到了这个年龄,就知道所谓"越写越好"是一句假话。因为随着年龄增加,生命感悟不一样了,"好"的标准也就变了,现在唯一希望的就是能诚恳地写作,如此而已。

李佩甫

现在还不是谈"伟大的中国小说"的时候

李佩甫,1953年生,河南许昌人。现为中国作家协会全委会委员,河南省作家协会名誉主席。

著有长篇小说《生命册》《羊的门》《城的灯》《平原客》《河洛图》《等等灵魂》《李氏家族》《城市白皮书》等十余部,中篇小说集《黑蜻蜓》《无边无际的早晨》《钢婚》《田园》等多部。部分作品被译为英、俄、日、韩文等多种文字。曾获茅盾文学奖、人民文学奖、"五个一工程"奖、庄重文文学奖、飞天奖、华表奖、施耐庵文学奖等奖项。

平原是生我养我的地方，是我的精神家园，也是我的写作领地

傅小平： 读你的长篇新作《河洛图》，以及《羊的门》《平原客》等，我都在想，相关题材要是换成功力稍逊的作家来写，很有可能会写成眼下习见的类型小说。因为这几部长篇也无非写商场、官场、职场，以及家族、反腐等。当然，《城的灯》《生命册》等虽然写到相关行业或领域，但相对复杂一些。从文学的角度看，类型小说一般有着较大的局限性。但你的写作却能跳出类型写作的窠臼，展现出大魂魄和大气象。我想这主要是因为你一直在豫中平原这个背景下展开小说叙述，并且如评论家李敬泽所说，你总是能够在具体的社会历史语境中，对我们所面临的困境、我们的灵魂状况，进行非常有洞察力的追问。

李佩甫： 我从来没有考虑，也没打算写类型小说。我的创作是这么来的，早在20世纪70年代末期，我就喜欢看书，也经历了各种事情，阴差阳错走进了文学的大门。刚开始写作的时候，我也没有什么方向，就是到处找素材，苦不堪言。直到1985年写出《红蚂蚱 绿蚂蚱》，我才算初步找到了写作方向。个人有个人的发展阶段吧，我只有写到那个阶段才发现还有一块属于自己的地方，也就是豫中平原。以前，我都是写一些道听途说的东西。找到这块矿藏以后，一开始我也只是写自己的童年、少年，也就是记忆中的一些东西，所以这块地方并不是很大，但我慢慢写着，它就扩大成了整个平原。平原是生我养我的地方，是我的精神家园，也是我的写作领地。在一段时间里，我一直着力于写"人与土地"的对话，或者说是写"土壤与植物"的关系。我把人当"植物"来写，我就是要表现土壤与植物之间的复杂关系和生命形态，这样写的时候，我是有痛感的。当然，我最早写的几乎都是原生态，然后往前走，慢慢向内转，才开始切入平原的精神生态，这中间是有过程的。

傅小平：与写作相伴随，你对中原的认知，也定然是步步深入的。

李佩甫：中原是一块绵羊地啊，它受儒家文化影响太深了。说老实话，汉字最早刻在甲骨上，后来就刻到人心里去了。所以我说，我们的汉字是用鲜血喂出来的。这不是夸张的，是我见过很多世面后逐渐认识到的。走上写作道路后，我的生活面扩大了，走的地方也多，见识过三教九流，和工农商学兵各个阶层都打过交道。无论是乡村，还是城市，我都有了解。年岁渐长以后，我越来越觉得，中原是被儒家文化浸润最深的一块地方。历朝历代，中原都遭遇过各种劫难。经过漫长的时间以后，世世代代的老百姓就养成了一种骨头被打断，但又能粘起来的生命状态。它还有个最大的特点就是百折不挠、生生不息。

傅小平：这也可以说是整个中华民族的共性，也许在中原表现得突出一些。

李佩甫：儒家文化最大的优点是它有很大的同化力和包容性。我们都说犹太民族是世界上最顽强的民族，犹太人是最不容易被同化的。无论他们逃难到任何一个地方，只要有十个人，他们就会选出一个精神领袖，尔后与逃往世界各地的犹太人保持紧密联系。但在宋代，犹太人中有一支逃难到当时的国都开封，在开封住下后就彻底被汉化了。历经这么长时间，现在看一点痕迹都没有。我后来作为作家代表团成员去过以色列，参观了他们的大流散博物馆，看到过相关的历史记录。现在开封有一些犹太后裔，也就几分之一犹太血统了，虽然他们中有愿意回以色列的，但他们的生活方式早已经完全汉化了。

傅小平：这些看似和你的写作没有直接关系，但正是这些思考构成了你写作的底蕴。所以读你的小说，能读到一种透彻的历史纵深感。

李佩甫：中原是最能代表中国的一块土地。这个被儒家文化浸润过的、被血肉喂养出来的民族，即使有一万个缺点，也有一个优点是其他任何一个民族都比不了的，就是他的繁衍力和生命力。现在世界上任何一个城市都有中国人，他们在哪里都可以很顽强地活着。我多年来一直想这个问题，想弄清楚汉民族、汉文化的发展轨迹，就是我们这个民族怎么一步步成了现在这个样子。这是我写作的研究方向，也是我长年寻找汉文化精神思维方向得出的判断。

傅小平：从开始写作，到最后找到方向，你经历了怎样一个过程？

李佩甫：我1971年下乡，1974年上技校，学车工，1976年开始当工人，1978年发表第一篇小说，1979年调到许昌市当文化局创作员，到了1985年写出《红蚂蚱 绿蚂蚱》，也就是说用了七年时间才找到写作方向。之前我当过工人，写过不少工厂小说。那个时候就是编故事，找素材，写得很苦。等找到源泉后，写作就不那么苦了。

傅小平：你写在《红蚂蚱 绿蚂蚱》前面的题记，引用了泰戈尔的一句诗：旅客在每一个生人门口敲叩，才能敲到自己的家门；人要在外边到处漂流，最后才能走到最深的内殿。在《生命册》扉页上又引用了这句诗。这句诗应该特别契合你的写作心态，或者说呼应了你写作多年的心路历程。

李佩甫：为了找到写作方向，我确实走了很远的路。我从写童年、少年，写家乡，最后才写到平原，这中间经过了很多年。一直到1990

年，我才算彻底找到了写作自由。那一年，我写了三篇小说。《无边无际的早晨》是《北京文学》上头条发表的，各大选刊都选了，应该能得全国奖了，结果这年不评了。我之前好几篇小说，像《学习微笑》《红蚂蚱 绿蚂蚱》《豌豆偷树》等，在当年也是各大选刊都选了，产生过一些影响，但都差了那么一票，我就这么个运气。

傅小平：这句诗也呼应了你笔下一些人物，尤其是"吴志鹏"的心路历程。当然要套用福楼拜的那句"包法利夫人就是我"，或许你也可以说，吴志鹏就是我！这大概是你所有作品里最接近你个人的一个人物吧？

李佩甫：吴志鹏和我个人有所不同，但确实是最接近我个人的，而且我认为也是写得比较成功的。但我听到反馈意见都说这个人物写得很差。其实整部《生命册》都是以他的视角展开叙事的，小说里所有的认知全是他的。我写了他五十年的成长轨迹，心灵历程。他是一个有乡土背景的人，从小吃百家饭长大，后来上了大学，也读了研究生，但一直都活在别人的眼里，同时他又是一个"背着土地行走"的人。他有过沉沦、有过堕落、有过迷失，但他一直在反省自己，就因为自省，他避开了很多的陷阱，他没有和小说里那个骆驼一样最后走向覆灭。所以，他大体上是一个清醒的人，通过不断地内省，是有可能成为一个健康的社会人的。可以说我把所有的东西都包含在他的视角里了，我也是在他身上下了最大的功夫。

傅小平：你下了大功夫，但反馈不如预期，也有可能是这个人物给人感觉是灵魂大于肉身。你写得更多的是他的认知以及自省，他的外在形象反而被淡化了。

李佩甫：我写的就是吴志鹏的灵魂状态，他自我发问的时候，是不看自己形象的，或者说他即使有形象，给你感觉也是反光的，你看上去会比较模糊。

傅小平：无论如何，体现在吴志鹏身上那种强烈的内省意识，在中国小说里是不多见的。《生命册》可以说是吴志鹏的自白书。而且有意思的是，小说后面几个章节，基本上都以一个问号开始，像是他在追问，在求索什么问题。

李佩甫：我开始是想用父子对话的形式。一开始想写这样的开头："孩子，我今年五十四岁了，有些话得跟你说说了。趁着天上的雷还没有打下来，我要告诉你，我说的每句话都是真实的。"但后来觉得这样写太具象，就用了知识分子独白的方式，所以你看到后面一些章节，都是吴志鹏在自我发问。我写的就是他的精神流、思想流啊。他活了这么多年，回溯自己的一生，对家乡、对土地都有自己的反思，我写他的自我认知，自我发问，实际上就是写当代知识分子的心灵史。

傅小平：小说里，吴志鹏经历世事沧桑后，在车祸中被扎坏一只眼睛，躺在医院里反思自己的一生，这最后一章真是写得特别好。读《生命册》形同画一个"抛物线"。这部小说一开始我读着挺带劲的，中间部分虽然也能读到一些精彩的段落，像你写虫嫂的故事代入感很强，但总体上我读得有些泄气，我以为小说会以这个状态收尾，没想到劲头又被这最后一章给猛一下提起来了。

李佩甫：我写吴志鹏在医院的那部分，可是下了功夫的。但《生命册》得茅盾文学奖后，有不少评论啊，我就没读到有一篇提到这一章，真是让我非常失望。这一章我不仅下了功夫，而且融入了生命体验，我自己也有过类似的经历。1992年吧，我和导演都晓合作写过一个剧本，叫《颍河故事》，后来拍成了电视连续剧。这个剧本写到一半的时候我出了车祸,把眼睛给伤了。在很长时间里,我的眼睛都是蒙着的,我担心啊,要是自己看不见了怎么办?回想起来,那段时间也是挺艰难的。当然,我的眼睛后来好了,剧本也写完了。但那次经历我一直记着。我写到那个小女孩头上长了个瘤子,两眼睁得很大,但什么都看不见,很可怕。这都是真实的,她看东西那种"麻沙沙"的感觉,也极其真实。

所有的神话都是历史在时间或记忆中产生变异的结果

傅小平:你说到你的写作研究汉民族思维走向,从我的阅读看,你的小说也的确挺中国化的,但"平原三部曲"书名都源于《圣经》。像《羊的门》《城的灯》,扉页题记上引用了《圣经》里的话,《生命册》你虽然没引,但感觉这个书名也是脱胎于《圣经》里上帝掌握的选民名册。如果有人行不义或背叛他,上帝便把他的名字从册中抹掉,那人便要受惩罚而不能存活。另外像《等等灵魂》,你在题记里也写了,印第安人说:别走太快,等一等灵魂。何以如此?

李佩甫:世界逐渐同步之后,我们会发现人类有一些共通的东西,这些东西是可以借用的。所以我用了西方文化的光照,但写的是地道的汉文化。在写《羊的门》的过程中,我一直在想书名,老是想不好。机缘巧合,有朋友送了我一本《圣经》,我就把它放在床头不时翻翻,我其实也不是想到里面找什么,只是想看看里面的文字,睡不着的时候,我翻到《新约》里那一句:耶稣又对他们说,我实实在在地告诉你们,我就是羊的门。我当时就觉得,这个意思契合这部长篇的走向,也就是我想探讨的,最智慧的人会有什么样的走向,或者说这块土壤会产生什么样的东西,《圣经》里的这段话,和我这部小说里的整个精神脉络是很贴近的,所以最后就定了这个书名。《城的灯》《生命册》也是这么个情况。《等等灵魂》说实话当年是出于某种原因写的,写出来后我也不是很满意。

傅小平：你说的原因，该是写电视剧吧？前些年你写过一个《河洛康家》的电视剧剧本，想来这部小说也是在剧本基础上修改而成的，这中间有哪些变动？

李佩甫：童年里，姥姥每晚临睡前都会给我讲一些"瞎话儿"。她讲的瞎话儿大多是来自民间的神神鬼鬼的故事。姥姥曾给我讲过民间的三大财神：沈万三，康百万，阮子兰。其中说到沈万三时，她说，沈万三虽家产万贯，楼瓦雪片，有花不完的钱，却饿死了。因为他太懒了。懒到什么程度呢？家里人怕他饿死，把烙好的油饼挂到他脖子上，可他吃了嘴前边的，却懒得用手把脖子后边的油饼转过来……所以，姥姥说，他是"懒"死的。等我稍大一些的时候，我才知道，这些瞎话儿也不过是一些哄孩子的故事而已。当然，再后来，我明白，那个叫沈万三的"财神"，也并非是懒死的。

傅小平：想来你早年写的《李氏家族》，以大李庄村辈分最长的七奶奶讲瞎话儿的形式叙述家族兴衰史，就受了你姥姥的影响。从新作《河洛图》的引子里，也多少能读出类似的感觉。估计你以前听姥姥说，就是当"瞎话儿"的吧。真见到了那么一个地方，并且知道历史上有这么个人，会不会有不真实感？

李佩甫：的确没想河南还真有这样一个财神"康百万"，所以多年之后，当我来到巩义，看到那座城堡似的"康百万庄园"时，童年的记忆一下子点醒了我。就此，我发现，大地是有神性的。人类的所有神话，都是有根的。那是历史在时间或记忆中产生变异（或飞跃）的结果。在时间中，它由生活演化成故事，故事演化成寓言，寓言演化成传说，传说演化成神话……于是，这也就成了我对康百万感兴趣的最初动机。

傅小平： 从最初有这么个动机，到最后写成这部长篇，经历了不少时间吧？

李佩甫： 创作这部长篇，我前前后后花了十多年的时间。最初，我想当然地以为，在中原大地上，一般是不可能出现所谓"财神"的。历史上，这里战乱频繁，加上黄河连年泛滥，民不聊生。可以说，中原是灾难深重的一块土地，同时也是儒家文化浸润最深的土地。在过去的一些时间里，我所看到的、听到的国内有些名号和影响的商帮，有晋商、徽商、浙商、闽商等，却很少听说豫商。可让我惊讶的是，一个活生生的康百万就在眼前。他竟然还是民间口口相传的"活财神"。为什么？

傅小平： 这应该也是你对康百万感兴趣的重要原因。

李佩甫： 是。我创作《河洛图》还有一个原因是，我想研究，在中原大地上，一个家族连续富了十几代，且留下了一座城堡式的庄园，这个家族是怎样发展起来的呢？这块紧靠邙山又是河洛交汇之地，且诞生过大诗人杜甫的特有地域，它的神性何在？

傅小平： 这也是我想问你的。我最早通过一部叫《聚宝盆》的电视剧知道江南有个沈万三，后来了解到他的一些故事和传说，确实有传奇色彩。民间也有说沈万三是活财神。我就想，一个离我们时间并不久远的人怎么就被"说"成了神？

李佩甫： 一个庄园坐落在那里，它是有生命的。可人呢？人是怎样演化成神的？为此，我曾经东到山东临沂，西到山西太原、陕西泾阳去寻访一个地域、一个家族的秘密……比如，我发现，在这里，黄河里的鱼与洛河里的鱼是不一样的。黄河水浊浪急，那鱼终日在浊浪里翻滚，在漩涡里淘生。每到汛期，浊浪排天，水声如虎。加之黄河几乎年年改道,那鱼每每要经历几场生死搏杀才得以活命。况且,鱼每年都要逆流而上,以命相抵,去跃那龙门!所以,黄河里的鱼头大脊黑,大多性烈,一条条亮着黛黑色的脊,跳荡腾挪中鱼尾甩着一片亮红,两腮如金,狡黠的鱼眼犹如黑夜里的两束红箭。而洛河水清,性也温和。一荡好水从陕西洛南一路走来,两岸土质偏硬,泥沙较少,却从未改道。所以,洛河里的鱼头小脊薄,鱼色偏淡,肚脐处白嫩如雪,两只鱼眼在清水里汪亮着一片羞涩,显得温文尔雅。水润鱼性,鱼就柔和,顺带三分的灵气和傻气……

傅小平:你观察这么细致,叹服!明白你在第五章为何这么写黄河的鱼与洛河的鱼了。都说一方水土养一方人,其实一方水土也养一方花草树木、鸟兽虫鱼。而且有一些特殊的水土,像你写到的黄河洛水交汇处,更应该说养两方鱼,也养两方人。当然你写鱼,说到底是为了写人,写这片交相混杂的地域。

李佩甫:对。同样是人,我发现,当年的秦人和豫人是有差别的。这两地一为中,一为西,原本都是首善之区,繁华之地,又同在朝代更替时,遭刀兵多次戕伐。坡上的草早已被鲜血染过,骨头也曾被砍断多次。所以,两地人也都是以气作骨,那咽喉处自然就是命门了。不同的是,秦人终究是要喊出来的。秦人走出家门,八百里秦川,一荡荡峁峁梁梁,起起伏伏,塬与塬之间,看似不远,却隔着深沟大壑,人心也就有了起伏,当硬则硬,当软则软,越是人烟稀少处,越要野野地吼上两嗓子,那是给自己壮胆呢。于是这里就成了一处歌地,一代一代传下去,则为秦腔。而豫人呢,大多居一马平川之地,鸡犬相闻,人烟稠密。人多言杂,言多有失,则只好咽下去。那吼声在九曲回肠里闷着,一个个修成了金刚不坏的躯壳,内里却是柔软的。分明在等着一个牵"象"的人,而后就跟着走。因那吼久闷在心里,喊出来就炸了。一代代传下去,是为豫剧。

傅小平：那说到底豫剧也和秦腔一样是喊出来的，只是喊的方式有所不同。不管怎样，有了这声喊，豫剧才有那个劲道。这部小说里倒有不少地方写到豫剧，当然你在其他小说里也会捎带着写一两笔豫剧，但没这么浓墨重彩。小说里，康家救"豫剧皇后"一品红于落难之时，但这个一品红与戏痴、专门负责告密的奸臣宋海平因戏结缘，以至有一段时间里夜夜说戏，也正是宋海平差一点置康家于死地的原因。要这么看，豫剧在这里已经不只是点缀。你为小说注入的这一脉苍凉豫韵，别有一番意蕴。我倒是觉得这部小说与其说是写经商，不如说是写文化。你前面谈到河洛的鱼，还有河南的剧，也更可以说是在进行文化溯源。

李佩甫：我再打个比方，我发现，无论走到任何一个城市，都会有"山陕会馆"。那是晋商的群体历史，是一个商帮的历史。他们不是神，而康百万为什么就成了民间的神呢？在中原，康百万只是一个个案，我想研究这个个案。但解读一个民间"财神"，是有相当大的难度的。我直观能看到的，只是一个两三百年前的城堡，空空荡荡的城堡和一些零零散散的传说。坦白地说，我不知道那一块块古老的砖石会告诉我什么。当然，对三百年来被民间称为"活财神"的家族，会有很多的解读方式，这只是我的一家之言，是文学化了的解读方式。就此说，《河洛图》是一部长篇小说，它与电视剧之间有了十年的跨度，是我加入了个人的认知、超越了具象现实的再创作。

母性是中华民族的底版，所以这个民族才会有"生生不息"四个字

傅小平：《河洛图》和《等等灵魂》虽然写的是不同历史年代，但都可以说是写商场商海的。《河洛图》里的康家靠着一本传说中的秘籍富了十二代，《等等灵魂》里的转业军人任秋风却在造就超市航母后，在各种利诱下迷失了灵魂，并且在权力欲驱使下盲目拓展，苦心经营的商业帝国崩塌。两者不同结局似乎隐含了什么。

李佩甫：是的，这两部作品都与写电视剧有关，当时是有时间限制的。写《等等灵魂》的时候，我仅仅写到了在高速发展的社会里，在到处都提倡"时间就是金钱，效率就是生命"的时期，金钱和权力对人的压迫和冶炼。有些问题我一时还没想清楚。等到写《河洛图》的时候，这中间就有了一些思考的时间。所以，写这部长篇我给自己定下了两个主题：一、写一个特定地域的生存法则；二、时间，就是说，在大时间的概念里，任何智慧和聪明都是不起作用的。

傅小平：你在小说尾声里写到"时间是有眼的""在大时间的概念里，还有什么可说的呢"，这些话里大概就反映了你说的第二个主题。你在小说引子里，就写到风水师陈麦子一双眼睛能穿透三百年，这应该有时间观上的考虑吧。因为单是从故事情节看，不是非得有这个引子的。

李佩甫：我觉得，一个三百年前的故事，是需要"天眼"的。所以，我借用了一个"大师"的眼睛。更重要的是，我想说，只有穿过历史才会发现，一个家族，无论多么富有，哪怕他是"神"，在大时代的变迁里，仍是很渺小的。

傅小平：的确如此。但把视线拉回到那个年代里，像康家少奶奶周亭兰就可以说用自己的身体力行，画了一个大写的"人"字。并且，她还为这个家族发展壮大打下了基础。你在小说里用大篇幅写她为了培养儿子康悔文，先是让他和管理粮仓的仓爷学一手好算盘，再是和武艺高强的马从龙学防身的武艺，然后又让她的公公康秀才教他识文断字。周亭兰这般煞费苦心，很大程度上是要康悔文以"仁义礼智信"为立身之本、处世之道。对比而言，同样是写商战，《等等灵魂》比较多写尔虞我诈，《河洛图》却浓墨重彩写通识教育，也着实意味深长。

李佩甫：中原被称为中华文明的发祥地，是有原因的。所谓的文明，以我个人的理解，就是用文字的形式把前人的经验、智慧、血泪凝结的教训用文字的形式固定下来，传给后人，这才叫"明"。所以，一代一代的后人，以读书为做个"明白人"的开始。这就是《河洛图》要阐释的意义。当然，文字也是可以"吃"人的，字背是有字的。就看你怎么去读了。

傅小平：康秀才"留余"的理念，以及周亭兰"留余"的做法，从表面上看仿佛和《羊的门》里呼天成的"种人术"有相通之处，俗话讲，无论做官还是经商，首先都要把"人"做好。但细加辨别，两者还是有本质区别，周亭兰的"留余"，最终让仓爷至死都没有背叛康家，与此同时，当断指乔在刑场被斩首后，周亭兰不顾个人安危都要践行约定，又凸显了她的仁信。相比而言，在《羊的门》里，呼天成的"种人术"更带有为达目的不择手段的功利色彩。

李佩甫："留余"中有一个很高尚的理念："以不尽之巧以还造化"。什么是"造化"呢？那就是大地、天空、阳光、流水，是大自然。这里提到的对大自然的"留余"，是极为超前的。尤其现在来看，它是在告诫后人，不要竭泽而渔，要给大自然留下休养生息的时间。

傅小平：的确如此，这种理念很超前，可以看作对儒家文化的继承性发展。

李佩甫：在中国当代大历史的框架里，包括儒家文化的底部，一直把"烈士"和"死士"放在很值得尊崇的地位。这样的人太少了，也可以说是一代代活跃的"血分子"，是可以推动历史进程的"血分子"。尽管,历史基本上是统治者写就的,但古人是宁死也要留名的,今人与古人的差别在于不同的活法儿。古代的"血分子"讲的是"死法儿",而《羊的门》是写如何活人的。

傅小平:这个对比意味深长。看来要深入理解儒家文化的根底,有必要追本溯源。儒家文化在康家三代人身上代代相传,但小说实际上主要写周亭兰。大体而言,你笔下的女性大多数都和这位康家少奶奶一样有着高于男性的优异品质。有评论说,在你的小说里,女性往往代表着理想世界,她们是这片土地的受害者、批判者、逃离者或拯救者;而男人则代表现实世界,是这片土地生出的泥蛋,永远不可能离场的厮杀者。你认同吗?何以赋予女性更多理想色彩?

李佩甫:是的。这的确是一种理想化的附着。我个人认为,从理想和献身的角度来看,女性的牺牲精神是高于男性的。在《河洛图》中,我写了几个不同的女性人物,应该说,她们都是善良的,只是表现形态各有不同。我一直认为,母性是中华民族的底版,所以这个民族才会有"生生不息"四个字。

傅小平:和周亭兰一样,《城的灯》里的刘汉香,也充满母性情怀。可以说,她就是小说里那个提灯照亮人们前行的人物。你为何这么设计?

李佩甫:我写这个人物,在写作过程中是有变化的。冯家昌到部队后背叛了她,我原来是想把她写成一个活跃分子。她对背叛很生气啊,是有一种强烈的复仇心理的。为了复仇,她顽强地走向城市,在城市里发展壮大,最后把冯家五兄弟都打败了。但我写到一半的时候停下来了,因为我那样写的话,无非是写恶,写物质上的强者,顶多是又塑造了一个像《生命册》里蔡苇香这样的女性人物,那样意思不大。我觉得应该找一个精神标识，所以就改成现在这样了。但也有人说这个人物不真实，那我觉得是因为人心不真实。《城的灯》是写"光"的，刘汉香就是小说的"光"。当然，刘汉香最后还是死了，但可以说她丧失的是肉体，而精神是不灭的。"月亮花"已经种下了，它正在改变人的认识。这种改变包含了焚身化蝶的意思。但我觉得还是有问题，我想说美最终是不会被撕毁的，但在那样一个年代，美要真正完成是很困难的，所以我对结尾也不是特别满意。

傅小平：说到结尾，我倒是想到《羊的门》的结尾：以呼家堡唯一的老闺女徐三妮跪下来学狗叫，全村男女老少跟着学狗叫，以至在黑暗之中，村里传出了一片震耳欲聋的狗叫声。如果钻个牛角尖，在这部女性都是配角的小说里，你为何让一位不具有任何重要性的女性来收尾？而《城的灯》的结尾，冯家昌五兄弟腿一软，一个个都跪在了刘汉香坟头前。这一跪里又蕴含了什么？

李佩甫：这两跪是有巨大差别的。徐三妮不识字，她是"忠"字的体现。她下跪，是一种可以牺牲和献身的表现，是一种近乎愚昧的献祭，是一种死状的臣服。而五兄弟下跪，则是一种近乎请罪的下跪，是现代人的道歉方式。

傅小平：讨论你小说里的女性形象，倒是有必要补充一句，你总体上对女性着墨不多，写底层女性更少，但《生命册》里的虫嫂让我读后深有触动。而且我觉得通过写虫嫂的遭遇，尤其是写她不被进城后的子女善待，你对城市病相剖析的力度，似乎不弱于一整本《城市白皮书》。怎么想到塑造这么一个人物形象？

李佩甫：写虫嫂这个人物，我是下了功夫的。虫嫂可以说是中原乡村的底版和基础。我觉得她与城市人的病相还是有很大差别的。她既是活的"细菌",又是生生不息的源息。因为,她是有根基的,她与大地紧密相连,她几乎是不死的。她就是那个"春风吹又生"的草族。

傅小平:回到《河洛图》,我对你在里面写到的柿饼、霜糖、白馍、鲤鱼焙面,还有前面说到的豫剧等体现地方特色的事物印象深刻,尤其是霜糖豆腐给你一写神了,它还是康家起死回生的法宝呢。你的多部作品读下来,比较多从一草一木入手写豫中平原的神韵,写地方风俗其实不多,何以这次花这么多笔墨在这上面?还有你写康悔文和众人打赌家里有堵甜的"柿糠墙"这个细节也挺有意思的,有出处吗?

李佩甫:我所有的平原小说,都是有现实生活做依托的。当然,小说中的情节和细节,肯定不是原有的生活真实,都是我经过反复思考后加工改造的。它以现实生活做底,尔后生发开来。比如霜糖豆腐就是我加工改造的。我老家的一个地方是生产豆制品的基地。最早,这里的豆腐是可以用秤钩挑起来称着卖的。关于那堵"柿糠墙",我确实采访过一个县,详细了解了柿饼的生产过程。听到早年民间有把柿糠收集起来,垛起来以防灾年的说法。这个事儿是经我加工改造后才用的。

傅小平:你善于从民间文化中吸取养分和资源。像这部小说,还有《李氏家族》,我觉得仅是从故事形式上看,也能看出你受到了民间文化的滋养。

李佩甫:《李氏家族》是我写于80年代中期的第一部长篇小说。那时候,我只是想找一个结构方式。因此,我寻找了很多家谱,从家谱上找到了一种结构方式,把我童年里听到的一些民间传说,借家谱的形式串联起来。

傅小平:我还想你写《河洛图》会不会也和"河图""洛书"的传说

有关。我刚听到这个书名的时候，其实没联想到河洛康家，但我想到了这个传说，阿城前两年还出过一本随笔集《洛书河图：文明的造型探源》。另外，你的书名大多是三个字。这是写作习惯使然，还是多少受到中华文化思维的影响？我这么说，是因为联想到《道德经》有言："道生一，一生二，二生三，三生万物。"

李佩甫：在我四十年的写作生涯中，我最头疼的一件事就是给作品起名。有时，作品几乎快写完了，书名还没有想好。所以，写《河洛图》时，仍遇到了起名字的问题。这个书名是我十多年前就起好的，后来想推翻，可一直没有找到更好的。当时起这个名，主要是我去康百万庄园时，发现康家占有水利，康百万庄园就坐落在河洛交汇之地，庄园外就是个大码头。当时，我去采访时，就看到了大河交汇的宏大场景，一边水是浊的，一边水是清的，很壮观。

我把《圣经》当作文学作品来读，只是借用，并没有把它当作源头

傅小平：如果说《河洛图》向"仁义礼智信"等中国文化传统优秀部分致敬，"平原三部曲"似乎涉及中西文化融合问题。我这么说不单单是因为三部曲的书名引自《圣经》，还因为三部曲，尤其是《生命册》多少追问了终极价值问题。虽然你的写作给人感觉是纯中国的，但也不排除在思想上受西方文学影响吧。

李佩甫：读书，特别是读翻译的外国书对我影响巨大。青少年时期，我在许昌这个小城市读自己能找到的一切书。我父辈以上都不识字，从小家里能看到的有文字的东西，就是半本皇历。但我就是喜欢看书，从童年到少年，我都是乱看书，什么书都看。只要是能找到的、看得下去的书，我都看。"文革"时期我还读了好多西方的人物传记，什么尼克松的《六次危机》，还有《蓬皮杜传》《田中角荣传》等。看了不少书，但也是不求甚解。最早有好多字，我都认不得，所以很多年后，我明白那些字的意思，还是会把音读错。但早年读的那些书，对我有潜移默化的影响。

傅小平：你在那个年代是怎么读到这些书的？

李佩甫：在那个年代，如果我出生在有知识的家庭，可能家人就会限制我，有些书就不让我读。但我父母不识字啊，我喜欢看书，他们也不知道我看的是什么。我还有一个表姐，到处帮我找书。那时，我们班一个同学家里有书，书被他爸锁在柜子里，他每次都偷出来让我看，也不是无条件的，每次我都得用糖或橡皮之类的换。他还有条件，一部大部头的书，限我三天看完，真是特别痛苦。大一点后，我就到处借书看。青年时期，我有四个借书证，县、市、地区图书馆的，还有工人文化宫图书馆的。还有些书，是比我们年纪大一些的学生从图书馆偷出来的，大家以各种方式交换着看。从上小学三年级起，我就是我们家最有文化的人了，我姐她们都不怎么爱读书。读书就相当于把世界给我打开了。所以说，青少年时期，物质上的面包我没怎么吃过，但文字的面包吃了不少。

傅小平：这个比方有意思。看来你最初是通过文字读到面包的气味的。你在小说里也挺喜欢写各种气味的。

李佩甫：是，我最早在一盏油灯下，读到一本外国文学作品叫《古丽雅的道路》。书里写到很多气味，甜点的气味、果酱的气味、沙发和羊毛地毯的气味，尤其是大列巴，也就是大面包的气味，一下子就把我给征服了。书里写吃饭，在桌子上铺上桌布，摆上蜂蜜和鲜花，还有钢琴伴奏。我工人家庭出生，哪见过这些东西啊，那都是阅读带给我的。很多年后，我出国看到法国巴黎圣母院，英国一些很著名的建筑，还有欧洲老百姓的生活状态，也没觉得很稀奇，因为我在书里读到过啊。说阅读让我走遍世界也不算夸张，阅读对我影响真是太大了。

傅小平：那你很早就开始读《圣经》吗？有没有通读过？

李佩甫：我没有通读过《圣经》，我主要把《圣经》作为我思考东方精神思维方向的一种参照。所以，我只是借用《圣经》，并没有把它当作源头，我是把它当作文学作品来读的。从本质上来说，我们的源头或者说我的源头仍然是中华文化，或者说是五千年的中华文明史，这是流淌在我们血管里的东西，洗不掉的东西。这当中也许更多的是儒家文化的浸泡或桎梏，对我们来说，这既是锁链也是营养钵。

傅小平：说得也是。你的写作从文字表达上，看不出多少西化的痕迹，想来也和你这种认知有关。我倒是在你的好几部小说，尤其是"平原三部曲"里，看你写到一本叫《修辞学发凡》的书。

李佩甫：这是陈望道先生写的一本书，忘记是从哪儿得到的了。我小时候常读，都翻烂了。我把它带在身边，没书读的时候就翻开来看。也不是认真读，但这样翻翻，对我是有影响的，尤其对我在语言的修饰上有很大影响。我印象比较深的是，这本书里讲到对推敲的认识。有个地方举例说，杜甫写过著名的《秋兴八首》，其中有一联："香稻啄余鹦鹉粒，碧梧栖老凤凰枝。"陈望道说，杜甫这诗写得过分雕琢。陈望道要求表达的准确，反对雕琢。他对语言文字的这种认知和解读，对我是有影响的。

傅小平：你有一句话，语言就是思维。我读后印象深刻。

李佩甫：我是觉得，文学语言跟认知有很大关系。你的认识不到那一步,就不会出现相应的表达。语言与思维方向是密切相关的,语言的表达方式也就是作家的思维方式。可以说,每一种表达,都渗透着作家的生命体验和思维过程,都囊括了不同作家不同的生存地域、不同的血脉迁徙、不同的水土气候,等等。在我看来,表达的差别就是思想和思维方式的差别。所以说,语言就是思维。

傅小平: 但我们通常只是说,语言是思维的一种体现。

李佩甫: 文学语言就是作家思维的体现。文字不只是文字本身,文字作为人类精神的物质外壳,是人类智慧的结晶。它是先导,是标尺,是人类透视力和想象力的极限。就我自己来说,我每次为了找到准确的表达方式,尤其是为了写好开头,会费很多心思。为啥呢?因为开头第一句,会决定整部作品的情绪走向。所以说,写好开头,对我来说是最困难的。为写好第一句,有时需要等一个月,有时需要等上一年半载。比如写《生命册》,我写了八个开头,最长的写到八万字,都废掉,就因为没有找到第一句话。那段时间,实在写不下去了,我就跑到乡下去住了几个月,吃了几箱方便面。我是去找感觉的,我要把我所理解的声、光、色、味找回来。从乡下回来后,我还从书房里搬出来,换了个房间再坐下来,于是有了那句"我是一粒种子",这样才算找到了准确的语言情绪,才终于写了下去。

傅小平: 还别说,你的小说从细节到整体都是能读出情绪的,这个情绪也可以说是一种势,你顺这个势往下写,虽然在结构上谈不上有很大创新,但语言还有整体行文给人感觉气韵生动。

李佩甫: 所以我特别讲究第一句,第一句理顺了,用你的话说,文章就有了势。我要求一部作品的情绪必须是完整的,所以最怕中间被打断。要是打断了,气就接不下去,写起来就很困难,我一般得花半个月一个月的时间，反复读过去写的，等读到某一时刻有那个感觉了，才能把它接上去。所以像我这样情绪写作也有问题，常常会有缺陷，跟着情绪走吧，小说设计感不强，设计不太够。

傅小平：如果以你讲的"语言就是思维"论，你的小说不是以结构，而是以语言取胜的，那么引用或模仿的语言，是否同样是作家思维的体现？打个比方说，《平原客》后记《蝴蝶的鼾声》开头一句即：那只蝴蝶，卧在铁轨上的蝴蝶，它醒了吗？想来脱胎于伊朗剧作家阿巴斯说的那句，当车轮滚滚向前时，我们仍要关心那些趴在铁轨上酣睡的蝴蝶。

李佩甫：我就觉得阿巴斯说得特别好，特别准确。时代车轮滚滚向前，没有多少人会关心那些酣睡在铁轨上的蝴蝶，那些生活在边缘的小人物。现在郑州也和其他城市一样在大拆大建，道路每天都在变化。我常常从外地出差回来，就认不得回家的路了。我常常看见那些农民工坐在马路牙子上端着大碗吃饭，每当看到，我心里就会疼，我就觉得我是他们中的一个。我作品中的每个人物都是我的"亲人"，当我写他们的时候，我是有痛感的。联系这三十年翻天覆地的巨大变化，这种痛感会更强烈。经过五六十年代到如今这个时代的人，就会对我这话多一分理解。

我们这个民族一直在前进，但它是以一种缓慢的、迂回的方式前进

傅小平：这里想到一个关键词"权力"。权力的影子在你的小说里无处不在。《羊的门》在某种意义上可以称为透视权力运作之书，我看到很多读者都为你对权力和人性的透彻解读叹服。《平原客》对权力的解读也可谓淋漓尽致。权力也在《河洛图》《等等灵魂》这样主要写商海商场的小说里隐伏着，并且时不时对其中人物的日常生活以及命运变迁产生至关重要的影响。

李佩甫：中国人是没法逃避权力这个东西的，这方面恐怕每个人都有深刻感受。尤其在中原这块地方，中原人是不信钱的，在权力面前，有钱人也觉得自己无能为力，他们可能一夜之间就变成穷光蛋。像《河洛图》写的康氏家族很有钱呐，康百万庄园足够气派吧？但再有钱都没用，今天这个军阀来了，明天那个土匪来了，几下子就把你的钱刮光了。

傅小平：但权力也可能一夕之间失去，权力也不见得让人始终有安全感。

李佩甫：人是终身都没有安全感的。从历史上看，中原人一茬茬被权力杀戮、征服，人命贱如草；碰上开明时代，老百姓处境稍好，但往往没多久又变了，老百姓又朝不保夕了。

傅小平：说来有意思，你写权力，自己却似乎并不恋权。我看到一则资料说，六十岁那年，你从作协主席任上退休，立即就上交了所有办公室钥匙，并且回到家后，很快就调整好状态开始写作《平原客》。

李佩甫：说老实话，作协主席什么的，仅仅是个名义，我是无所谓的。这可能跟我在精神上比较多受西方文学影响有关，我早年读外国文学书很多，在有些认识上不太一样。我愿意在文字里去做些实验和突破，不愿意在生活中去争权夺利，这没什么意思。但作为一个旁观者，我明白权力斗争的激烈和残酷，我见识过权力场上今天我干掉你，明天你干掉我的戏码。这种权力场上的厮杀是很残酷的，对人的腐蚀也是巨大的。

傅小平：明知如此，但很多人还是不由自主陷入权力的旋涡里。

李佩甫：你想想，我们这个民族是很奇怪的，在某一个特定历史时期内，极权保持了社会的稳定。要是打乱那种社会秩序，就会天下大乱。我不是说，人们就不配享受更高层次的生活。但社会一步步往前走，是很艰难、很缓慢的。你看着有时几乎要绝望了，但奇怪的是，常常是在快绝望的时候，会跳出一些"血分子"，这么一搅和，这个民族就又活过来了。所以，我们这个民族一直在前进，但它是以一种缓慢的、迂回的方式前进。

傅小平：你的写作是否受过《红与黑》的影响？一般认为这部名著的主人公于连是野心家。你小说里的很多人物，像《羊的门》里的呼国庆、《城的灯》里的冯家昌、《平原客》里的刘金鼎等，在某种意义上都称得上是野心家。而且你对这类人物心理的把握和刻画，像是得了司汤达的真传。

李佩甫：《红与黑》很早的时候读过，但都忘了。我的那些人物是有野心的，但我没想写野心家。我想写的是我们民族中的一些活跃的"血分子"，写他们行走的轨迹。我觉得，我实际上是写这块土地上长得最好的植物是啥样。海德格尔说，建筑一旦矗立在大地上，它就是有生命的。植物也是这样的，我就是想写出这株"植物"能长成什么样，写出他行进的过程，写他的生长状态和生长危机。

傅小平：但我觉得，你真是擅长写这类人物，其中有些笔触，用"入木三分"来形容也不为过。

李佩甫：我过去看大仲马的《基督山伯爵》，雨果的《九三年》。对其中的一些人物印象深刻。像《九三年》开头部分，写一艘战船在恶劣天气行驶在大海上，一门大炮挣断固定的螺栓横冲直撞，一艘船快要完蛋了，这时候一个人挺身而出，终止了悲剧的发生。在关键时刻，这样的优秀分子起了力挽狂澜的作用。我们中华民族有许多这样的优秀分子，从春秋时代看起，不也是人才辈出？当然，要说怎么算是优秀，东西方是有差别的。

傅小平：你笔下的这类人物应该说是很优秀的，但他们大多最后都成了失败者。不过也有例外，像冯家昌算是成功的。他不只是个人进了城，也带着一个家族进了城，而且都在城里占了一席之地。冯家昌清晰感觉到自己终于进了城，最初体现在对女友李冬冬性的占有上，你写到他下意识里咕哝了一句："我插上'小旗'了。"这看似有点落入俗套，但也合乎情理。你是怎么揣摩这个心理细节的？

李佩甫：写这个，灵感也是来源于生活。这个细节是真实的。对于冯家昌来说，城市不只是城市本身，城市是理想的化身。他走向城市，有物质占有的原因，也为实现自我理想，体现个人价值。再说，河南是一个农业大省，一亿人口有很大一部分生活在农村。对农村人来说，做个城里人是他们的理想，但不是谁都可以成为城里人的。所以，对冯家昌来说，也是对很多农民来说，进城事关人生尊严，是包含了征服、征服强者的意思。所以，很多乡下人进城都带有理想成分，他们要进入的不完全是城市本身，同时还有这些象征性的东西。这里面既有物质，也有理想。包括路遥他们当年从农村走向城市，都带有理想主义色彩，都把进城当作事关尊严的大事。

傅小平：你提醒我了。冯家昌和《人生》里的高家林，在整个人生轨迹上有很多相似之处，两部小说的情感结构也比较一致。《城的灯》里写到农村青年冯家昌与村支书女儿刘汉香、城里大知识分子的女儿李冬冬之间的情感纠葛，《人生》里写到农村青年高加林同农村姑娘刘巧珍、城市姑娘黄亚萍之间的感情纠葛。当然两部小说故事的侧重点不同,结尾也不同,冯家昌进了城,高家林回了乡。

李佩甫:确实是不一样的,方向不一样。路遥写高家林进城,那就是要占领一个高地,是带有巨大的革命性的,这跟冯家昌进城是两码事。而且高家林是一个人往上走,冯家昌则带着整个家族起飞,这里面反映了中原文化背景。冯家昌代表的不是他个人,他有一个家族使命要完成。应该说,对于进城这个事,路遥的体验比我更真切。

傅小平:但无论是路遥还是你,都把各自的人物写到了灵魂深处。这也是两部小说都能真正打动人的原因所在。而且两部小说对人物心理的把握,大体上也是准确的。像《城的灯》有一个细节让我印象很深。刘汉香进城见到冯家昌,两个人终于独处的时候,冯家昌鼻子哼了一声,冷冰冰地说:"我知道你早晚要来。我等着这一天呢……"冯家昌的"冷冰冰"后面其实包含着一种复杂的心理。

李佩甫:他这个反应是正常的,可以理解的。那时他见到刘汉香,他是什么反应呢?他想他完蛋了,整个家族都完蛋了。他的反应,是有这个前提在里面的。所以,我写一个人,都不只是写一个人本身,主要是写他的背景。因为一个人不只是他本身,背后站着他的整个文化背景,我就是按这个轨迹来写的。

傅小平:《城的灯》虽然写到城乡冲突,写到城市弊病,但相比你在《城市白皮书》里对城市病相的无情揭示,你的批判力度还是弱化了许多。这或许是因为你的书写重心转移了,或许是因为无论你写城市与乡村,都包含在书写平原的这个大背景里。有意思的是,你虽然是城里人,但大概从写《李氏家族》开始,你的写作重心都在写农村,或者说你笔下的人物,大多都有农村生活背景。

李佩甫：是啊，按说我在城市生活时间最长，我在郑州生活了三十六年，对于乡村也就童年、青年时期的一点记忆，但我确实写乡村更有感觉。这是"根"的问题，童年伴随人一生啊。我生在工人家庭，算是城里孩子，但少年时期有很多时间是在乡下姥姥家度过的。我父母都要上班，没人管我，只好把我送到乡下去。我记得，我上小学二年级的时候，七八岁的样子，每个星期六的下午，都会背着书包到姥姥家去。姥姥的村子离城有二十多里路，我那时小啊，常常走一个下午，走到天黑才走到姥姥的村庄。另外，每年的暑假和寒假，我都是在姥姥家度过的。那时候乡下也开了食堂，我乡下的一个表姐会把我领到田野里去，偷挖红薯、掰玉米，在地里挖一小土窑，用火烤一烤，半生不熟地吃了，却很香。所以，在那段时间里，我也跟乡下孩子没什么两样。夏天里光身子穿一小裤衩在乡野里跑来跑去，也和他们一样提着个草筐，拿着个小镰刀割草。在那时，我就认识了平原上各式各样的草，这些草的形状和气味一直伴随我，浸润在我的血液里。我在很长的时间里，在人生行走的旅途中，都觉得自己是平原上的一株草。再后来，我在1971年下乡当了知青，成了一个地地道道的农民。农忙的时候，我干各种各样的农活，农闲的时候，我作为生产队长，还常常与那些支书、队长到公社开会。所以，我觉得平原实际上就是我的家乡，也是我的写作领地。

傅小平：但在城市化进程加速的大背景下，眼下乡村相比你那时经历的乡村，还有你在十多年前写的乡村，已经发生了很大的变化。当进城成了一种趋势，成了一种常态，你觉得现在年轻人还把进城作为一种理想吗？

李佩甫：现在的农民和过去的是两码事了。农村里年轻人都跑出去了。你现在跑下去看，比的是谁的车好。我记得我当知青那会儿，那里的人们见了面常说的话是吃了吗，现在不一样了，见面都说给介绍个项目,能不能贷点款之类。农民终究要走向城市,这是历史发展的必然。我们那里农民最富的都去了北上广,条件还不错的去了各大省城,比较一般的也在县城、在镇上买个房子,留在农村的年轻人很少了。所以说,整个农村原有的结构不存在了。

傅小平: 我倒是觉得你可以写一部《城的灯》的续集,写写当下农村,写写新时代背景下的城与乡,还有在这个过程中平原上发生蜕变的人们。

李佩甫: 这个需要再等一等,现在写这个已经没什么意思了。这个社会再往前发展,将是什么样子,我们的观察时间还短,还需要有个进一步认知的过程。但我们社会肯定会发生巨大变化,等到80后、90后主导的时候,这个社会绝对不是现在这个样子了。他们比我们50后、60后,还有70后更加自我,他们也不会像前几代那样忍和韧了。但个人化到了极致,也会出现新的问题。像我小说里写的那样,过去年轻人进城会带着一个家族前进,现在不一样了,现在年轻人一般不考虑老人的前景,老人都成了他们的累赘了。但我们国家又将迅速进入老龄化,你很难想象以后的社会会变成什么样。

有些意识看似消失了,但很可能还留在人的血脉里

傅小平: 你塑造了不少个性鲜明的人物形象,你着重强调的平原反倒会因此被忽略。同样,你小说的叙述有着坚实的质地,与叙述看似游离的部分可能就不是那么被关注。但就我的阅读观感,这部分带有词条性质的内容,无疑让你小说的大厦更为结实,更何况这些"词条"也写得特别出彩。像《羊的门》里的"易筋经"和"十法则",以及《城的灯》里的"上梁方言"注释和刘汉香种花"观察日记"。应该说,这部分内容对你写豫中平原这个背景也起到了深化的作用。我好奇的是，这些词条你是借鉴了相关资料，还是主要出于你个人的解读？

李佩甫：都是我个人的解读。但"易筋经"是中国传统文化里就有的，我有个朋友，我在省文联的时候，每天都要陪他下三盘象棋，他就是练这个功的。他练到什么程度呢？就是一天不练，他会很不安。他原来身体很不好，一个月要感冒好几次，但练了这个功以后，三十五年身体都很棒。你想这个"易筋经"有多厉害。中华传统文化里头是有很多奇特的东西的，很厉害。"易筋经"在我国一些典籍里头也有记载，这些东西我都用在这个小说里头了。

傅小平：那其他呢，像十法则，还有上梁方言等，都是你虚构出来的？

李佩甫：是我虚构的，是我个人的创造，但融入了我个人对这块土地的理解。我是贴近这块土地去理解它的。这都不是虚的，全是真切的。还真是，咱俩今天聊，有两点我是特别高兴的。《生命册》最后一章，我认为是写得最好的，但从来没人跟我说起过，你今天说到了。还有你说到《城的灯》里上梁方言注释写得很好，也是从来没人这么说过，你说到了，也说对了，我认为这是我在这些小说里写得最好的部分。

傅小平：这些部分的确容易被忽略。我也读过部分小说加入类似词条的内容，多数是借鉴了各种材料的，读者习惯成自然，想当然以为这些都参考了相关资料，估计也很少有作家像你这么用心去创造词条。而且在多数小说里，这样的词条只能算是旁逸斜出，对故事情节发展起辅助性的作用，它们在你的小说里却无疑是重要的，就像方言在你的小说里起到强化和深化背景的作用一样。

李佩甫：对，我的小说里会融入方言，但不是按原生态的样子放进去，而是经过了思维认知的转化。也就是说，进入我小说里的方言，都是修正过的。我们对"修正"这个词有误解，其实这是最好的一个词。比如一幢建筑在建设过程中，遇到设计时没考虑到的问题，也得对它进行修正。我写平原这片土壤，也有一个调试和修正的过程，围绕的都是对汉文化思维方向的观察和追寻这个中心。我想搞明白我们汉民族是怎么走过来的，为什么成为现在这个样子，有可能成为什么样子。

傅小平：还真是，如果就像你说的，语言就是思维，那我觉得方言更是思维。

李佩甫：相比普通话，方言更具象，它代表的是人们在某个阶段，对某种事物或现象的认知。它的出现和发展是有过程的。像"互联网"这样的新词，也只有到了现在才可能出现，在过去是不可能出现的。

傅小平：也就是说，通过学习方言，写作方言，加深了你对平原这片特定地域在某一个或几个特定阶段的认知。

李佩甫：对，通过方言更能理解这块土地的生存状态。我们这地方，民间有"出虚恭"的说法。"出虚恭"指的是放屁，这样的词原本不出自民间，是朝代更替时，一些皇家子弟流落民间，藏匿民间后，在民间流传开来的。这个词流传开来后，你去看病，相对高级的中医会问你，出虚恭不出？意思就是你放屁不放。放了，就是通了。通了就好一些，不通，就有毛病。这样一句问候语的背后，反映的就是地域、时代、生活的变化。你了解这个，对你了解这块土地是有好处的。我也是在了解这地方后经过反复思考、加工才写出了上梁方言。

傅小平：《城的灯》里写上梁方言注释的是冯家昌的弟弟冯家和。他是上梁小学的乡村教师。在那样的环境里,他写这些注释,是要遭同行耻笑的,被认为是个半疯子,但实际上又让人有所敬重。这样近似乡村知识分子的一类人物,时不时在你小说里露面,他们虽然落魄,但多少保留了一点尊严。

李佩甫:他们实际上就是乡村的知识分子,是乡村文化的引导者。他们虽然落魄,但因为有文化,在一个地方才有一点尊严。如果没有这一点文化,在当时那种落魄的境遇中,他们是没有一点尊严的。

傅小平:在小说里,县上要调冯家和到文化馆去工作,他竟然不去。因为害了邪病恋上刘汉香,于是被村里人认定是个花痴。这要在历史上,冯家和这样的人物,本就该在村里扮演类似士绅的角色。对比一下《河洛图》里那个康秀才,都落魄到那个份上了,人们还是敬着他的,周广田还想着和他攀亲家。要换到现在,这是不可想象的,毕竟受人尊敬的士绅阶层早已退出历史舞台。

李佩甫:说老实话,以我个人的认知,自20世纪四五十年代以来,中国士绅阶层在乡村就没有真正存在了。当然我这个视角,是纯草根的视角。

傅小平:不确定《平原客》里的"客",是否与历史上的门客有关系,或者还有一点"门客"的遗风。按你自己在后记中的解释:在平原,"客"是一种尊称。上至僚谋、术士、东床、西席;下至亲朋、好友,以至于走街卖浆之流,进了门统称为"客"。当然单就经营人脉角度,平原客和门客倒是多少有相通之处。

李佩甫:这里面主要讲一种意识的传承。有些意识在某个历史阶段看似消失了,但很可能它还留在人的血脉里。比如说,河南巩县(今巩义市），是河洛文化的发祥地。那里早先是水旱码头，很早就有了商品意识。但在很长时间里，这种意识都被打压下去了。不过在改革开放初期，最先富起来的，也是这个地方。这就说明，这种经商意识一直残存在人们的血脉里头，而且这个地方有些人是具有做生意的天分的。只不过这种意识、天分暂时被压抑了，但只要找到一个出口，它就长回来了。所以，巩县后来成为百强县，不是没有原因的。这个挺有意思。

傅小平：要说《平原客》有所谓"门客"，谢之长这个人物或许可以算一个，当然那也只是门客的变种，更近于谋士吧，他在其中主要起打通关节的作用，刘金鼎和李德林都是经他从中联络打理才产生关联的。这部小说你是从刘金鼎写起的，从一开始你就写得引人入胜。我还以为你会像写《城的灯》一样，把它写成刘金鼎的成长史，以及他家族的发迹史，读到第二章才发现不是这么回事。

李佩甫：对，这个人物开了头，但重心不在他那儿，他只是一个穿针引线的人物。写刘金鼎是因为我一直关注平原上的一个种花人，这个人祖上就是种花人，他自己后来也成了地方上名声很大的"园艺大师"。但他最值得骄傲的身份，还是"市长他爹"。但他那个当了市长的儿子，后来成了杀人犯。我就想探讨这个事。我没有主要写他，是因为我写平原这个地域，想看看各种不同人的生长轨迹。

傅小平：也可能是你着眼于写地域，你的小说很少线性写一个人的发展轨迹，倒是比较多由一个人串联起一群人，或是先写一个人，再慢慢切入写整个地域。所以，你的小说偏于树型结构或网状结构，要做到"形散而神不散"是有难度的。

李佩甫：因为我主要写关系，写土壤和背景。马克思有句话说，人是生产关系的总和。人不只是人本身啊，他背后有一个巨大的、一般人看不到的背景。有时候，我们评价一个人很难准确，就因为我们不知道他后面站着什么，他是怎么走过来的。这个背景对人的影响真是特别大。我是主要写背景的，不是写单个的人，我们单个的人都是在这个巨大的背景中生活。我们有时觉得一个人的举动很荒诞、很突然，是因为我们不知道他后面是什么因素在起作用。我是想把背景写出来，我个人认为，这背景的力量是巨大的，比我们通常想象的还要大。

傅小平：那你会不会担心，用过多笔墨写背景，反而把人物给冲淡了？不过这种担心也许是多余的，在你这里两者像是相得益彰，你分明塑造了一些让人难忘的人物形象，而且还秉承着看似过于传统的典型环境典型人物的写作路子。

李佩甫：我把所有的人物，都放到我最熟悉的环境里写。不然我怎么写？像美国纽约，我只是去过而已，只有那么一点浮光掠影的印象，我不可能深入骨髓去写。只有把人物放到我熟悉的情境里，我写起来才得心应手。

傅小平：我有时候想，是不是在你看来，很多时候背景会把人物给淹没了。

李佩甫：极有可能啊，我们受文化背景影响，还有各种因素牵涉，能从这个背景里走出来的人都是叛逆者，都不是一般人，要不是圣人，就是伟人。

傅小平：你的确很少在小说里写叛逆者，是因为在现实生活中很少找到？不过实际看来，真正的叛逆者似乎很少，有些叛逆却像是对传统更深的皈依。

李佩甫：对，我循着汉民族思维寻找，但我几乎找不到这样的叛逆者。即使从历史上看，那种能背叛自己民族文化惯性思维的人也太少太少。

傅小平：这应该是你的肺腑之叹。比如，《平原客》里的李德林从美国留学回来，也算是经过西方文明的洗礼，却选择以"黑道"方式，解决与第二任妻子徐二彩的婚姻冲突。这说明他思想中的痼疾，或者说这片土地的束缚与缠绕，让他没能走出传统文明的思维逻辑和精神窠臼，可以说包含了很深的反讽意味。

李佩甫：实际上，李德林虽然在美国读了博士，拿了一个文凭，但跟美国社会并没有深入接触，倒是比较多受到美国文化中最不好部分的影响，强化自我意识，但他的精神轨迹还是土生土长的。这个人物，我觉得很可惜，他本来是有可能成为另外一种人的。他被这块土地培育，又被这块土地淹没了。

傅小平：在《生命册》里，我读到过一个类似的人物，只是名字不同。那个"戴草帽的副省长"叫范家福。所以我就想，你是觉得那里面写得意犹未尽，所以才在《平原客》里改头换面，再好好写写这个人物吗？

李佩甫：你要不说这个范家福，我都一时想不起来了，因为在《生命册》里，这是个次要人物，我也只是随手起了这么个名字。我发现我这个起名很有问题，当年写《羊的门》，写到一个工商局局长刘海成，也就提了那么一笔，结果好了，我们当年河南省一个局的局长就叫刘海成。我还认识他，但我忘了。这个人物在小说里一笔带过，我也就没那么讲究，发现名字不够使，顺手就这么写了，的确不够严谨。李德林在《平原客》里是个主要人物。但这两个人物都来自一个原型。很多年前，我听说一个干部把妻子杀了，我在此后十多年里就一直关注这个事件。这个人自幼苦读，考上大学后又到美国去深造，成了留美博士，是一个专家型官员，可他却雇凶杀妻，他为什么要这么做呢？我就想这个问题，还专门到他的家乡去采访。他村里人跟我讲他是个好人，是他家的风水不好，他家盖房子盖到"坑"里去了。我了解下来，也觉得很难说这个人是坏人。当然，这两部小说中间隔了很长时间，当我重新以这个原型写李德林的时候，应该说和写范家福的时候，完全是两码事了。

傅小平：你这么说，倒是想问问你怎么处理原型和人物之间的关系。你一般都是揭人物的短的，要是把他们写得太接近原型，恐怕会让人对号入座。

李佩甫：原型跟创作是两码事。我写的人物都是在我脑海里长期浸泡过的。有时在某个场合看到了一件很小的事，当时看到了也不能写，但到了某一个时间，发现这是可以写的，可以用在某一个中篇或长篇里。但你写出来，是经过内部消化，经过思维加工，经过浓缩、修饰、变异的，跟原型几乎都没关系了。不过我写东西是至少要有所见闻的，我不凭空杜撰。我是写平原的，但这个平原，不是几个真实的县组合在一起的一个地方，是我自己创造了这片土地，只不过我小说里的春夏秋冬，还有人们的生活方式，是源自那块真实的土地。像前面说到的上梁方言，也是出于我个人的认知，是我把它搞成这样，不是它原来就这样。包括李德林，和原型距离其实很大的，原型也没这么优秀。说实话，我把原型和其他一些官员的特性集中了、浓缩了，才有了李德林这个人物。

傅小平：小说里，李德林还是小麦研究专家。他身上应该浓缩了一些技术型官员的共性。他走上仕途前，因为不能兼顾专业研究，也是有过一番心理挣扎的。后来出事被关进看守所后，他也有过一番反省，觉得自己不该丢了小麦。有意思的是，你还真是用了不少笔墨写他在小麦种植方面的研究，包括发明小麦杂交品种，等等，给人感觉你自己都是半个专家了，该是下过不少功夫吧？

李佩甫：我书里写到的小麦品种，生活里是没有的。我追踪采访的原型，也不是小麦专家。但我研读过这方面的材料，也知道小麦、玉米都研发到哪个程度了，我写作的时候是有参考的。

当找到准确表达的词我就很快乐

傅小平：现在恐怕没有很多作家，能像你这样下大功夫做实证研究，更少有作家像你这样力求把小说里场景写得如电影画面一样清晰可感。作家们不这么写，理由也很充分，图像时代到来后，左拉式自然主义写法早已过时了。但即便这样，我觉得在有些情境下真实再现人物活动的场景，依然是重要的。这方面你堪称典范。写平原等外部空间就不用说了，你写会所、浴场等室内空间，也会给人巨细无遗、纤毫毕现的感觉。你平常做记录吗？

李佩甫：我是从来不做记录的。在某一些场合喝过茶、吃过饭，我会有印象。很多年后，我可能会把这些印象综合在一起，创造出一个我认为最契合小说叙述的场所。比如，一些在北京的河南老乡每年都会举行"吃饭会"，我就把它移植到《平原客》里了。我知道官员们相互结交，也会举行类似吃饭会的活动。当然我写这都是经过改造的，要都把真实写出来，让人对号入座，就会出问题。

傅小平：关键是你写得细致、逼真，让人觉得你像是用画笔对着一个真实存在的场景一笔一笔描摹下来的。

李佩甫：那都是经过长期储备，长期积累，不是一下子完成的。我的很多小说都是准备了很多年才完成的，写《平原客》我至少准备了十年。

傅小平：那真是考验一个作家的耐心，你的写作实际上也考验读者的耐心。像《羊的门》从第二章开始才真正讲述故事，开头一章写的平原，说铺排也不为过，而且你用的是长镜头、慢镜头。你就没担心过读者会迟迟进入不了阅读状态？我读的时候想，考虑到阅读因素，当初编辑会不会建议你把这一章拿掉。

李佩甫：给你说中了。《羊的门》1999年出版的时候，出版社编辑就建议我把第一章拿掉，我说坚决不拿，这是整部长篇的导言，是最主要的一章，怎么能拿掉？我是写人与土壤的关系，写特定地域生命状态，我不是纯粹给你讲故事的，必须得有这个东西。再说这部小说书名取自《圣经》，但我其实都是写东方的。

傅小平：这般工笔细描是要耐着性子的，你写的时候从来没觉得不耐烦吗？

李佩甫：写作我是有快乐的，当我找到准确表达的词，或者写着写着突然涌现出很好的细节，我就特别快乐。写作也是有惯性的，时间长了我就发现了生物钟。一年当中夏天，还有一天当中上午，我写作最自在。这两个时间段，是我写作的黄金时间。在那个时候，我是没特别考虑就可以开写的。我最早当编辑的时候，白天得工作，只能晚上写，写得很苦。当了专业作家以后，我就改成上午写，只要往凳子上一坐，点上一根烟，脑子里空空的，都可以开始写。《羊的门》是我写得最顺的，状态特别好，往下写就是了，整个过程都没怎么停过。最不好的情况是，我一天里把一个东西都写尽了，不知道第二天该写什么，我就想完蛋了，接不上气了。今天能知道明天要写什么是最好的。

傅小平：我印象中，海明威说过，等写得差不多时，他会把写好的部分通读一下，知道接下来会发生什么、会写什么就停下来。写到自己还有元气、知道下面该怎么写的时候停笔，第二天再去碰它。看来作家的写作各异，但有些写作上的经验是相通的。海明威是很在意读者感受的，你写的时候会不会考虑读者？

李佩甫：我不考虑读者，早年写小说更不会考虑。但后期写一些东西会想到，像《平原客》里写赫连东山，一个老警察，里面确实有一些可读性强的东西，但那也不是我有意这么写的。

傅小平：一个作家在写作上积累了一定声誉后，就是小说写得可读性弱一点，读者也会追着读。虽然你出版《羊的门》的时候，写作已经很市场化，但相比而言，现在读者似乎更缺少耐心。如果你现在写，会适当加快叙述速度吗？

李佩甫：不会，我会更认真写，我会把后边情节紧张的部分，处理得更淡一点。现在我写作都四十年了，更加不会为可读性写。到了这个时候，我不是为多出几本书写了。当时多少会考虑一点，这个书有没有出版社出之类的。《生命册》我就写得慢，也写得特别从容。我把五十年来对特定地域的理解都放进去了。《羊的门》我写了一年半，但《生命册》我写了三年哪。

傅小平：我读《生命册》，倒是感觉你写得特别快。这可能是因为你以吴志鹏的视角写，比较多呈现他的灵魂状态。这样相比客观叙述，有些部分还带有意识流的特点，我读着特别顺畅。这和你真实的写作状态是两回事。不过写骆驼在上海炒股票部分虽然叙述比较客观，也感觉有点加速度，倒是契合大都市节拍。

李佩甫：我以前是不炒股的，有人劝我炒股，我就说，一个作家，又没几个钱，去炒什么股，我不干这个。但这个长篇写到骆驼炒股啊，我就为写小说炒了一回股，试了几个月，就一直买卖、倒腾，没挣到什么钱，但也算是有过真实体验了。当然我写骆驼在上海炒股，是因为我觉得上海这个地方特别会激发人去冒险，包括激发像骆驼这样的人去靠投机获得成功。所以我写到了上海，还顺便抨击了一下上海，以中原人的视角。说老实话，我也就去过上海一两次，虽然去逛了逛弄堂什么的，但我写上海不一定准确。我写到上海，也只是因为骆驼这个人物在上海起步，他第一次炒股就在上海，所以不得不瞎说几句。

傅小平：你为写小说去炒股，倒是让我想到你为写《等等灵魂》，居然研究上百个商场案例，接触形形色色的企业家。在我的视野里，你可以说是极少数能狠下苦功的作家之一了。看来你欣赏有点傻气的人，认为十年面壁高于一朝顿悟，面壁的力量永远大于顿悟的力量，是包含了很深的个人体悟的。说起来无论骆驼，还是《等等灵魂》里的任秋风都是绝顶聪明的人，但最后都失败了，这也印证了你说的那句"在大时间的概念里，任何智慧和聪明都是不起作用的"。

李佩甫：我这样写任秋风，还有骆驼，是觉得人越过底线，就不成其为人了，人走得太远，就回不来了。我就觉得实际上我们每人心中都藏着一个"骆驼"，都渴望或曾经渴望成为"骆驼"。作为时代的弄潮儿，骆驼也是一个悲剧人物，他坐拥亿万资产最后还是跳楼自杀了。他的悲剧是一开始就种下的，是含在骨头缝里的，杀死他的是他自己。或者说，精神上的"贫穷"，使他有了这个悲剧结局。

傅小平：像骆驼这样的人物，看似因为某种偶然落败，但其中也多少包含了某种必然。我又想到你在《生命册》最后写到的那个副厂长，就那么一个不小心，眼睛在工厂大门上的小门门鼻儿上碰坏了，读到这个细节，心里猛地一颤。生活中有些微不足道的细节，足以改变人的一生啊。

李佩甫：我在生活中就见过这样一个人，他在外商投资的关键时刻遇到了岔子。有些事情，你看似偶然，其实有轨迹性或命运的必然。发生这样一个事情，对他个人或许是偶然，但也像是冥冥当中注定的。他是副厂长，管招商引资这档子事，他全家上上下下的人又都在这个厂子里，都指望着他生活，他有压力啊，不能不急，他个子就那么高，也就在这门上头，把眼睛碰坏了。所以，在那一天，由于各种因素，机缘巧合都聚在这么一个点上。就好比一个人走在路上，恰巧上面掉下来一块砖头砸在他头上，这个事对他来说是偶然，但对于掉砖头那个地方的这个特定状况来说，发生这样一个事就有必然性。从大的方面来说，我们不得不承认，人类到现在为止，还有很多未破解、不可知的因素，这些因素里或许包含了某种必然。

傅小平：你这么说，像是有点宿命论。你相信宿命或者命运这回事吗？

李佩甫：我原来是不信命的。我是这么想的，如果命是天定的，那你算也没用。如果命不是天定的，那不用算，靠你自己努力就好了，你也没必要去问。但我后来发现有些因素真是不好说。

傅小平：想到《生命册》里的那个梁五方，他的人生轨迹太有戏剧性了，也因为戏剧性，使他的一生都充满荒诞色彩，他的荒诞又凸显了时代的荒诞。

李佩甫：这个梁五方，他最初是好人，后来变成了无赖，到最后成了半先知。当然，我生活里见识的人，不完全是这样，我是经过集中和浓缩塑造出这个人物，但我的确见识过很多这样的人物。

傅小平：你的中篇小说《杏的眼》里的祁小元，也看似因为某种偶然性，个人命运发生了戏剧性的转变。但读到小说结尾，也不免唏嘘感叹一番。这分明是一个好人啊，却像是代人受过，落了个不那么好的下场。

李佩甫：祁小元是一个好人，但他被拉下水了。他也不完全是代人受过，因为他就是把事情整个交代出来，也不能改变结果，只会牵连更多人，所以他就认了。有些事情，严格说来不一定是某个人的错，但背景把他整个儿拽进去了。我倒是真正观察过一个现象，到了深圳、杭州，你问出租车司机是哪的人，他们很多都是从河南周口来的，最开始有人干上了出租，然后一人带一家，一家带一族，一族带一村，就这样越来越多周口人去开出租。在城市化进程中，中国农民就这样一步步走进城市，但他们进城后还是带着农村的背景。所以，农民不是一下子就能得到解放的，即使他们在物质上解放了，但要在精神上解放也需要很长时间，这就是我们身处的大背景。

傅小平：你写了中国农民一步步走进城市的过程，有意思的是，我感觉你笔下的人物也是一步步往上走的。《羊的门》里的呼天成纵然呼风唤雨，也只是呼家堡的一个当家人，之后你小说里的人物阶层慢慢高了，也主要是集中在市县一级，到2017年你出版《平原客》，里面的李德林已官至副省长。

李佩甫：这个跟我接触面有关，一个东西你没接触过就没法写。我从一个小城市来到郑州，接触面宽了，有些东西才敢写。你对一个东西没有一点接触和认知就写，那是胡编。你光听说一点，也还是不行的。到了郑州以后，我每年都到各地走走。

傅小平：这也应该和你自己一步步往上走有关吧，包括最后当了作协主席。

李佩甫：我觉得主要还是我作为专业作家本身。当然有这个平台，去参加各种会议，也见到各式人物，但这不是我喜欢的事，等到退休，我终于不用经常去开会了。

傅小平：你的小说也很少写开会啊。要知道，太多官场小说最喜欢写的就是开会了，你是另辟蹊径写官场。

李佩甫：这我倒没在意。开会我确实写得少。我特别不喜欢开会，也很少写开会，偶尔也写开会，但很少写会议场面。严格地说，我并没有正儿八经介入过官场，我写官场都只是从旁观察。

傅小平：倒也是的，你小说里总会有个扮演观察者角色的人物，哪怕他只是在小说引子里露个脸。读的时候也能感觉到你隐身在这些人物背后。

李佩甫：但我用的是草根视角，不是什么领袖视角或上帝视角。

傅小平：不过从你的作品里，还是能读到上帝视角。这可能是因为你在小说里融入了一点近似神性的东西。

李佩甫：一个民族是需要一点神性的。

傅小平：你的小说似乎和魔幻现实主义沾不上边。

李佩甫：马尔克斯对中国作家的影响很大啊，我刚读到《百年孤独》的时候是相当震惊的。拉美各民族与中华民族也有相似性，在近代都处于被奴役状态。他书里有些带魔幻色彩的细节，像拉磁铁，跟我们童年时候玩的推铁环就很相似。当然他的描写，什么钉子、铁锅跟着满街跑是夸张的。但拉美作家在有些思想意识上是超出中国作家的，他们能穿越历史，穿越具象。

傅小平：这一点我赞同，我们的作家容易陷在历史主义和实用主义的泥潭里，相对缺少终极的追问。而且一旦往终极里"走"，就容易演变成荒诞。

李佩甫：我想这跟我们的民间传统有关。中国，乃至东方实际上信奉多神论，我们老百姓信灶王爷、土地爷，还有其他神。但说老实话，多神论等于无神论，一旦求神不大灵，实用主义就出现了。这不是说中国老百姓就不需要精神神性，他们还是渴望，还是需要的。但他们能得到的只是非终极的神性。中国历史上战乱频繁，使得他们能拥有的都只是暂时性的，但老百姓希望得到上天的庇护或护佑，这内里是有终极的，有理想主义的。理想主义是带有终极性的，只是理想主义推到极致就是荒诞，所以在具体生活中，老百姓又是极端实用主义的，所以才有大荒诞。所以，一个民族要有灯，没有灯就只有"罪"的苦海。

一代人精神的高贵，是需要几代人的物质进步来滋养的

傅小平：所以，还是得回来说说平原。你小说里固然写到一些充满进取精神的活跃分子，但尤其不能忽略的是那些承受者的形象，这其中以女性为主，无论是刘汉香还是虫嫂，都是勇于承受，也敢于担当的女

性人物。

李佩甫：我写的都是平原这片土地上生长出来的东西，平原上的老百姓只有忍和韧，也没什么革命性。我和陈忠实写的也不一样，因为历史状况不同，写的地域也不同，他写的八百里秦川，站在黄土高原上是可以大声喊出来的，但在河南这块土地上，很多东西都是得咽下去的，所以我是写隐忍的。这样的隐忍靠一口气来支撑，很苦啊。但用"忍"和"韧"这两个字来概括中原文化是最准确的。

傅小平：说得也是，这是能体现地方特点的。

李佩甫：河南是块绵羊地，受儒家文化浸染很深。历朝历代战乱频繁，自宋代、元代以来，一次次杀戮，在这里只要能活下来的，都是特别隐忍的。

傅小平：我觉得你的小说很能"藏"。要说写山写得形态万千，没什么可奇怪的，崇山峻岭能藏东西么。平原一马平川啊，像是什么都能一眼看得清清楚楚，你却能写得丰富各异、有声有色，感觉不是那么容易的。

李佩甫：我身在平原，研究平原，也着重写平原。从历史上看，河南这块地方最适合人类生活，它一马平川、四季分明，气候宜人，这里不像西北干燥，也不像南方那么潮湿。这个地方是很开阔的，鸡犬之声相闻，我曾经开玩笑说，灰尘在这里落下来，没有一片树叶是干净的。中国的大河中有三条，黄河、长江、济水流过平原，所以庄稼也长得特别好，是块插根筷子都能成活的地方。这块地方曾经是最好的啊，它虽不是战略要地，但特别适于治理。历年战乱，中原不断被侵扰、占领，所以有"逐鹿中原"一说。这种政治文化对中原的摧残是很严重的，到了现当代，它既不沿海，又不沿边，就相对落后了。

傅小平：中原在历史上曾经是好的、先进的。

李佩甫：唐代、宋代时期，河南都发展得很好，到了宋代是高峰，北宋处于中原文化的鼎盛时期，到了南宋，南迁的时候，那些有钱有权，有文化的，或者说只要能跑的人都跑到南方了，这些人还把最好的工匠、厨师等也带到杭州去了，河南饮食文化中最精彩的部分变成了杭帮菜。

傅小平：原来中原文化精华部分迁到南方去了。

李佩甫：所以要说河南有什么不好，那是有历史原因的。这块地方如果本来就不好，宋代就不会在这里建都。包括河洛文化、殷商文化等都在河南。即使现在看，中原地带也还是有很多好处的，比如说，黄河泛滥从来没有淹过郑州，都是绕着弯儿往下走了，这里也没地震什么的。但历史上一次一次的破坏就造成了现在这样的局面，所以我对这块土地的情感是很复杂的。再往远里说，当年孔子、老子、庄子都在河南周围一带活动，老子就是河南当地人啊。

傅小平：正因为这是一块儒家文化浸润很深的地方，读《城的灯》读到刘汉香被六个孩子劫掠、摧残时喃喃说出的那句"天哪，谁来救救他们吧"，更觉被震撼到了。我读到这里的时候，也想到了鲁迅《狂人日记》里的那句"救救孩子"。我觉得那句话与其说是刘汉香说的，不如说是你自己说的。

李佩甫：刘汉香说这句话和她这个人物的走向是契合的。那六个孩子要挟，甚至最后杀死刘汉香的根源在哪里，在于他们贫穷。贫穷能产生罪恶，贫穷可以是恶的集散地啊。在生存得不到保障的情况下，人性相对缺失，人性的恶也会肆意蔓延。我研究过一个人物，是一个苦孩子，他心理病态到什么程度？他用一个小榔头砸死了四十一个人。他怎么杀的？比如看到一个拾破烂的，他悄悄从后面上去，"咚"一锤就把人砸死了。但这个案子很长时间里都没有破，一直到他杀了第四十一个，这个案子才破了。

傅小平：那这个人犯这么多杀人案，杀的还是和他一样生活在底层的人，也看不出他有劫富济贫的主观愿望，主要是出于什么心态呢？

李佩甫：主要还是他太穷了，他能接近的，也都是穷人。他当年唯一的愿望，也是最大的愿望，就是去县政府看大门。我认为贫穷对人的戕害，要远远超过金钱对人的腐蚀。一个人的童年是至关重要的，童年心灵的健康非常重要。一个人要是在相对健康，物质生活有保障的环境里长大，他的心性就会相对健康。反过来说，一个人在饱受折磨的困境里长大，他的心性很难健康。道理也简单，这就像一棵幼苗，一开始有了病根，就会慢慢长成一株歪歪扭扭的植物。一代人精神的高贵，是需要几代人的物质进步来滋养的。

傅小平：所以你写刘汉香被劫掠这个章节是有深意的。那六个孩子逼迫刘汉香交出的那个子虚乌有的装钱的黑皮箱子，也可能是一个隐喻。这部分文字，你真是写得很残忍。

李佩甫：我写的时候全神贯注，但过后有些细节就想不起来了。我一般写下一本就把上一本洗掉，所以具体写的什么我就忘了。但我记得这个部分我写得很残忍。为什么这么写，因为美就这样被无情地摧毁了，生活里有时也是这样的啊。

傅小平：的确是这样，但放到中原这个大背景上，贫穷滋生的罪恶导致了美的毁灭，更是让人觉得触目惊心。

李佩甫：中原这块土地啊，历史上老百姓活得很苦，物质生存，一直是我们多年来拼命解决的问题。想到这一点，我的心会疼，我是以"疼"来写我们这个民族的痛。

傅小平：我在想，你是一直扎根在中原这块土地上的，你要是和阎连科、刘震云他们一样去了北京，你写中原还会那么心疼，这么深透吗？

李佩甫：也不好说。在京的本土作家写河南，也写得很到位啊。他们视野更开阔，反观能力也强。我不怎么好热闹的，适合当个体劳动者。你看我普通话都不学的，如果有北京什么杂志约稿，我就撇两句河南普通话，但从来没正儿八经学习过普通话。我知道有地道的河南人专门跟着中央人民广播电台学普通话，那是他们有想法，想往外冲，往上走。

傅小平：那你有没有想过，为何那么多河南籍作家都进京去了，很少有留下来的，似乎给人感觉这些作家只有离开这片土地再来写它，才能写出大气候。

李佩甫：各人的情况不一样。我想写好这块土地，觉得中原太苦了，想写写它。对于中华民族来说，黄河是母亲河，是发源地，但历史上黄河泛滥搅得中原民不聊生啊。我们说山东人闯关东，这个"闯"字有劲道吧，河南人是走西口。中国地势是西高东低，所以河南人都往西走。他们其实不是走，而是逃，逃啥呢，逃水。黄河连年改道，一直都是在中原大地上滚来滚去的，黄泛区老百姓怕水淹，把锅之类的家什都挂在树上，随时都可以逃啊。他们往西最远逃到了乌鲁木齐，乌鲁木齐有很多人是从河南过去的。你不知道吧？历史上，乌鲁木齐才是河南人最想去的地方，那里地广人稀，种下粮食能吃饱饭。

傅小平：刘震云《温故一九四二》写到了类似的惨状。冯小刚根据这篇小说改编的影片《一九四二》也把这个惨状部分表现出来了。

李佩甫：对，那一年是死了很多人的。蒋介石抗击日军，要把国民政府迁往重庆，这得有时间啊。花园口炸开之后，为这个迁移争取了一个月时间，但付出河南上百万人死亡的代价。震云就写的这一年的事，他是有才华、有智慧的。

傅小平：你也有大智慧啊。你受益于大量阅读，想必也读过不少外国文学名著。但读你的小说，不太看到西方文学的影响。你像是一直都坚定地走中国化、本土化的写作路子。这看似一种自然的选择，实则是逆潮流而动，是需要勇气，也需要智慧的。而且你的小说里，还不太能看到80年代先锋文学思潮的痕迹。

李佩甫：我的写作没和西方对接，算是比较中国化吧，比有些作家更本土、更传统一点。但20世纪80年代，我和其他作家一样，都拼命吸收西方各种文学流派的营养，也都不同程度受到西方文学的影响。那时，我可以说也吃了一肚子"洋面包"，感觉很胀，消化不了啊。所以在写作上特别迷茫，有段时间每天晚上都在街头徘徊。那时，我已经知道文学不仅仅是写好一个故事了，搞好写作需要找到一种独一无二的表达和认知方式。"洋面包"好吃，我却长了一个食草动物的胃，所以特别痛苦。

傅小平：尝试过西方化的写作吗？

李佩甫：我学着写过意识流作品，但怎么写都觉得不成功，也没好意思发出去。这跟我当时还没找到认知的方向有很大关系。我觉得，认知或者说创造性地透视一个特定的地域是需要时间的，不光需要时间，还需要认识。我说过一句话，时间是磨，认识是光。磨和光都有了之后，我才找到写作方向，也才有了《红蚂蚱 绿蚂蚱》。当然这也不是说我完全回归传统，才找到方向。实际上，一些现代派作品，像普鲁斯特、乔伊斯，还有克洛德·西蒙等作家的写作，我还是接受的，也是对我的写作有影响的。

傅小平：体现在哪些方面？

李佩甫：他们小说语言里那种声光色味，描写细节的准确程度等，对我有影响。当然我写出来的味道，还是平原的味道。所以，我不像一些作家那样去仿制。你那样仿制，在刚开始发表作品的时候会沾一点光，新锐编辑喜欢，但长期那样写就不行了。我是觉得我们不能对西方亦步亦趋，也没这个必要。我们得写自己的生活，得把根扎在自己的土壤里。你在自己的土壤里，对这个地方熟悉，你就可以感觉到它的味道，你就能看到别人看不到的东西，感知到别人感觉不到的东西。也只有这些东西是真正属于你的，是别人夺不走的，所以我觉得不能一味学西方。只有找到你自己的领地，写你最熟悉的东西，才能做到左右逢源，得心应手。反之，你会捉襟见肘，很难远行。

傅小平：是的，当然不是说不能学西方，而是学了以后不宜照搬，得通过转化、内化变成自己的，或本民族的东西。这得经过一个学习、摸索的过程。

李佩甫：我认为，莫言写得最好的是《生死疲劳》，用中国的六道轮回的观念来结构整部小说，太好了！西方的思想，我们可以用来借鉴、用来观照，但不能照搬，而是要转化过来，与东方生活、东方思维相融合，不能是西方式的。在80年代，我把西方各种风格流派，差不多通读了。读乔伊斯《尤利西斯》那样的书，你得具备图书馆的水平啊，里面那么多典故、隐喻，当然好，但人家那也是建立在本民族的历史文化基础上的，你要那样去仿制就没意思。

写作不能有偷工减料的心理

傅小平：你的写作偏中国化、本土化，你又常年待在不是那么国际化的中原，会否对你作品的外译有所限制？有些作品像《白鹿原》《平凡的世界》在国内很受推崇，读者群也很大，但估计在作品外译方面不如预期。另外你要是在北京、上海这些大都市，你和国际出版人或汉学家等有交往接触，作品外译的机会或许就多一些。你作品的国外翻译情况怎么样？

李佩甫：主要在日本、韩国有翻译。我跟国际上没任何联系，我就自己写作。《羊的门》出版的时候，有个日本的大学教授，在北京待过很多年，他当时预言我这部小说要得什么奖，他和他的学生一起来翻译，还到我老家考察了一番。我带他在平原上走了一趟，教他认这个草那个草。当然，结果很明显的是他预判有误。这书翻译成日文后，多少引起了一点反响，但卖得没预期那么好。

傅小平：这个事情比较复杂，书写得好坏是一方面，怎样运作也是一方面。

李佩甫：我觉得创作是个人的事，我只要用心写就好了，写得好不好，写到什么程度，都交给别人判断，那不是我管的事情。到了这个年龄，我更加不去管书写出来后怎么样了，只要有人看就行。我没想到，过了二十年，现在书店还在卖《羊的门》，也还有人看，这就行了。

傅小平：二十年时间，足以淘汰很多书了。我觉得你的叙述抓住了中原的精髓，你对构成中国文化重要部分的权力解析得这么透彻，再加上文学水准放在那儿，你的小说或许五十年、一百年还有人看。即使不说别的，它们是中原文化的一个标本啊，如果要深入了解中原文化，就可以读读你的小说。

李佩甫：很难说，我写的那些，在多少年后也许就变成历史了。现在的年轻人读这样的书，有可能都不相信曾经有人这样生活，他们会怀疑怎么会有这样的生活。我一开始也想，年轻人应该不大看我的书了，但我的书出来还是有人在看，《羊的门》现在卖得也还可以，我觉得这都是奇迹了。1999年出版的时候，遍地都是盗版，地摊上五块钱一本，我当时住的小区门口都在卖。

傅小平：那你在小区门口进进出出，有没有被认出来过？

李佩甫：没有，人们不大注意这个。家门口卖盗版书的都不认得我。我觉得吧，人脸是最容易搞混、最不容易识别的，除非一个人长得极其有辨识度。从这一点上说，在城市比在农村安全。在农村大家都知根知底，在城里人多啊，到处都是陌生人。

傅小平：你说人脸不容易识别，你写人脸倒写得有一定的辨识度的。

李佩甫：我自己感觉不善于写人脸，一般也就不写脸。作家是应该会写脸的，有很多作家都很会写脸，写生动的脸，但我不会，写了也达不到那么传神。

傅小平：你这是谦虚了。当然相比而言，你写眼睛更传神。

李佩甫：要说我写眼睛写得好，那是因为我抓住某一个特征，某一个细节反复磨。比如《平原客》里的赫连东山，他是公安部门的一个预审员嘛，绰号就叫"刀片"，他以"眼睛"为武器，破过许多别人根本破不了的大案，我就得好好写写他的眼睛。我的写作吧，是看内不看外，外在表达都服从内心需要。

傅小平：你说反复磨细节，是不是说你会经常修改文字？

李佩甫：我每天都修改。写好一段，第二天就从写好的那段开始读，觉得行就留下，觉得不行就删掉重新来。每天读一遍改一遍，改着往前走。

傅小平：一般修改哪些方面的内容？

李佩甫：有修改语言，也有修改细节，主要看对人物的表述是否准确。修改一般从文字开始，改着改着突然出现一个好的细节，我会临时加上去。但不准确的我会删掉。要是觉得一个章节都不好，就整个都废掉了。我的写作是这样来的，每天都修正一下，一点点累积。

傅小平：进一步问问你怎么修改语言，你前面说过语言就是思维嘛，语言对于你的写作有极端的重要性。还有，你的语言应该说是比较纯正的汉语。

李佩甫：我就跟着自我感觉修正。我对文字比较敏感，陈望道先生是我的启蒙老师。比如，他的"推敲"说，对我是有影响的。

傅小平：你修改语言的时候，主要改具体的词语或句子？

李佩甫：不完全是。陈望道先生在《修辞学发凡》里有很多研究，但他针对的都是词语，这和你写一篇小说，要求不一样。写一部完整的作品，情绪是含在行文里的。如果情绪不对，我就写不下去。我必须得找到那个情绪，这不只是字词的推敲。至于单个字词，我要是能找到很精彩的表达，当然很高兴，但这也是包含在整个情绪里边的。

傅小平：听你这么说有启发。毕竟还是有很多人，只是把语言当成一种文学修辞，或者只是在工具的层面上认识语言。

李佩甫：我觉得不是修辞的问题，语言跟认知有大关系，写不准确，是因为写的人没想清楚。他想不清楚，落笔就不准确。对一件事情，肯定有最准确的表达，就看你想清楚了没有。我写时要是想到很好的表述，会非常高兴。要是找不到，就会气馁，非常不快乐。

傅小平：那在你看来，好的语言有什么标准？

李佩甫：很简单，我认为好的语言，首先是准确，其次是生动。

傅小平：索性问个比较傻气的问题。你觉得，成为一个作家，得具备怎样的条件？我问这个，是因为眼下只要是多少会点文学修辞，或者发表过一点作品的，也不管能不能站住脚，都会被笼统地，或客气地称为作家。

李佩甫：过去是不一样的，我们那个年代把作家这个称呼，看得很神圣。80年代的时候，我还只是写了几篇小说，是不敢自称作家的，也就觉得自己是文学爱好者、青年作者。称自己为作家，得有相应的、足以垫底的作品为支撑啊。后来写了《红蚂蚱 绿蚂蚱》《无边无际的早晨》，得到一些好评，在北京、上海也得了奖，仍没觉得自己是作家。直到写完《羊的门》，小小地骄傲了一会儿，敢说自己是个作家了，被称为作家也不觉得羞愧了，但也只是高兴了一小会儿。

傅小平：你写作总体看挺真诚的，比较少私心杂念，也比较少条条框框。

李佩甫：你说我真诚，那是我在写作中把自己放进去了，把我对土地的理解放进去了。作家情感的真诚度对作品质量有很大影响。文学不是用来经营的，虽然现在文学场有了些变化，但真正意义上的文学仍然是相对纯粹的。文字骗不了人，刚开始写的时候看不大出来，靠编造也能蒙混过关，但等到进入文学深处，你就无处可藏了。你的心性，你的小伎俩，都很容易被内行人一眼看出来。所以写作不能有偷工减料的心理，文字这东西一旦滑下去就很难再上来了，你得咬住、坚持住。

傅小平：应该说，你坚持住了。就拿你近年的作品来说，我觉得《平原客》保持了高水准，《河洛图》有点偏通俗，但你的写作无论如何都没有走向油滑，这已经很不容易了。能做到这一点，我想有真诚的态度是一方面，总是对生活有新鲜感受，而不是看什么都司空见惯，是很重要的另一方面。你是怎么做到的？

李佩甫：我觉得，认识大于生活，认识照亮生活。我有一位作家朋友说，他父亲一生都是农民，他应该是最有生活的，可他为什么不能写？他缺少认识啊。

你有这个认识，再加上生活本身的刺激，你就能写。我有一个朋友，弟兄四个，都是他当兵后从老家带出来的，我对这个情况熟悉，再加上一些个人的思考，也就有了写《城的灯》的构想。当然光靠这点认识不够，还要行走。我现在虽然大部分时间住在郑州，但每年都要去走一走，在平原上行走，我会接触各种各样的人，也时常会"拾"到一些什么，这就是我关注的"细节"。拾到这些细节后，我也不是马上就能写，但把它储存在脑海里久了，有一天它就有可能发酵。

傅小平： 也就是说，一般都是细节触发你写作？

李佩甫： 对，一般都是受细节驱动。比如，在某一个时候，在某一个地方，看到某一个人物，有个什么细节触动了我，以后就有可能进入我的小说。我的中篇小说《学习微笑》就是这样写出来的。有一年我回老家看父亲，看到地区医院边上，一个厕所门前，有老两口在收费，其中一位我很熟悉，是我的一位师父，他原来是一个七级钳工，工厂倒闭后就来这里了。我看他一直微笑着和进出厕所的人说话，而且很谦和。他看到我，也只是笑着问：回来了？我说：回来了。然后我问他：厂里怎么了？他又是微笑着说：开不下支了。这之后就没话了。他没有埋怨，也没有牢骚，只是淡淡的口气，淡淡的神情，我一时间就有很多感触。最初让我写它的也就这么个细节。

傅小平： 是这么个情况，那会不会也有例外？我看到一则资料说，你有一天脱鞋上床忽然间发现小脚趾的指甲是双的，由此开启写《李氏家族》的构想，让我多少有点吃惊。我读《羊的门》，也总是觉得应该是你脑子里有了呼天成这个人物形象，才开始了这部小说的写作。这个人物让人印象太深刻了。

李佩甫：我现在也经常到农村去，也喜欢搜集县志看看历史上的一些东西。几乎每一个村干部都是能人、智者，也可以说他们是这块土地上长势比较好的"植物"。我当知青队长的时候，有一年夏天，领着知青队十几号男劳力拉烟包，每辆架子车八九百斤重。我们村离靠近公社的那个车站有几十里远，等我们到货站时，都临近半夜了，一个个肚子饿得咕咕叫哇，都这个时间了，哪有吃饭的地方呢！有人就提议去公社食堂。知识青年都比较躁，在凌晨时分敲开公社大门后，没有饭，就问人家要蒸馍吃。我给打了个条子，拿了一百个蒸馍，许诺到时由村里还。回村后，我找管钱的老农队长说这个事，他说到时一定还。结果呢，一直都没还。我那时见他一次就催他一次，我说，拿公家的，必须得还。我只知道无论公家、私人，拿了别人的，就应该还。

傅小平：你当知青那段生活，应该为你以后写作积累了不少素材。但你好像不怎么写知青生活，倒写了不少转业军人。《城的灯》里有个细节，我印象深刻。你写冯家昌在打篮球的时候踩到图钉，钻心痛啊。这来自你自己的经历吗？

李佩甫：是虚构的。但我写转业军人是有根据的。那时候农村孩子要走出来，只有三条路，一是上学，一是当工人，一是当兵。上学太难了，几乎没可能。当工人普遍一点，主要是当煤矿工人，当兵是一条比较好的路。

傅小平：这应该是你当知青时的观察，毕竟你自己是城里人，你要不是写作，大概率一开始是当工人吧？你回城后，也确实当了一段时间工人。那你当知青的时候，想过以后要写作吗？那时写过什么作品没？

李佩甫：我是一个没有伟大理想的人，时刻准备着，但不知道干什么。我当知青的时候只是读了一些书，读书也完全是个人爱好，没写过什么东西。我当时也从来没想过当作家。开始写作，是因为一件荒诞的事。1975年，河南发大水，几个大水库垮坝，各地都在救灾，我所在的小城许昌也投入到救灾行动中。当时，我写了个"战洪图"的诗歌，发到学校墙报上。我一个老师看到后说，你可以投稿啊。那时投稿不用花钱，在信封角上铰个三角小口子就行，我就寄给《河南日报》了。寄出去后，杳无音信。但那个老师说，没有回信就有希望发表。从此，我就有了写作的欲望。到了1976年底，我写了篇八千字的小说《青年建设者》，投出去三个月后，接到让我进省城改稿的通知。我带着介绍信坐火车到省城后，在报社招待所住下来。八天时间，整整改了八遍，我一遍一遍改，脑子都改糊涂了。最后，那位编辑老师对我说，以他多年的经验，按编辑说的改，肯定改不好。我记住了这句话，回许昌后又重新写了一遍。1978年1月这篇小说被《河南文艺》刊发了出来。这算是我的处女作。

傅小平：读你们那一代作家的处女作，再对比后来的写作，回头看你们蜕变成蝶的过程会很有意思。你熟读西方经典著作，写的却是中国化的小说，倒是觉得你适合来谈谈什么是"伟大的中国小说"这个话题。

李佩甫：我不知道什么是"伟大的中国小说"，但我知道中国作家都想写出本民族所期待的、好的文学作品。这并不是一件容易的事情，从文本角度，如何突破旧有的文学样式，是当代作家面临的一个困境。从内容角度，文学应该走在时代的前面，应该是"麦田里的守望者"，但面对急剧变化的社会生活，我们思考的时间还远远不够。在这个时期，我们的文学落后于时代。如果文学落后于时代，作家仅仅是描摹现实生活贩卖低劣商品的"故事员"，那么我们的写作是有问题的。

傅小平：但另一方面，网络化时代全民写作，至少从表面上看，我们的写作似乎是前所未有的丰富和多元。

李佩甫： 多元化是好事，全民写作也是好事。但文学创作不只是写一个故事，或者说写一种经历，文学创作也不是生活本身。作家只有用认识的眼光照亮生活、用悲悯的眼光认识生活，用独一无二的方式表达生活，在作品中键入意义的创造，融入自己的思想，才能成就真正的文学作品。文学一旦失去了应有的水准和品格，失去了应有的境界和探索精神，失去了文学语言应有的思辨性和想象力，结果必然是庸俗化的泛滥。一个民族的作家不能成为一个民族思维语言的先导，是很悲哀，也很痛苦的。所以我觉得，现在还不是谈"伟大的中国小说"的时候。

齐邦媛

连生死都超然，你还激越吗？

齐邦媛，1924年生，辽宁铁岭人。

原国立武汉大学外文系毕业，1947年到台湾，1988年从台湾大学外文系教授任上退休，受聘为台湾大学荣誉教授。曾任美国圣玛丽学院、旧金山加州州立大学访问教授，德国柏林自由大学客座教授。编选、翻译、出版文学评论多种。

对于《巨流河》在大陆受到的欢迎，作家齐邦媛感到意外。她从没想到这本书能跟大陆读者见面。美国哈佛大学王德威教授把此书介绍给北京三联书店，没多久就出版了。

她更没想到，这本书会在大陆频频获奖。自2010年简体版推出以来，《巨流河》成为各种年度好书评选中最热门的候选。2011年初获颁第九届华语文学传媒大奖年度散文家奖后，齐邦媛又因此书获第二届在场主义散文奖。"说实在，起初对这个奖我并不很了解。不过，'在场主义'的提法让我觉得亲切。以我的理解，在场就是亲历。在这本书里，我写了我所亲历的真实的故事，其实也写下了大家的故事。书出版后，我收到了近五百封各地的来信。有不少人都在信中感慨：你怎么那么了解我，你写的是我的故事。我想，他们在阅读过程中，真正把自己放了进去。因为在场，所以没有阻隔。"

《巨流河》的写作，缘于学术翻译名家单德兴一系列英美文学与比较文学在台湾发展的访谈计划。他盛情邀请齐邦媛参加。"我认为自己并不知全貌，可谈较少，半生以来，想谈的多是来台湾以前的事。他认为治学和人生原是不可分的，又再度热诚邀访。"从2002年秋天起，原拟访问齐邦媛谈女性处境的赵绮娜教授对她进行了十七次访谈。"访谈开始不久，终因世事纷扰，没法思考访谈大纲与布局，也无法做所需资料的准备，所谈多是临时记忆，主题不断随记忆而转移。"

直到2005年初春，齐邦媛下决心重写的时候，一生思考的方式也回来了。此后，她跟着父母的灵魂做了一次返乡之旅，当她坐在大连的海岸，望着曾经扎根的岛屿，那一幕幕历史场景重现。"我原只想写我父亲齐世英，自从巨流河一役失败，终生流亡的事迹。但是我没有能力，也没有资料写那个壮阔的场面。我终于决定，只能从小我的观点写我跟着父母生存过的那个时代。"齐邦媛温和细软的声音，从电话那端传来，带着一种无可言状的人生感喟。

作为亲历者，我的写作态度是客观的

傅小平：《巨流河》这本被归为散文题材的回忆录，一个很突出的特点，在于讲述往事的方式：父亲齐世英救亡图存的奋斗之路和作者的成长历程，两条人物主线水乳交融，个人史、家族史相互印证，更展现了颠沛流离的命运与乡愁。这样独特的结构经营，在散文体裁中非常少见。

齐邦媛：这本书出来以后，很多人都觉得难以归类。有人称它为自传体散文，有人把它归为长篇小说，我自己更愿意把它称为散文。事实上，自传、小说这些题材原初都是散文。我没有想要给这本书一种特定的形式。开始我想写大的历史。但我发现这样我没法写。像东北的情况，我就不太清楚。我写当年我父亲的事，也都是根据他的口述史资料。但我的资料实在是不够，我也不能随便写。而从个人记忆角度切入，以文学的方式呈现，是可以多写，也可以少写的。

傅小平：有人评价，你的《巨流河》把波涛汹涌转化为波澜不惊。相比其他同类题材的激越，《巨流河》显得颇为平实。

齐邦媛：我的写作态度是非常客观的，因为客观，所以平实。我作为亲历者，八十岁以后看人间事也许真的超然了一些——你连生死都超然，你还激越吗？所以，我只想写自己能感悟到的人生经验。我觉得我并不仅仅为自己写那段历史，我的故事真的代表很多人，我死了就没人知道了。我出书时已经八十五岁，我只想我能不能说一些我能说但别人不能说的话。我知道的，在我之后的人都不知道，在我之前的人都死了，所以我要说的是别人不知道的事。我现在说得很高兴，我居然还活着。

文学永远是少部分人"必要的坚持"

傅小平：读这本回忆录，能读出很多的"假如"，假如东北无恙；假如郭松龄将军当年能打过巨流河；假如那个叫张大飞的飞虎队飞行员没有为国捐躯；假如你没有因为特殊的机缘来到台湾，而是留在了大陆……我想正是有了这些"假如"，才成就了这本"惆怅之书"，也因此，才让我在阅读过程中，时时有所触动。我想知道的是，在这些"假如"后面，是不是隐含着你对历史和人生独特的理解？

齐邦媛：我也会做这样的假设。假如我当年留在上海，我不知道该如何自处。来台湾，没想一来就是一辈子，所以感觉到很不甘心。

所以，在半生的时间里，我都想写我父亲那个时代，写他们的理想与幻灭，可以说到了魂牵梦萦的境界。对我个人来说，《巨流河》是我一生的皈依。我幸运能受高等教育，启发我日后进修研习文学思想，终能取得感情与理智的平衡，我自六岁起就是"外省人"，到了晚年，常常幻想在北国故乡，若是还有祖居三间瓦房多好。春天时，也许会有燕子来到屋檐筑窝。

傅小平：在书里，你用很多笔墨刻写了包括你父亲在内的一个个知识分子的形象。在颠沛流离之际，这些知识分子仍然坚守理想，仍有文学安慰心灵。而且因了他们的坚守，有很多像你一样的学子，在那个年代，依然得以受到非常完整的教育。你对他们充满感激和深情。对此，王德威评论道：读《巨流河》才能真正懂得"在如此充满缺憾的历史里，为什么文学才是必要的坚持"。

齐邦媛： 王德威在研究文学史多年后才有此叹息，百年动荡埋没了多少智慧心灵！现在回想起来，人生有许多道路，每条路都有许多人在行走。我有幸（或不幸）出生在革命者的家庭，所见所闻影响我一生思路的选择。十四年抗战中，我由少年长大成人，曾深切投入英雄崇拜的感情。文学教育帮助我更客观、深层认识人间悲苦与活着的意义。教书时也以此为目标。

傅小平： 无论是在大陆，还是在台湾，文学都置身边缘。时过境迁，在当下消费时代里，你认为文学是否还是"必要的坚持"？

齐邦媛： 朱光潜先生有篇文章《慢慢走，欣赏啊！》。受它的启发，我知道文学包含的最重要的东西，是态度与品位。其实，文学有多少人在写，多少人在读，都不重要。重要的是，喜欢它的人真正懂得。哪怕，只有少数人真正喜欢。文学能给人以温暖，让人理解并同情他人的痛苦，叫人学会容忍。文学永远会是一部分人"必要的坚持"，因为好的作品和思想是超越时空长存的。

知识分子首先要有一个冷静的头脑

傅小平： 你浓墨重彩写到的这些知识分子，吴宓也好，朱光潜也好，还有钱穆等，他们有一个共同的特点：与政治保持距离，在乱世中坚守书斋，保持一份独得的清醒。你也写到了积极介入时代的闻一多，并表示：我最伤心的就是我们很崇拜闻一多。其实关怀家国命运的知识分子很难不卷入政治，卷入之后又往往迎来悲剧结果。你认为，知识分子该怎样体现自己的社会关怀和立场？

齐邦媛： 知识分子关怀国家社会，并非只有政治一途。事实上，政治是一种专业,并非人人适宜从政。在卷入政治之前,必须先有政治认识,也必须有自知之明,最好还有些具体的理想。

所以,知识分子首先要有一个冷静的头脑,对于任何主义,宁可在心中有距离地了解,慢慢地做选择。这也就是为什么我要说,我最伤心的就是我们很崇拜闻一多。我伤心的是,他是一个那么有才气的人,竟然像个孩子一样疯狂。他对中国学生的影响太大了,那时他每一次公开演讲,学生简直疯狂。闻一多那时候骂国民政府骂得实在太厉害了,他说这个腐败的坏政府绝对要打倒,不能再让它存在下去,但他不冷静。

我觉得一个理智的人最反对的是暴民政治,我不赞成任何狂热的东西,爱情也是,狂热的东西都不持久。我父亲跟我最常说的话是,"任何事情要沉住气"。我们孩提时觉得沉住气没意思,可我后来知道这个很重要,国家和个人才可长治久安。

傅小平:那个年代,从大陆去台湾的一代人,大多有一种挥之不去的乡愁。在你的这本回忆录里,基本没提"乡愁"这两个字,呈现更多的是"没有家可回"的感伤。你说:"有没有故乡怎么样,我至少还有灵魂。诗里面就有灵魂。"该怎么理解?

齐邦媛:到了台湾以后,我回过大陆,到过我从小生长的家乡。可惜的是,物是人非,早已看不到我记忆中的影子。我大半生都在台湾,但我早年生活在大陆,那里才是我的根。所以,在台湾,有时我会有没根的感觉。但毕竟是台湾包容了我,在这里,我读书谈话、教书交流,做我喜欢做的事。死后也将安葬在这里。

傅小平:尽管只在《开拓与改革的一九七〇年代》和《台湾、文学、我们》等少数几个章节中,你提及自己在推广台湾文学方面做出的努力,但你对台湾文学所做的贡献,是台湾文学界公认的。很多作家都亲切地称你为"台湾文学的国际推手"。这些年,台湾文学开始走红大陆，大陆也设有华语文学奖项。就文学史对台湾文学的书写，你有什么期望？

齐邦媛：很多事情非人力所能决定，还是顺其自然为好。政治、文化等很多因素都会影响文学史写作。我看重的是文学本身，是创作本身，文学史最终也会公平的。至少在我的书里，就有大半内容说到台湾文学。这本书在大陆出版，即使过了很多年后，如果还有人在阅读，这就证明台湾文学存在。这是我所能做的。

张大春

我认为自己是个小作家

张大春,台湾作家。1957年生,祖籍山东济南。

著有长篇小说《城邦暴力团》,短篇小说集《四喜忧国》《公寓导游》,非虚构作品《聆听父亲》《认得几个字》,文论集《小说稗类》等。百万字长篇《大唐李白》,融历史、传记、小说、诗论于一体,可谓其现代小说技艺与古典文化修养之集大成之作。

李白与大唐间既疏离又试图融入的张力特别吸引我

傅小平：初读《大唐李白》，以为你要以大唐为背景，为读者刻画一个遗世独立、飘然不群的李白形象。及至读了简体中文版序言才明白，你试图从李白的个人经历入手，通过丰富的工具性细节，找到历史叙事的整个脉络，重建当时的盛唐景象。依我看，即使是工于辞章考据的历史学家，搜罗资料，精心研究，大多也只能勉强拼凑出一幅碎片般的历史图景。作为以写虚构作品见长的小说家，你何以有这样的确信，实现这一非有百科全书式的才华方能胜任的宏大抱负？

张大春：秘诀在于，我用了一种"散射型"的写法，这是我随便用的一个词，不是准确的学术名词。我给你举个例子。1992年，我曾经写过一部十六万字的小说《没人写信给上校》，借鉴的是加西亚·马尔克斯那部众所周知的《没有人给他写信的上校》。我讲的是台湾的一个军购案。在这个案子里，蹊跷的不是一个上校被谋杀了，而是当时台湾用了各种力量阻挠这个案子被正确地办下去。

那么，我就想我何不顺着"用各种干扰的力量阻挠办案"的思路，去写一部小说呢？起初我是想在写完正文之后加注，就好比一个人骂另一个人"杂碎"，我就在下面正经八百地注"杂碎是一种食物"，然后给你解释是怎样一种食物。这是一种很好玩的写作实验，但我发现要这么做，注解的文本比正文还要多。那我就想，我不要在正文后注解，而是把整个注解融在正文里。

写《大唐李白》我就使用了这个路子。当我想解释一件事，我就不管篇幅地延伸这个解释，这样很容易"跑野马"，跑到后来读者不知道你在哪里，所以我又要找到一个叙事轴线，来控制这个注解散射的程度。这个叙事轴线怎么表现？我打个比方，我写到一个狂客，在小说开始他只是一个"影子"，到了第二部《凤凰台》里他还没下楼，此后很长篇幅里，我根本就没写到他，直到最后你才知道他是贺知章。我就这样通过种种干扰，让叙事暂时中断，形成种种伏笔。对正文的注解也是这样。对一个读者不见得熟悉的事物，我先解释到一个程度，然后跳开，到了某一个章节，我又杀一个回马枪，突然跳出来再来个解释。当你回过头来看这些解释，你会发现它们之间相互照应，构成一个有机的整体。

傅小平：可以想见，你写大唐和李白，并非简单的兴之所至。你是否认为，通过对大唐的呈现，能为现实找到一种可能的注解？

张大春：我有个习惯，就是对我们这个比较喧嚣和热闹的时代里产生的种种文化表现，我习惯站在一个更远一点的、更低一点的距离和角度来做比较不一样的揣摩。好多年了，我们都在期待一个面目非常不一样的中国在世界上崛起。不管是民间社会或者是文化人，以及文化产品的消费者，或者稍微广泛一点，不论从事哪个行业的人，对于他们或是眼见或是期待的繁荣和盛况，都有各种不同的理解和认识。我就想到中国历史上某一些可以拿来对照，可以拿来做更细致的考察的现象，我很自然就想到了大唐李白。

傅小平：何以是李白？仅仅是因为李白的人生和盛唐在史学上的定义恰好吻合，以至于人们一想到盛唐就想到李白，一想到李白就想到盛唐？

张大春：真给你问到了。事实上，我一直有一个疑惑，盛唐到底发生了什么？我们为何一而再再而三地强调，以至于讲到文学就是盛唐？我就看不懂它盛在哪里。那我要写盛唐，我得写谁？我太太的一句话启发了我。她说，你就写一个大家都知道的人。我想到卡尔维诺说过的一句话，他说这本书太有名了，有名到什么程度呢？每个人都以为自己读过。那么你回头看中国历史，要问你几乎不用思考就能说出的有代表性的文学家，大概很多人都会提到李白。李白就是这样一个有名的人物，有名到什么程度呢？在今天的世界，在华文世界，每个人都以为自己认识他。

傅小平：但在《大唐李白》里你写了一个可能很多人都不认识的李白。很多人都认为李白是"天子呼来不上船"，你却认为，他随波逐流，甚至在某种程度上还贪恋权力；很多人都认为李白"自称臣是酒中仙"，是"今朝有酒今朝醉，明日愁来明日愁"，你却认为，他很可能不是一个好酒的人。

张大春：李白妙就妙在这里，他浑身都是误会。他被最多人提及，但后人对他个人的了解却很少，对他作品的认识也存在很多谬误，在解释他被误会的事的时候，我们又加进去更多的误会。好！那我是不是就和大家一样，给你一个全然的误会？我面临的是一个道德判断，而不是技术判断。李白没有第二个人生，我们不能随便把他这样捏一下，那样揉一下，那样说不过去。你也不要听信他自己的信口开河。通过对大唐背景的掌握，你可以推测他可能做的事情的极限。比如他吹嘘自己年少时曾手刃数人，你能相信吗？李白在骗人的时候，看起来很过瘾。但你信了，那是你道德上有问题，因为你罔顾大唐律法不允许子民如此行事的事实。

那我就花更多力气去学大唐律法，我就要研究一下出了这档子事，从起诉到判刑，大唐律法有没有留有什么余地。我推测李白年少时，可能是杀伤了人，而这杀伤的人，就在十七八岁，还没有成为丁男的阶段。他把人杀伤了,那是不是要服劳役,是不是要入狱,是不是要背负刑责,或者在对方追究的情况下该如何和解,细节我们不知道。但比较确定的是,当地的县尉,决定放过李白。他为什么要这么做?或许是他爱惜李白的才华,或许是他本就是豁达的人,有一种宽大、无为的性格。你就这么想吧。总之,像李白手刃数人这样非常灿烂的情节有很多很多,但你得忍住,因为你顺着去写就是不道德。

傅小平: 尽管围绕李白,有那么多光华灿烂的传说,但我觉得这并不足以让他在整个大唐的背景中脱颖而出,名传千古,甚至仅有他超拔的诗才也不足够。按时下流行的说法,李白堪为盛唐代言人的话,他至少得和大唐的主流有很多的交集,就像从苏东坡的一生,能见出北宋王朝的沉浮一样。实际上,虽然留下了"贵妃磨墨""力士脱靴"的典故,李白在唐玄宗的宫廷之中,也只是待了一年八个月左右的时间。此前此后他给人感觉,就只是走访名山大川,结识三教九流,然后写下一些诗篇。那么,何以会有这样一个天下谁人不识的李白?

张大春: 说白了,李白就是一个"自媒体"。李白四十多岁的时候,终于有了进入宫廷的机会。他是怎么有这个机会的?他是商人的儿子,在大唐,他就没有科考的资格,也不可能当官。那他怎样才能进入宫廷?或许可以用"献赋"的方式,但更好的方法,一定是让皇帝知道他,并且亲自来征召。最后果真如此,那会不会是贺知章、吴筠、玉真公主还有司马承祯这些人的推动起了作用?只要考察一下,就会发现他们都有道教上清派的背景。那是不是说这个上清派有个意图,就是想尽办法把李白的名声不断传播,从而使他有机会能进入宫廷?

李白进了宫廷,他一定受了不少委屈。他到底还是承受不了这些委屈,一年多后又出门游历去了。那是不是说他只是游历而已呢?我看不是。我认为他是去寻找机会,凭借他一部分的钱财,去结识对他而言是高官的官员,并且攀交朋友。他就把自己的诗当礼物送给这些朋友,而在他之前是很少有人，把诗歌拿来干谒、送人的。诡异的是，他送诗的这些人，大多也只是不成器的小官僚，正是这些人传播了他的名声，成就了他的大名，以至天下人都知道有李白。

放到现在来看，李白是很具有媒体传播意识的。我甚至不觉得他是一个酒徒，他乐于留下好酒之名，也是想要更多的人欣赏他及他的作品，还包括他做的酒。我觉得他会造酒，他应该至少有三到四家甚至更多的酒楼。他创造俗世声名的地方，也恰恰是在妓院或者酒楼，但他不会是酒鬼。他的第一个朋友就喝酒喝死在洞庭湖上，他会酗酒吗？我认为他会很小心。也许他的确喝酒，但他喝的是经过蒸馏的酒，也就是说，当时李白在四川蜀中，这个地方有独特的酿酒技术，李白恰巧又懂得怎么拿捏蒸馏火候，这个秘方也为他造酒楼提供了便利。

傅小平：如此，诚可谓颠覆了李白自由任性、狂放不羁的形象。但李白的声名，并没有给他带来多少世俗的利益。即使是一度进入宫廷，也不意味着他进入了当时权力场的核心。而这惊鸿一瞥过后，他就永远地被权力放逐了。

张大春：实际上，李白一直没有放弃融入权力场的抱负。要不怎么理解他在五十七岁那年误投永王成为叛乱分子？当时，也只有杜甫写诗为他辩护，道世人要怜惜他的才华。而李白之所以做出这样错误的政治判断，很可能就来自他那把唐代当成春秋战国的世界观。李白虽然飘然不群，却从少年时就怀有"申管晏之谈，谋帝王之术"的理想。但他根本就认不清他的现实，他永远是通过春秋战国，或者诸葛亮、谢安、谢灵运这些古人，来"翻译"他看到的现实。他认为自己可以在朝廷扮演一个角色，可以治国平天下，为什么他以为自己有这样的能力？因为他把大唐看得太简单，看成一个纵横家还能驰骋其口舌，并对君王有所号召、有所影响的时代。这样你就会思考，一个像李白这样的诗人该不该有这些宏大的野心，壮丽的气度？李白的失败，是不是也告诉我们，作为一位诗人，却拥有文字之外更大的企图和野心，这其实已经远离了他真正的志业。所以李白在盛世和盛名之下，面临的必然是被世俗生活所排挤的命运。

至今想来让人感觉不可思议的是，按说李白是唐代最没有资格、最没有机会，去缔造这个时代的繁荣或者说为繁荣添砖加瓦的角色，但从他的个人表现上，又可以说，没人比他更好地荣耀了那个时代。李白与盛世之间，有着怎样一种奇异的张力？他注定融不进盛世，但融不进，又不表示他与盛世没有关系，也不表示他不渴望融入，而这样一种既疏离又试图融入的张力，正是特别吸引我去探究大唐和李白，并最终写下这本书的地方。

如果每个部分都"像小说"，就等于对小说这个写作方式没有开拓

傅小平：一部融历史、传记、小说、诗论于一体的《大唐李白》，它所有的庞杂和丰盈，它最为核心的秘密，其实藏在李白的诗歌里。问题在于李白很多诗歌，都属酬唱之作，其中多夸张不实之词。而与李白诗歌有关的少数记录也未必全然可信。如此，你怎样建立起一部大唐和李白的"信史"？

张大春：没错，首先我只能在资料较为薄弱的情况下，来印证或推断李白的人生，也只能通过缺乏足够资料的李白这个引子来描绘大唐景象。由于历经安史之乱，李白作品散佚十之八九。他现存的几个不同集子，也只是分别罗列了七百到一千一百首诗。但我并不担心写不出真实的李白。因为李白真实的人生从来没有被真正建立过，通过李白的诗歌，甚至招来了各种各样的误会，所以我只能在唐代的制度、社会现实、人情风俗，或当时人某些共同的心态，以及李白特殊的个性中，在这些交织的拼图之下，去找到最可能的解释。这是一个精密的计算，只要是不符合当时某些细致的历史材料所能支持的背景，即使再精彩再闪光都得舍弃。所以，我可以自信地说，李白真实的人生就在我所写的《大唐李白》之中，舍此以外，李白不可能有另外一种不同的人生。

傅小平：在《大唐李白》里，你对大唐建制、历史变迁、宫闱传说、野史典故等巨细无遗的考证，实际上只是为了构筑阔大的小说世界，也就是说，所有真实的细水微澜，最后都汇入了虚构的汪洋大海。在这矛盾却又充满张力的两极里，大概包含了你独特的思考。

张大春：这涉及一个如何看待历史的问题。有些人以为历史就是一面平整的镜子。那些传记作者或是历史学家，就是想透过他们客观而公正的书写，真实地阐释或呈现历史的原貌。这是可能的吗？我只能说这几乎是不可能的。我打个比方，你在家里和老婆吵了一架，过会儿再让你回忆一下是怎么回事儿，你都很难说得清。再比如说，我昨天碰到了阎连科，我想到三年前见过他一面，那时李锐也在。但我再仔细想一下，三年前其实我并没见过李锐。我之所以会想到李锐也在，是因为我看到了阎连科，而他和李锐之间，在我看来有某种关联。所以说，历史和现实不会是一对一的镜像反映，它很可能是一面哈哈镜。我们每个人都没法脱离自己的现实去纯粹客观地看历史。我们只能用自己的现实观或者后天形成的世界观来体察历史。那么我们该怎样重现真实，或者是有高度真实感的历史，这有赖于一些细节，而真实就来自名字、数字等很具体的细节。比如我问你北京每天新增多少辆车，你不知道，对吧？那我告诉你有五千辆，我从一个表格上看到过这个数字。我给你这个数字，你开始有点相信了。我再具体到个位数，我说是每天新增五千三百四十五辆，你就更相信了。你越来越相信那就对了，真实感就是这么一点点建立起来的。

傅小平：依我看，这里有两个问题。如果说体现在这部小说里的有真实感的细节，有很多来自宫闱传说、野史典故，那么且不说其本身的真实性有待推敲，小说虚构的本质，也可能会使这些细节一步步偏离真实。另一方面，正如众多真实的相加，并不必然推导出真理，如此庞杂的细节，即使你相信其真实性，当它们聚合在一起，却有可能看上去更像是个美丽的谎言。换言之，体现在你小说里的综合性，真真切切对你设计一个怎样的结构提出了很大的挑战。

张大春：你说到很多的真实，但那些你以为"真实的东西"，很可能本来就不存在。真实是怎么回事？你打不打麻将？打麻将时，如果你只看自己的牌，你就只能靠运气，运气不好就输；如果能看到其他三家的牌，你猜测他们前后打的是哪一张，那就不大容易输。为什么？你靠的是结构思维。写作也是这样。这部小说一共是四部，你现在看到的是第一部《少年游》。其实，最后一部、最后一章的最后一段，我也已经写好了。这一部叫《捉月歌》，李白写的最后一首诗就叫《捉月歌》。李白最后就死在水边，水里有月亮。他去碰这个月亮，但发现每次月亮一碰就碎了，就是没办法保持完整。他要完整的月亮啊，他就跳下去了。一般的解释，都认为那是李白喝醉了，但我认为他是在自杀。那么是什么把他导向了自杀之路？就得有一个重大刺激。

这是怎样的一个重大刺激呢？还是得从月亮说起。月亮这个意象对李白很重要，他几乎每首诗里都有月亮。你就必须对此有一个解释。首先是民族的解释，陈寅恪考证说李白是胡人，是过于大胆了。没有证据能证明李白是胡人。前几年台湾特别流行一个说法，有一两本现代人写的关于李白或者唐诗的书籍，就说李白是中亚的吉尔吉斯人，所以有段时间，台湾一个旅行社推出了李白故乡观光行程，一团又一团的人到了吉尔吉斯斯坦，一个原本不大会有人去的地方。有那么一天，我正好在电台工作，看到一个新闻，是一个团的人集体控告这个旅行社。因为这个团到了吉尔吉斯斯坦以后，领队却告诉他们，那个地方正在进行某种工程，不宜参观。到最后全团的人认为，可能那不是李白的故乡。这个新闻后来如何发展，我没什么印象。可是这给了我最好的一个刺激。我觉得不得不先说明一下，至少李白的父系是汉人，而且关于他的母系究竟是不是西域人，或者是不是流落到西域的汉人，这也有很大的争议，我也不做争辩。

回到月亮的话题上来，月亮对李白来说是一个原乡的意象。李白的母亲快要生产的时候，梦到太白星下凡，所以李白认为他的前身是太白星。了解一下天文就知道，太白星，也就是启明星、长庚星，它和月亮之间的关系很是微妙。它们一个早上升起的时候，另一个落下去，所以一般不碰头。但几年里总有那么一次，它们会碰到一点点。对李白来说，他自觉是个太白星。那你假设一下，假设他生命中的第一个女人名字里有个"月"字，而李白的师娘名叫月娘，又比他大十岁左右，你想想是不是很妙。他们十年左右碰一次面，这种情感会如何发生？所以，李白有月亮的情结。他因月亮而生，因月亮而死。这是我的解释。

如果小说能够进入一个世界，全方位地去看当时的人也未必能看清楚的某些角落，这个小说就有了更清楚的视觉。这是写作中最迷人，也最让我着迷的地方。

傅小平：既然是一部小说，一部综合了各种元素的小说，包含于其中的元素，都要经历小说的化学反应过程。我注意到，小说中有关李白诗歌的部分，你处理得很是熨帖自然，而涉及野史典故的某一些部分，感觉没有经过充分的转化，且与小说的整体有些游离。

张大春：我就是想着，有没有可能写出不像小说的小说？现代的小说，无论是以故事情节为主的，还是以写实题材为导向的，无论是表达爱恨情仇的，还是重视社会探索的，都已经疲惫。那我就是不要它看上去像小说，或者是你一打开就闻到那股扑鼻而来的"小说"气。所以我要去掉现代小说的气息。我尽量让这部小说看起来像客观叙述的状态，它就有了这样一个融合野史、传记、小说、诗论的面貌。

当然，《大唐李白》肯定不是一个传统意义上的小说。那你得反问一下：小说必须具备传统意义吗？龙应台在《龙应台评小说》里说，小说家不应该替他的人物跳到台前来发表议论。我看到她这个说法就特别怀疑，小说作者为什么不能够从情节里跳出来说？他跳出来说了，可能就成了另外一种小说了。所以我写《大唐李白》，就不要它太像小说，里面我也写到了很多诗论，我为什么要这么写？因为某些诗论在唐代还没有被说出来，因为那时的语言没办法支撑这样的诗论，就像在牛顿的时代，你没法去理解爱因斯坦的理论。所以我找了唐人说话的方式，透过书里的人物，把当时诗的发展背景做一个介绍，你不妨想我是假借小说的体例去写一个文学断代史。所以，我并不担心它"不像小说"。如果每一个部分都"像小说"，就等于对小说这个写作方式没有开拓。

傅小平： 如果我们回头看那些一度没有被纳入小说传统，却被后世认为拓展了小说疆域的小说，实际上还是能找到某些共通的规则。

张大春： 规则就是，小说里涉及的任何一个情节，任何一个元素，你都要想尽办法让它具备一个更为鲜活、生动的面貌。我给你举个例子。我这部小说第一节里，写到岭南盛行的飞头獠子的传া。是怎么一回事呢？这一族人在每个月的某一天，夜半的时候，他们的脖子都会出现一道红线，这红线绕满一圈时，他们的头就掉了，不是掉在地上，而是飞起来了，飞到很远的地方，有可能是两三千里以外的地方，在一个有烂泥沙的河沟旁去吃螃蟹吃虾子。吃完以后，头颅会在天亮之前回到他们的脖子上，直到下一次脖子上出现红线，再飞出去。有的时候，红线还会出现在他们的手臂上，所以手臂就会飞走，因为手臂比较轻，常常被大风一吹就没有了，这样到了天亮，它也回不来，回不来了，这个人就残疾了。这个故事可不是我瞎编的，它是《太平广记》里记载的。这就有意思了，我想既然这个头能飞，它怎么就不能变成战斗中的唐人跟胡人之间的军事侦探呢？我就发展出一个小情节，让这个头被唐人捉住，捉住后唐军就撬开他的嘴，塞进去他们的盔甲，那这个被塞了盔甲的头,飞回去以后,被胡人看到了,就知道这个头被唐军俘虏了,他打探的情报也就不可信了。你说,这种真实感,是不是让人感到震惊。这样一个快速进行的、让人眼睛为之一亮的情节,读者是忘不了的。哪怕他看完这本书,别的什么都不记得,他都可能记得这个情节。这样的情节不止一个,过了一些章节,这些或是噩梦般,或是香艳的情节还可能会出现,让人感到意外的邪恶、卑鄙,或是温暖。这些情绪的起伏,推进了小说的叙事,让小说格外鲜活,读完你想忘掉,那是不可能的。

李白的诗开拓了不同于格律诗的声调美学,恢宏了整个唐诗的格局

傅小平: 如此说来,虽然是虚无缥缈的传说,只要赋予强烈的真实感,那就体现为小说的真实了。我还是不免有一个疑问:是不是说在小说的世界里,有这种真实感就可以了,就像是在魔法的世界里,即使你明明知道魔术师在造假,但只要他的魔术你看不出破绽就足够了,而真实与虚构的界限在小说里是不存在的。

张大春: 事实就是如此。真实的历史,有些可能是虚构的。虚构的小说,有些却是非虚构的。我对魔幻现实主义作品曾有一个彻底的观察。这类作品经常干的一件事,就是把两个相邻的,一个是似真性极高的情节,一个是虚妄性极高的情节,直接连接起来。这样做的结果是,读者会对极度写实的情节产生怀疑;那个看起来极度虚妄的东西,却会变得有一些真实感,你会觉得可能存在。

《百年孤独》里就有这样的情节,乌尔苏拉在厨房里做菜,在这之前,马尔克斯用了非常多的细节讲一些生活背景,让你感到特别啰唆,之后紧接着吉卜赛人来了,他们带来了新奇的东西,他们让孩子们乘坐飞毯。有时,乌尔苏拉做菜的时候,会看见孩子们坐着飞毯从窗外飞过。这么一个简单朴实、充满写实性细节的叙述,有一瞬间会让你觉得,这飞毯可能真的可以违反地心引力飞起来。零点几秒以后,等你反应过来,你又会止不住怀疑:这是对的吗?但小说微妙的趣味就在你还没反应过来的零点几秒里。

我不知道这样说,是否已经回答了你的疑问。《大唐李白》看起来可能是小说,或者看起来是历史,当这些元素组合起来的时候,你看到的其实是我称为"真实感的游移"的东西。透过它,你才明白小说如何拓展它的疆域。

傅小平:是否补写李白的诗歌,也是你有意为之的"真实感的游移"?

张大春:《大唐李白》里,有些诗不是李白写的,而是我写的。往实在里说,这种替古人作诗的事,也不是从我开始的。苏东坡就是大量伪造李白诗的人之一,有一天,他叫来一个朋友,说自己发现了一首李白的诗歌。其实这是他苏东坡作的"李白的诗",在他之前,就没存在过。但你看这诗真就感觉非李白不能道也。北宋的书法家米芾,也喜欢干这类事。有朋友请他看画,他就说,哎哟,我也分不出来哪一张,你借我仔细看看。他就把画拿家里去了。第二天,他叫他的朋友过来,指着两幅一模一样的画,让他朋友自己挑。他就喜欢这么作弄人。李白的诗,现在有好多不同的集子。有的集子收录了一两千首,有的是八九百首。这里面,至少有两首是苏东坡写的。而且像苏东坡这么干的人,历朝历代都有。现在我也要这么干。去年,我把为李白"代笔"的《捉月歌》发上微博,谎称那是新发现的李白未入辑的遗作,不少人信以为真。所以,我替李白写诗。说不准哪天有人看了这些诗,会说"李白写得真不错"呢。

那为什么我会帮他写?因为那些文句是他的,但那是散的,被后人收集起来的。我想办法通过我对李白的了解,把这些诗还原。在第二部《凤凰台》里,我把李白现存的一首诗变成了词。因为李白这一生行事,透过酬答赠送让自己的诗得以流传,那很有可能他的这些诗是可以传唱的。他有些诗虽然写下来，工工整整七言四句二十八个字，可是放到歌伎那里，就唱成了句式不整齐的词。只不过，这些长短调没有被当作文本记录下来。所以，我就硬把"日照香炉生紫烟，遥看瀑布挂前川。飞流直下三千尺，疑是银河落九天"这二十八个字，变成了一百一十八个字。中间我只是加了六个不同的字，唱起来和词一样。我要说明的是，在李白那个时代，民间普遍是怎样处理七言绝句的。我有十足的把握，要是能梦回唐朝，我一定能听到这样的诗词。好，现在你可以明白了，你越是了解李白，越是知道唐朝初年的诗歌发展是怎么回事，就越是知道它"小说"在哪了。

傅小平：你写大唐和李白，实际上同时也给李白的诗歌做了新的评价。在你看来，李白的诗歌是否有重估的必要？据我了解，眼下诗歌界有一个普遍的看法，认为李白没有杜甫伟大，他的诗也不如杜甫的诗有被当下诗人学习借鉴的价值。

张大春：我们回头看，李白更像是在诗史之外，他在人格上，自然不如杜甫。比如他总想着出人头地，他的功名心很强。但他的诗歌非常特别。他留下了非常多的好诗，但这些好诗不及很糟糕的诗、肉麻的诗，甚至溜须拍马的诗。但你不得不认为，他是一个伟大的诗人，他的诗很了不起。了不起在什么地方？在于他的诗开拓了不同于格律诗的声调美学。他让看起来彼此无关的意象，完美地融汇在一首诗里。他的天才也不在于他的诗写得好，而在于他在逐渐成熟的格律之外找到声调的因素，还有他那些看似不着边际、离题万里，甚至可以说乱云飞絮的意象糅合。这种糅合，在他的诗里随处可见，这使得他的诗充满张力，这一点即使伟大如杜甫，也不见得能做到。

傅小平：让我感到好奇的是，李白何以这么独特，难道是他的出身或游历，给他带来了不可复制的经验？就像眼下跨越不同语境的作家，总会在不期然间创造出一种独特的表达方式？当然，李白在那个年代并没有跨国生活的经验。

张大春：我还是要说，在唐代如果要找一个有国际经验的诗人，那只能是李白。读他的诗，你会读到一种陌生的语感，你看不到他用"琼浆玉液""朱门碧瓦"这类很雅致的成语，未必是说他回避使用这些大家熟练应用的字句，实际上很可能是他根本就不会用，因为他的教育问题没让他习得这样的成语。当然他的教养非常之好，可能很小的时候就游戏性地读了很多遍南朝萧梁时期编的《昭明文选》，另外有可能他基本的教养，来自民间普遍都有的《兔园策》和《蒙求》。并且和李白最契合的，是民间的歌楼酒馆里的妓女、乐师、歌者，这些人一定给李白提供了音乐上的刺激，让他恢宏了整个唐诗的格局，否则唐诗大概永远只是科举考试的格律诗那样陈腐无比的作品。所以，我们在李白的诗里不应该只看到李白是一个天才，我们还能听到一个天才如何与他那个时代里最底层的人交相混融，从而留下了最自然而天真的声音。

重要的是如何去发现更有观点的材料，或者在材料里面找到新观点

傅小平：某种意义上，《大唐李白》称得上是一部充满机智和趣味的知识小说。即使不把它当成一部小说来读，它依然能满足你很多知识上的探求。更何况这些知识，有很多溢出一般读者惯常认知的范围，它们归根结底来自你对材料的运用。我记得你在《小说稗类》一书里分析笔记小说时，就得出一个结论说，姿态甚低的笔记写作，无意间体现了你所谓的中国叙述学的主要精神——降低"写作"意义，使之趋近于俗见之"材料"的精神。当然，就小说写作而言，你所做的恐怕是从材料中提取"意义"，使之趋近于某种写作的精神。

张大春：我明白你的意思。你是想问我怎样发现这些材料的。李白学是个显学，史学界、文学界，这个界那个界都在谈，经年累月留下来的研究资料，实在是太过丰富。但这些材料对我来说没太大意义。因为它们可以说没有什么特点。对我来说，重要的是如何去发现更有观点的材料，或者在材料里面找到新观点。找到这些观点和角度，我可以通过拼凑背景来凸显主体。有关李白的传记材料、回忆材料、自述经历，等等，其实都不多，就那么几篇而已。但李白的背景材料很丰富，有了这些背景，就可以把李白的主体形象衬托出来。

我举一个例子。李白是中国历史上游历最广的诗人，他几乎跑遍了中原地区。这么广泛的行脚怎么个走法？走的水路还是陆路？你推想唐代建立在隋代基础上的水运建设，一定是极为快捷便利的。"千里江陵一日还""轻舟已过万重山"是什么概念？那不是李白的夸张，他常常在诗里面描述当他急切想要见到他的孩子，他就顺着水路走，两三天之内就能见到。那你就可以想象，正是这种交通的便利、人口互动的频繁，以及有能力读书识字者互相之间沟通的方便，为李白建立起他的俗世名声创造了有利的条件。

又比如，李白出门游历，他总要带钱吧。他肯定不会带一大麻袋的钱。李白曾说，他一年花了三十万钱接济寒士。三十万钱是什么概念？五钱一斗米，六万斗米差不多是一个刺史三四年的薪水。这么多钱怎么携带？那个时候没有钞票，也没有票号。只有一个可能：他的父亲是一个行商，各地都有债务，他有借据，到各地去变现。而且债可以换债，用书契交换的方式可以取得大量的现钱。

当然我发现这个材料，那个材料，有时并不纯粹是为了写作。有时完全是为了满足我自己的求知欲。比如说，我一直对杜甫、高适、王昌龄、王之涣特别感兴趣，我想分辨出在公元730年至740年那段时间，这几个正在成长的诗人之间是怎么互相影响的。我就找来当时的交通、地图等材料，仔细推敲一下就发现，原来是这么回事。又比如，我读到杜甫的《秋兴》，开头两句写到"千家山郭静朝晖，日日江楼坐翠微"。我一看奇了，杜甫的诗里怎么会有"翠微"这个词，仔细去查查会发现，他一定是受了李白的影响。这样的发现，简直妙极了！

傅小平：你通过什么样的途径找到这些材料？

张大春：我在网上找，也通过纸本找。我更相信纸本。网上的材料，你当索引引用很好，但未必准确。所以，我一般网上搜一下，然后就看书架上有没有相关的书。如果没有我就记下来，找时间去图书馆找，大部分你想找的材料都能找到。

傅小平：关键在于，你带着发现的眼光去找这些材料，找到了你就运用到写作里去。阎连科说，看《大唐李白》，他更加确信你进行的是百科全书式的写作。很多时候，你在写作中呈现的知识结构的庞杂，让人有眼花缭乱之感。这或许能激发专家、学者探究的兴趣，但对普通读者来说，要理解、接受这种纷杂而跳跃的叙事并非易事，无怪乎有网友感慨，看《大唐李白》"觉得自己是文盲"。

张大春：我相信读者会有一个消化的过程。我跟周华健合作了一个音乐专辑，叫《江湖》。因为合作，他想了解我的各方面，所以他读了《大唐李白》繁体版，他不是文史科班出身的读者，读得很艰难。可他读完了之后告诉我说，他儿子 Andrew 也读完了。Andrew 是中美混血儿，受的英语教育，勉强可以说中文，他硬是把这本书看完了。看完还纠正周华健说，李白的老师赵蕤，他不叫赵 shèng，那个字念 ruí。

从这个例子可以看出，我有理由对我的读者寄予更大的信心。我想，每个小说作者大概都会事先猜测他的读者，有的读者希望听一个文从字顺、娓娓道来的故事，有的读者能够接受或是喜欢跨越各种时空、情节跳跃交织的小说。那我心目中理想的读者，能读《大唐李白》这样的书的读者，我想应该是那种有好奇心，有耐心，而且随时在询问"我是谁""我在干吗""我想知道什么"的读者。他们不满足于读一部小说，很可能还想要知道更多的东西，诸如历史、诗歌，或是这之后的社会意识、美学意识，等等。我相信好读者始终存在。他们未必有很好的文化准备、基本训练，只要识字，愿意慢慢地读，只要有一个被文本鼓励而形成的持续力，就有可能完成有一点艰难的阅读。

作家永远应当把作品放在前面，如苏东坡说的"万人如海一身藏"

傅小平：我感觉，你的经历和你写的李白，在某一点上是特别契合的，就是都有着复杂的经验。比如，对台湾来说，你是外省人；对大陆作家来说，你是台湾作家，而且你有频繁来往于两岸的经验。这种复杂的经验，想必会给你的人生，还有你的写作带来一定的影响。

张大春：五代时期后唐有一个人叫韩熙载。我们都知道，有张和他有关的画叫《韩熙载夜宴图》，这张画是怎么来的呢？是这么回事：韩熙载因为父亲韩光嗣卷进一场兵变，不得不南迁江南。李后主李煜刚即位时，猜忌心很重，他信不过北方人，还鸩杀了很多从北方来的大臣，这个韩熙载，为逃避猜疑故意纵情声色。李煜就派顾闳中，就是个情报人员了，潜入韩熙载家，画了这张《韩熙载夜宴图》给他看。这一节我们很多人都知道。但很多人不知道韩熙载还写了一首广为流传的诗："仆本江北人，今作江南客。再去江北游，举目无相识。金风吹我寒，秋月为谁白。不如归去来，江南有人忆。"这是怎样一种心境呢？他青年时离开北方，相识的故旧皆已故去。有这么一次偶然的机会，他回到北方，他的妻子儿女却都在江南，他就特别思念江南，盼望归去。

我举这个例子是想说，我是比较看淡些的。有时候我会说自己是世界人，其实是担待不起的，除了中文，我只会说英文，我配做个世界人吗？但我又不是单纯的土生土长的台湾人，父母带给我的影响，是根深蒂固的。这些对我会有怎样的影响呢？我最近看宫崎骏的一部漫画，我认为这是他最好的作品，绝大部分人是不这么看的，他们说宫崎骏在里面没有反省啊,他没有回答日本有没有罪恶的问题啊。实际上,他在里面是有深度思考的。通过这个例子,你就明白了,这样那样对你的影响,反映到你的作品里,会比你想象的要复杂得多。

傅小平: 你的知识学养,也比一般读者想象的要复杂得多。你读的台湾辅仁大学中文系,但读你的作品读不到太多的学院气。可要说你走的是不见正史的野路子,又分明能看出你受过非常系统的文学训练。

张大春: 我知道,一些人对学院有非议。有个自学写诗的人,就写了一本书,指出学院里的《诗经》研究,有很多很多错误。自学的人就有这个好处,他们特别自信,他们没有看到学术界海量的研究成果,凭自己的感觉就可以自以为掌握了过人的知识,就自我感觉相当良好,觉得自学才是正道,其实自信过了头未必是好事。就我而言,我非常庆幸自己有过就读大学的经历,没有那样一个知识积累,我的经历、我的写作会不太一样。说到大学,那些教我《楚辞》、《诗经》、文学史等的老师们的脸,随时会在我的写作中冒出来,那种影响真是挥之不去。所以我自己的经验是,珍视学院的训练,同时离开学院也能经常自觉到学术的限制,并不断地自我警醒。所以,我有时会对人开玩笑说,我是公民,也是野人。

傅小平: 也就是说,你从来不会把自己固守在某一个确定的位置上。你的写作也同样让人难以捉摸。至少眼下,还没有人能下一个准确的定义。莫言说你是"好玩得不得了"的作家,大约也有你的风格变化多端之故。

张大春: 忘了是哪本书写的,它讲到豹子,阴雨天的时候,你是看不到它的。等过了六七天,你再见它时,它整个毛色都焕然一新了。所以,我们才有"君子豹变"的说法。其实这是最简单的道理。时间累积,你是不能不变的。写作也是如此,每一个作家都应该尝试变换腔调,要像戏里演的那种涂了红脸就唱关公,涂了花脸就是张飞的程式,就没大意思了。可现在的作家多半受文学史的影响,他们会认为作家应该有一套别人所没有的风格。这种观念使你守着一种确定的风格不变,这可真是害惨了作家。

傅小平:如你所说,作家"在一个穿着制服才能被辨认的市场、社群里面"待久了,就是想脱掉这层制服都脱不下来了。当然这制服总有人欣赏,那又何必要脱呢?网络上那些迎合读者口味的类型写作,不是赢得了众星捧月般的赞美吗?而一些作家努力变换着自己的写作,却没有重新燃起读者对严肃文学的热情。

张大春:实际上,对文学的这种疲倦感,一直都有。为何会有这种疲倦,王国维在《人间词话》里说道,四言敝而有《楚辞》,《楚辞》敝而有五言,五言敝而有七言,古诗敝而有律绝,律绝敝而有词。盖文体通行既久,染指遂多,自成习套。豪杰之士,亦难于其中自出新意。比如,纳兰性德的词写得实在是好,但除了那句"人生若只如初见"广为流传,有多少人知道他其他的词?

傅小平:依你看,小说的前景呢?会不会到了哪一天,就像人们现在看纳兰的词一样,他即使小说写得再好,读者可能只记得书名,或是里面的一两句话?

张大春:在小说存亡的问题上,每个人都有自己的看法,说它存也好,道它亡也好,都有人替他辩护,每一个论述都言之成理。

傅小平:有人也担心语言正在退化。他们的一个证据是,如果不是加了注释,你在小说里写到的唐代那些俚俗的语言,都不能为我们现在所理解了。另外，他们也担心微博、段子的流行，让语言变得扁平化、单一化，进而让人的感情、思维，不再那么精致且耐人寻味。

张大春：在我看来，微博、段子一类来自社群网站的语言，看起来势不可挡。但不构成语言倒退的忧虑，因为它们很快也被新的语言取代。我给你举个例子，台湾有一阵特别流行葡式蛋挞，流行到什么程度呢？你到哪里都能看到有人在排队买这个蛋挞。那时我就说，这个东西迟早有一天要歇菜的。没承想还不到半年，这东西就倒了，你现在去问一些人，他可能都说不上来什么是葡式蛋挞了。现在台湾特别流行小吃，就连台湾的文创园区也要弄个小吃街。这也不是什么好事，但我仍然不那么悲观，因为只要有人和我一样在问这个问题，就有希望改变，这个焦虑就可以小得多。我曾经接到一个记者的电话，问我对当时流行的"雷"字怎么看。我说你为了一个"雷"字打电话来问我，你不如省省电话费吧。有些字，什么雷啊、囧啊，可能会流行三个月、八个月，但自有新字来雷它、囧它。

当然，我也看到另外一种情况。比如，在捷运上，在电梯里，在街上，听年轻人说话，那语言极其苍白，而且废话、不具意义的声词特别多，会让你很受不了。我在美国的朋友，跟我讲到美国现在的少年，也有这样的情况，他们说的话，多半是没话找话，那些词有什么意义，可能只有他们自己知道。但我觉得，即便这样，你也没必要担忧。因为这可能会反过来激励我们对这种简单化语言的嘲笑或反思，有的时候反而会出其不意促成丰富的成果。所以，语言发展也好，倒退也好，我都不担心，我所能做的只是细腻、再细腻地观察。

傅小平：你写《大唐李白》的同时，实际上也在电台上"说"这部小说。这样一种口语化的表达，对你的写作，尤其是你的语言表达是否也产生了影响？

张大春: 写这本书,是这么一个状态。我一般早上起来写不到三千字,然后下午在电台说书,说的就是这不到三千字的内容。当然成书的过程,会有一些修改。为了电台写的那会儿是错字连篇的,你要改过来。再比如,第二部《凤凰台》的开头原来是没有的。写到十四万字左右的时候,我太太提醒我说,这第一部第二部,读起来有些脱节。这下好了,我把其中一个段落,移到了《凤凰台》的开头,跟原先的写法是完全两样了。我在电台说书,从最开始讲十五分钟,到现在讲一个小时。除了《红楼梦》《三国》,什么《水浒传》《七侠五义》之类统统讲过,还包括讲一些和我自己有关的故事,累积下来也有两百多篇。有一次,一个报纸副刊的编辑给我打电话,问我要一篇四千多字的文章,还跟我聊了两句文章的要求,然后问我什么时候可以交。我说很快就可以交。结果他挂完电话,就收到我的文章了。他问我,怎么这么快,我就开玩笑说,就是跟你通电话的时候写的。实际上,我早就写了嘛,而且刚好就符合他的要求!

傅小平: 问一个比较外行的问题,你这样又写作,又在电台里说书,也参加一些公众活动,算不算通常意义上的"名嘴"?或者说,你也在一定程度上扮演了一个"公共知识分子"的角色?

张大春: 我告诉你"名嘴"是一个什么样的概念,就是那些成天在电视上露脸的人,要我说台湾现在为什么在整体堕落,这些满嘴跑火车,没有话题也要制造话题,不懂也要装懂的"名嘴"得负一部分责任。在台湾,作家是很容易变成"公共知识分子"的,一些公共知识分子,为了表述自己的意见,有机会出书,也变成作家了。这些知识分子,你只要仔细观察就会发现,他们都有强烈的意见。而且只要是作家变成公知,或公知变成作家,那意见就会更加强烈。但我是非常反对强烈意见的,我唯一的强烈意见就是反对强烈意见。我认为,作家永远应当把作品放在前面,就像苏东坡的诗句"万人如海一身藏"一样,要把自己藏起来，偶尔不小心抛头露面那是不得已。

傅小平：那是"大隐隐于市"了。就写作而言，你对自己持怎样的评价？

张大春：我认为自己是个小作家，我恐怕一直都是个小作家。我这不是开玩笑。有一次在上海，有个记者在会议的间隙，跑过来问我一个很严肃的问题。那个问题具体怎样我记不清了，但言下之意，是说我们的很多作家欠缺宽阔的视野，得不到世界的认可。我回答那个问题时，我就说我是小作家。而且现在想来，我当这个小作家是有实践的。我拒绝我的小说被选入各种年度小说选本。我也不参与文坛活动。二十多年前，我就当过评审，二十多年过去了，居然没有比当年的我更年轻的人出来，那是谁的错？所以，我现在拒绝担任任何文学奖的评审。在现实层面上，我是在一步步往后退。

傅小平：步步后退是为了赢得更为清晰、开阔的观察视野？我们该怎么理解你所说的"小作家"的概念？

张大春：在写给周华健的歌词里，有一首我最喜欢的歌叫《在野人》，"大人走马黄金台，黄金台上，满座衣冠，将相才"，"大"字当头，但视角是一个在野人的视角。我就在一个远而冷的距离里，对现实、对历史做一些比较亲切的观察。虽然冷，虽然远，但观察是亲切的。

III

哈 金

文学的最高成就是深入人心

　　哈金，原名金雪飞，1956年生于辽宁，1985年移居美国，现居美国马萨诸塞州，任教于波士顿大学。

　　1990年出版第一本诗集《沉默之间》。三十多岁时开始用英语写小说，其第一本短篇小说集《词海》，获1997年海明威文学奖。近年来他的作品《通天之路：李白传》《哈金新诗选》等相继在国内出版。

哈金在很多年里都感觉自己"前无古人、后无来者"。他是由自己独特的生存与写作境遇而生发感叹的："你前面的华人作家是谁？林语堂，他的论文和非虚构非常强，但是小说基本都淘汰了。"但在美国，要成为小说家，要立身，就得写长篇。"一个作家能写出优秀的短篇，是很了不起的事情。但只写短篇不够，只写一本书也不够，必须有一堆书才站得住。"哈金明白，要真正走得远，还得下大功夫。相较于林语堂，他自问："你呢，你不能被淘汰吧。"

因此，哈金认定，写作尤其是写小说需要他一生倾心投入。事实上，凭他现在交出的成绩单，他已然被广泛认为是"继林语堂之后在美国广有影响的华语作家"。作为首位以英文写作名扬海外的华人作家，林语堂的"广有影响"，确实是如哈金所说，主要是由其论文和非虚构写作奠定的。20世纪30年代，林语堂在上海结识长期居住于中国、痴迷中国文化，并于1938年获诺贝尔文学奖的美国作家赛珍珠。听从她的建议，林语堂用英文写出《吾国与吾民》。此书于1935年在欧美出版后，便引起巨大反响。他旅居美国后写成的《生活的艺术》，在美国不仅销售火爆，并且被译成法、意、荷等多国文字，成为欧美上层的"枕边书"。虽然他的小说现在看来"基本都淘汰了"，但他正是凭借被称为"现代版《红楼梦》"的《京华烟云》等作品获诺贝尔文学奖提名的。

与林语堂不同，哈金主要成就体现在小说创作上，虽然他同时也写诗歌，写论文，写非虚构作品，甚至在2006年，还和华裔音乐家谭盾合作，写了一出由张艺谋执导的歌剧《秦始皇》。他的小说《词海》《池塘》等曾获美国国家图书奖，福克纳小说奖，海明威文学奖，《纽约时报》年度十大好书奖，入围普利策奖。2014年他获选美国艺术与文学学院终身院士。用美国作家厄普代克的话说，哈金作为非英语母语作家交出的成绩单，在康拉德和纳博科夫之后，几乎无人比肩。随着他出版的《通天之路：李白传》，他似乎又多了一项与林语堂并肩的理由。毕竟，林语堂耗时三年写成的《苏东坡传》，至今仍被广为阅读，并且是众多苏东坡传记里的权威读本。不同的是，林语堂写苏东坡可谓有意为之。1936年，他应赛珍珠邀请，携全家赴美国定居。启程前，他特地带上了苏东坡的书籍资料，他说，苏东坡是他最喜爱的人物。在国外，只要有苏东坡做伴，他就不会孤单。而哈金写这部李白传记，却更像是无心插柳之举。在新书后记里，他坦言，写这本书的主要原因是夫人病了，他除了教学，不得不照顾她，陪她跑医院，实在无法重新开始写长篇。再就是机遇和运气。2015年，一家出版社计划出一套微型的名人传，希望由他来写一部中华人物的传记。主管这个传记系列的编辑在他提供的十来个人物的名单里选了李白。"我觉得李白的诗我比较熟悉，只要去图书馆找些资料就可以写出这本小书来，所以就同意了。但很快我就发现英文中没有完整的李白传记，虽然汉语中有许多种。我开始琢磨与其写一本微型传记，为什么不写一部完整的李白传呢？"

到了这个时候，哈金写李白传便可以说是自觉的追求了，他要写好李白的首部英文传记。何况，李白本就是他心仪的大诗人，他自己写汉语诗，也主要遵循李白"明月直入，无心可猜"的标准。虽然哈金认为杜甫也很伟大，但如果是写传记，他更愿意写李白："他的世界观是多层次的，背景和身世又比较复杂，可以把故事讲得有趣。另外，他性格上有些毛病，这让他更可爱。而杜甫太庄严了，很难找到性格方面的冲突和戏剧性。"

事实上，哈金早年的生活经历，倒确实是充满冲突和戏剧性的。1956年，他出生在辽宁省一个偏僻的小镇上。青少年时期，因为父亲是军官，工作地点不固定，所以常常举家搬迁。他十四岁参军，于1975年2月退役后，被分配到佳木斯铁路分局做了三年话务员。1977年，他考上黑龙江大学英文系。英文本是他随便填写的最后一个志愿，但当时整个佳木斯市报考英语的只有十六人,他虽然笔试不理想,但也被录取了。当时,学校里分快慢班,哈金被分到最慢的班,相当于被盖个戳认定了没有希望,外教也从来不给上小课,这段经历显然让哈金感到某种耻辱,以至于后来在多篇小说中表达对这种歧视的抗议。直到大三时听教授们讲海明威、福克纳,哈金才对英语产生了兴趣。那时美国文学比较时髦,他便考了山东大学英美文学的研究生。1985年,哈金拿到硕士文凭,作为山东大学的留校教师,申请到奖学金,去美国布兰代斯大学读英美文学博士。1992年,他获得了该校博士学位,毕业后却找不到可以养家的体面工作。"迫于生计",他在三十多岁时开始用英文写作,每本书和诗集也都能获得出版,直到1999年声名鹊起。

仅看简历,哈金一路走来算得顺利,甚至还不无幸运,但其间的艰辛如果不是亲历,怕是很难为别人感同身受。刚到美国,奖学金不够,他在医院当清洁工、在工厂值夜班。他太太一开始不会说英语,也干过很多杂活。1989年之前,他一直考虑回国发展,但他的人生意外地发生了改变。有了博士学位的哈金在美国到处找工作,但屡屡碰壁,其间他在餐馆里端盘子,每天都面临巨大的生存压力。1992年,他去亚特兰大的埃默里大学应聘一个助理教授的职位,教诗歌写作,居然幸运地成功了。"当时申请这个职位的有两百四十多人,有的已经出了六本书,可能是因为我有博士学位,比其他应聘者学位高,也出了一本诗集,还有名师推荐。总之就是很幸运。"但如何保住这个职位又是个问题。哈金从未学过诗歌写作,敢奢谈要教这门课?此外,学校规定头七年必须出书,才能提拔副教授,拿到终身教职,否则就得走人。回想起这段经历,哈金至今依然满腹感慨:"真难啊!""我是最拼命的一个,全得靠自己,不能靠别人。当你决定用英语写作时,已经走上了一条另类的路。华人觉得你注定失败,这条路走不通。美国人呢,当你没拿到工作前都帮你,拿到工作后就觉得你是个竞争对手。所以我全得靠自己,任何一行句子、一行诗怎么弄的,我从来不敢问。你一个英语教授去问别人,说明你根本不行啊。"

在那特别艰难的日子里,哈金说有两个对他有深入骨髓的影响的故事给了他坚强的支撑。一个是关于他少年时在家乡东北小镇图书馆读到的唯一的,并且是日后对他写作产生巨大影响的契诃夫的故事。契诃夫早年为了生计,给报纸投过很多小短篇以换取生存所需的面包,有位老批评家看了他的小说后给他写信说,你要珍惜你的天才,要写严肃文学。不知道你的食物够不够,如果不够,那你就饿自己,我们都是从饥饿开始的。另一个是卡夫卡在《饥饿艺术家》里讲述的故事,没有什么东西能解那位表演者的饥饿感,最后饥饿成了他的艺术。哈金下定决心跟着那种饥饿感走,他觉得大不了死路一条,失败。即使不停地被退稿,他仍然无比自大。"你要给自己一个幻觉,你一定能写出伟大的作品。别管眼前有没有人看,你要跟死去的伟大作家靠近。你不自大可以吗?那就先输了。"

正是靠着这份屡败屡战的拼劲,哈金硬是在边缘处找到了自己的位置。如评论家、哈佛大学中文系教授王德威所说,哈金从来没有写一个小说是为了贩卖东方主义和中国传统文化,尽管他在作品里对中国社会有反思与批判,但他并没有刻意通过严厉批评中国以在西方立足,其艰难就可想而知了。哈金说:"博尔赫斯的祖母是英国人,他本人又是在欧洲长大的,他常跟别人说自己渴望能用英语写作但不敢。想想看吧,这是一条多么艰难的路。"也是在这个意义上,哈金从来不鼓励别人用第二语言写作,因为其中的阻力和挫折不是每个人都能承受的。

从这个意义上讲,哈金写李白传,不写诗人自我创作的旷达豪放的李白,不写历史文化想象所制造的"诗仙"李白,而是写有着普通人的烦恼和苦衷,也更接近历史真实的李白,这未尝没有融入自己的生存体验。退而言之,至少他的一些刻骨铭心的经验,使得他对一生困顿的李白有更为深刻的体认。相比而言,林语堂一生确乎是潇洒多了,如哈金所说,林语堂虽然也是农家子弟,但他出国以前在中国就一直是畅销书作家,是教授,而且他的《吾国与吾民》一直是国际畅销书。林语堂大约也是因为一生都衣食无忧,才得以说他是"两脚踏中西文化,一心评宇宙文章"。但或许是这种骨子里的名士气派,让林语堂被中国读者认为是幽默闲适的散文作家。这是哈金所不能认同的。在他看来,林语堂是有才华的人,他的能量之大、学问之大,不能不让人折服,他达几十部之多的浩如烟海的写作,他在中美间起的外交作用,他编纂的英汉词典,他发明的中文打字机,还有前不久发现的《红楼梦》的英译稿,都证明了他是有巨大能量的人,是了不起的超人。哈金认为:"比起写出漂亮的句子、段落,那种持续喷涌的创造力才是关键。"这就能理解,哈金在这本李白传后记里写:英文写作的最困难的地方是怎样在"成功"之后仍能不断地写下去。真正的才能也存在于百折不挠、一步一步走得更远。某些我们仰慕的大作家都是这样过来的,遇到挫折时能找到新的生存空间和途径,使自己的写作生涯得以延续,甚至还能越发广阔。"他自己是这么说的,也是这么做的。他希望自己能像菲利普·罗斯、索尔·贝娄等大作家那样倾心地写作,把生命和写作融为一体。"我正在写一系列长篇,但愿能完成这些书。"

想象力的一个重要成分是怎样组织运用材料

傅小平:《通天之路:李白传》最是与众不同的有两个方面,一是你详细写了有些传记作者避而不谈或轻描淡写的李白在老家江油当小吏的经历;二是你只在序里谈到李白诗歌里的月亮意象,在正文里就很少提及,更没做什么渲染,你也很少分析李白的"月亮诗",而是偏重分析与李白生平遭际、日常行止相关的诗歌。不妨由此谈谈,你在写作前后一般怎么处理材料。

哈　金:我的基本原则是有趣。一开始出版社就强调不要学术著作。如果大量分析李白的诗歌,可能使叙述松弛下来,对多数读者来说会乏味。但传记的核心人物是伟大的诗人,所以我必须要解读他的一部分诗歌。这本传记主要是给英语世界中的诗歌爱好者读的。把这个故事讲好，主要还是靠细节，特别是新鲜有趣的细节，同时对这些细节要有自己的看法。

傅小平：这样一部李白的传记，你在写李杜相遇，还有李白与孟浩然交往等细节时，显然融入了合理的想象。很多人认为，既然是非虚构就得写眼见的真实，融入想象会让写作偏离真实。但依我看，写作者对真实的理解本身，就需要在想象中展开，所以想象不可避免，没有想象也写不出深度的真实。你身在具有非虚构写作传统的美国，对怎样确定真实与想象之间的边界，包括处理两者间的关系等问题，多半有自己独特的思考。

哈　金：英语世界中有"创意非虚构"之说，我倒并不刻意追求非虚构的手法。在这部传记中有些地方，不虚构一些，故事就会出现漏洞，比如李杜相会。这么大的事情，不能几笔带过，一定要写得丰满些，所以我就根据已有的诗文资料做了一些推想。这样做是为了把故事讲好，在现在的非虚构写法中并不出格。

傅小平：想到你说过的一句话，大意是如果你留在国内，你很可能会选择非虚构写作。实际上你基本上都写虚构作品。这部李白传记也是迄今为止你唯一的非虚构作品。

哈　金：以前并没想过要写小说，觉得将来可能只会写一本回忆录式的书，自己的职业应该是翻译。后来为了生存，就开始写小说了。但写长篇需要时刻沉浸在作品里，我并不是老有这种奢侈。李白这本书是权宜之作，太太病了，我无法写长篇，就作了一本传记。但作为作家，我是以小说立身的。

傅小平：写传记不可避免要涉及材料，但这部传记里，却有一段你因为没有材料或缺乏材料而展开的推测,即李白和王维处于同一个时代,却为何没有交往。你的推测很有说服力,但我想是否也有可能,他们有交往,但没有相关记载,或者有记载但失传了,毕竟李白的诗散佚十之八九,王维的诗文也未必都流传下来。这就涉及一个问题,如果有很多材料,怎么确定哪些材料更真实?如果找不到材料,又该怎样证明历史上确无此事?

哈　金:当然,也有你说的可能性。很多事情,当时不记下来,以后就成了各种猜测。怎么确定材料的真实性完全凭作家自己的判断力。但李白确实从未提及王维,虽然他俩是同时代的大诗人。两人同时在朝廷里供职,但形同陌路。李白确实很迷恋玉真公主,有他的诗为证,但玉真在仕途上并没有给他特别的帮助,而对王维却从一开始就努力扶持。李白对别人说自己是作为道士被玉真介绍给玄宗的,这可能只是他被招入宫的原因之一,但我认为不是主要原因。他入宫主要是靠他的诗歌艺术。这是我的推断,我认为是合理的,能以各种资料来支持。

傅小平:如果只是读李白的诗,我们会想当然推测他是一个怎样好酒,又是怎样鄙夷权贵的形象。但现在有一些传记作者推测李白实际上贪恋权力,而且还很可能不是一个好酒的人。写《大唐李白》的张大春就说,李白是一个自媒体人,善于通过交往游历和诗词唱和让自己更有名。你怎么看类似的解读?作为传记作者,该如何切近事实真相?

哈　金:张大春的说法完全正确,李白的确很刻意自我推销,在乎自己的文名,但他也痴迷官职,喜欢权贵。另一方面他明白自己身为诗人的分量,强调"平交王侯"。还有,许多李白学者实际上在传播文化想象中的李白时,往往靠印象来写李白,把他写得很飞扬,一身仙气。我要写得理性,努力做到言之有据。

傅小平：所以李白大概是想到自己的诗文能流传后世的。基于材料之于这部传记的重要性，特别问问你，在你看来，材料之于写作，尤其是小说写作，有何重要的价值和意义？我这么问也因为，作家写作如果过多依赖材料，会更多让人产生以分析性见长的匠人的印象，就好像他的写作在艺术创造力和表现力上是打了折扣的。

哈　金：材料当然重要，就像厨师没有食材，无法做饭，但不同的厨师做出来的饭菜不一样。想象力的一个重要成分是怎样组织运用材料，当然小说可以大量发挥，特别是在没有多少原始材料的情况下。英语文学理论传统从浪漫诗人柯尔律治开始就强调想象力的核心是综合能力。降低姿态是写作的一种正确态度，很多作家对自己的人物有种优越感。果戈理有"虫子仰视"的说法，那是他幽默的主要来源。

傅小平：换句话说，无论写虚构作品，还是非虚构作品，都需要这种综合能力。我不确定材料与细节之间是怎样一种关联，是不是说就历史写作而言，材料就是细节，或者细节一般而言都寓于材料之中？但以色列作家阿佩费尔德说，你不需要创造什么细节，但是要把细节的次序安排好，这就表现出一个作家的创造。这句话对我有启发的同时，也让我有疑惑：他这么说似乎有那么一点"文章本天成、自然去雕饰"的意味。但不管怎样，我们写作时还是有可能碰到从既有的材料，或现有的生活里找不到具有说服力的那个点的时候，这时或许就需要我们发挥想象力去创造一些细节。

哈　金：如果是非虚构，当然可以创造细节，但应该合乎生活的逻辑。英美文学理论中的想象力是指综合能力，而不是天马行空。一般来说，只要知道某个细节确实在生活中存在过，下笔就会坚实确信些。

傅小平：所以，你写李白也不是天马行空，而是跟着他的诗歌走。

你还说，通过跟着他的诗歌走，整个叙述构成了一个完整的故事，也可以顺便展现唐代的诗歌文化。不过我感觉，跟着李白的诗歌走，就要面对两个问题：对于李白那些被公认为名篇的诗，你需要有自己的新见；对于他那些少为人知的诗，你写它们又似乎要有足够坚实的理由。

哈　金：研究李白的学者们在这方面已经做了大量工作，每一个李白年谱上都表明某年他写了哪些诗，所以这条路线已经在那里。我主要想把故事讲生动，顺便让读者欣赏他的诗歌。我并不刻意介绍他的代表作，有些根本就没译。比如《长干行》，我只提及庞德的译诗，英语中的诗歌爱好者都知道，我不敢重译，不能班门弄斧。还有一些诗并不是他的代表作，但故事需要，就译了。我的原则是把故事讲好，讲丰富。

作家的功力体现在能把每一个细节做完整

傅小平：你分析李白《丁都护歌》，对我有启发。你说从这首诗开始，李白的诗歌越来越关注家国和时代，他也不再是一个只会创作流行歌词的浪漫诗人。这就让我想到，李白写诗要只是一味浪漫，他可能就不是一个伟大的诗人。但一个作家要一味现实也有问题。譬如说你推崇的契诃夫，首先是一个现实主义作家吧，但他的写作实际上包含了浪漫的因子。要是这么看，我们顺着文学史家的思路，强调浪漫主义、现实主义的区分也是有问题的。

哈　金：的确没有必要分得那么清楚，应该凭作者自己的感觉。人和人不一样，作品必然不一样，首先得强调作者自己的风格。这风格与个人是分不开的。这就是为什么里尔克说"你必须改变自己的生活"。好的作品往往能为读者提供想象的空间，让人想象生活的各种可能性。契诃夫的戏剧里有的场景就是人物在想象更好的生活，这是他的诗意的来源之一。

傅小平：这句话也让我想到法国作家布封说的"风格即人"。契诃夫的写作应该说体现了这种理念，你曾说契诃夫启发了你不仅仅要表现"生活是什么"，还要写出"生活应该是什么"，怎么理解？

哈　金：契诃夫说的"生活应该是什么"并不是说要描绘出美好的生活，而是说要迫使读者意识到有另一种生活，而眼下的生活出了问题。他说的是一种意识和情怀。

傅小平：当然要做点牵强附会的理解，契诃夫启发你的"生活是什么"，可以对应中国美学里的"实"，"生活应该是什么"对应的则是"虚"。你的写作以"实"见长，你一般会怎样平衡"实"与"虚"之间的关系？

哈　金：我并不分得那么清楚，觉得虚也常常是实有的，只是对一些人虚而已。关键是作者自己的把握，能够掌握好分寸。这种区分在写作过程中并没有多大意义——作家们不必去想哪笔虚，哪笔实，关键是有无新意和诗意。

傅小平：在中国叙事传统里，"虚"的部分很多时候是通过写意或书写意象来完成的，你的小说里比较少见到意象，长篇小说《池塘》里的"池塘"可以算一个，但我读下来小说正文里似乎没出现过这个字眼，那就当它是隐在背后的隐喻。短篇小说《作曲家和他的鹦鹉》里的"鹦鹉"也可以算一个。这是一篇挺有意思的小说，是一篇在你的小说序列里显得比较另类的小说，怎么想到写它的？

哈　金：完全源自道听途说：有位画家不断地画一只鹦鹉，说那鸟是他的儿子，在一次交通事故中那只鹦鹉被压死了。我想以这件事做引子写出一个更完整的故事。当时我刚跟谭盾做完一个歌剧，对音乐界有些了解，就选择了一位作曲家做主人翁。其实，整个故事都是我想象的，是虚构的，主要想表达艺术创造中的或然性。一只鸟帮助作曲家成就了他的艺术，这其中根本没有逻辑可谈，完全是某种特殊的感应。

傅小平： 扯开去说一句，读《通天之路：李白传》的过程中，感觉李白一生都在等着受朝廷重用，好不容易被宣进殿，也不过是听凭唐玄宗"供奉翰林、随时待诏"。到后来，朝廷终于要赐给他一生都在等待的机会，却无人知晓他已死去一年。直到数年后白居易来到他的坟冢前，为他的一生写下"可怜荒垄穷泉骨，曾有惊天动地文"的注解。

哈　金： 在某些方面是这样的：生命无缘由地消失了，努力和奋争最后都没有遂其所愿。

傅小平： 相比长篇，你的短篇更多体现了契诃夫的这种精神，尤其是当我读到《樱花树后的房子》《幼儿园里》《新来的孩子》等几篇时，我感到这些小说确实合乎你说的。契诃夫的作品总有一个暗示，就是正常的好的生活应该是什么样子，他虽然没有写出来，但可以启发读者得出答案。但你的长篇似乎不是这样的，读《池塘》读到结尾，更多给我一种灰暗、反讽或没有出路的感觉。何以如此？

哈　金：《池塘》确实没受契诃夫的影响。这是喜剧小说，我在幽默方面做了些努力，主要是追求果戈理的风格，一种悲喜交加的风格。但喜剧是表面的，本质上这是一个悲剧，无论邵彬怎样折腾都跳不出那个池塘。他自己也不想跳出来。

傅小平： 当然，就《池塘》而言，这个结尾也可以说符合你的设定，扉页上的题记就出自果戈理代表作《死魂灵》里富有讽刺色彩的一句话。

此外，像《暴发户的故事》《旧情》《男子汉》等短篇，讽刺力道、荒诞色彩都很强。而你在一篇演讲中，谈到中国文学中有讽刺传统但缺少对人物的怜悯，你只是点到为止，是否还有什么经验可以分享？

哈　金：从技术上说，许多作家居高临下，离自己的人物太远。好的小说应该从故事内部展开，一旦真正进入故事，作者会发现其人物的美善和丑恶也是自己的。总之，作者不应该有优越感，应该跟着故事和人物走。每一个丰满的人物都有许多作者一开始看不到的层次，应该把它们都挖掘出来，虽然并不一定都要写在纸上。

傅小平：说回契诃夫，你描绘风景该是比较多受了他的影响。虽然我看到有文章批评你的小说，每当人物遭遇某种困难，每当小说叙述即将"出戏"，你总要让人物，也让读者将视线从具体情境挪开，欣赏一段你准时奉献的风景描写。但我觉得你写风景，大体上能做到情景交融，而且赋予叙述以自然的节奏和气息。要做到这一点，着实是有难度的。因为契诃夫那样写，对应的是俄国大地，那里地广人稀，有大片的自然。而中国比较缺乏写自然地理的传统，或许国内当代作家笔下自然风景缺失也有这方面原因。因此，想问问你怎样把自然风景自然而然融入小说当中？

哈　金：英美同样有很多作家不会描写风景，结果故事缺乏质感，少有诗意。作家的功力体现在能把每一个细节做得完整。风景其实非常难写，尤其是能不断写出新意，太难了。但写作不能取巧，应该做的必须力争做到。

小说创造完整性的感觉，但这不是伟大小说的标准

傅小平：在你的小说里，感觉不到那种浓郁的欧化倾向。尽管从资料上看到，你喜欢阅读托尔斯泰、契诃夫等写作的俄国19世纪现实主义文学作品。同时，你也很少提到对中国文学的阅读和欣赏。那么，联系到你写作"伟大的中国小说"的诉求，其中该是包含了对中国文化精髓的深切领悟，对吧？

哈　金：我说的伟大的中国小说主要是为了让大家有这方面的意识。至于怎样才能写成伟大的小说，应当完全是作家们个人的认识。

傅小平：从历史来看，中国文化不仅融汇了国内各民族的经验，也一直受到外来文化的影响。到了现当代，西方文化对中国影响之大，不仅体现在表层仪式上，某种意义上甚至可能改变了中国人的心理结构和情感经验。从这个角度看，传统其实并没有那么纯粹。所以，当下我们讲到传统，可能有剥离重重外在影响，还原到根子上去理解的意味。但真的回得去吗？

哈　金：中国文学中有一些东西还是有用的，但寻根恐怕很难，因为小说根本就是西方的文学形式。很多体育项目不都是发源于西方的吗？电脑和飞机不都来自西方吗？所以在形式上强调西方或中国是没有意义的，关键是要做得好，做得比别人好。日本作家在这方面就顾虑少些，他们认真学西方的小说技艺，有些人从学徒最终做成大师。村上春树近年的一些作品是对西方文学的反馈，可以看出他把自己的创作当作世界文学的一部分。至于他做得多成功，另当别论，但这是在世界文学中寻找自己的传统的认真卓绝的努力。

傅小平：你的写作在何种意义上继承了中国的文化传统？又或者，在你看来，唯有更多融入外国文学的经验，方有可能真正诞生出伟大的中国小说？

哈　金：我有些短篇受到中国文学的影响，例如《复活》有《阿Q正传》的影子，《英语教授》回应范进中举。至于怎样才能写出伟大的中国小说，那应当是作家个人的主见，自己所热爱的作家和作品才是自己真正的传统。

我们别忘了小说是写出来的，不是谈出来的。想象一部伟大的作品并不难，难的是一笔一笔写出来。比如《愤怒的葡萄》是公认的伟大小说，要说无产阶级文学，这部书应当是这种文学的最高成就。每回我教这部小说时，学生们都觉得就像是为今天写的。特别是其中的插入章节，每一章都是一首独特的长诗，很难在翻译中再现那种雄壮又精致的美和力量。如果哪位作家能在《愤怒的葡萄》的传统上写出一部小说，并把它的艺术进一步发展，特别是那些插入章节的技巧，真正做到比斯坦贝克写得更好，走得更远，那就写出了一部伟大的小说。但这要求作家有多方面的才华，而且还要有机会真正了解这个题材，还要不受各种制约，更重要的是要有运气。我说这些只是强调伟大是相对的，尽管伟大的小说有宗教色彩，但也不是遥不可及。有一段时间我很苦恼，没有机会亲身了解劳工这个题材，无法尝试写这样一部书，现在真心希望有人能写出来。

傅小平：在全球化时代，民族经验正被日益淡化，"越是民族的越是世界的"的提法也受到了普遍质疑。所以，一些作家的写作，表达了强烈的国际主义或说是世界主义的愿望。比如英籍日裔作家石黑一雄，比如近些年走红的智利作家罗伯特·波拉尼奥，他们的写作很可能代表了未来写作的一种趋势。

哈　金：西方的严肃作家很少跟风。我觉得不会有很多人像石黑一雄和波拉尼奥那样写作。每个作家写到一定程度就会知道自己的弱处和强处，要寻找最适合自己的道路，不会跟在别人后面，特别是同代人。

傅小平：你说到美国作家普遍有写作"伟大美国小说"的抱负。我的理解是，这种抱负作为对自身写作品质的一种要求，具有相当的合理性。但其中也可能包含了一个陷阱，姑且把它说成美国本位主义或世界霸权的陷阱。因为，美国是世界超级大国，写出了伟大的美国小说，很可能在美国作家看来，相当于写出了伟大的世界小说。你怎么理解？

哈　金：美国作家一般并不认为伟大的世界小说一定是美国的，他们非常崇拜托尔斯泰、陀思妥耶夫斯基、福楼拜、普鲁斯特、马尔克斯等大作家。他们承认那些大师比自己写得好。我的印象是他们都在忙着怎样超越自己，跟中国的50后和60后作家面临的处境差不多。对他们来说更可及的是写出里程碑式的作品。

傅小平：当我们提到写作"伟大的中国小说"，或呈现独特的中国经验时，很可能包含了对这种经验的完整性的诉求。托尔斯泰的《战争与和平》、曹雪芹的《红楼梦》这样的伟大小说，毫无疑问都有完整的体系性的建构。有这样的完整性，一部小说才可能有大的格局，并撑起一个强大的磁场。然而，在当下我们面对的是碎片化的经验，与之相适应，很多小说都以某种特殊的限制性视角切入，展示某一局部的经验。

哈　金：我们不应该制定标准，每个作家心里应当有自己的标准。但有一点是肯定的，那就是小说艺术上的成就，这是最难的。所谓完整性只是一种印象，托尔斯泰笔下的社会最底层的人物很少，有几个，但很苍白，他长于描写贵族社会，其作品中的俄罗斯经验并不是完整的。曹雪芹笔下的焦大也只是点到为止。所以，小说很难做到对时代的完整展现，但可能创造完整性的感觉。这种完整性的感觉应当成为伟大小说的标准吗？我觉得未必。

傅小平：当下，随着海外华文文学越来越引起关注，很多国内作家都注意到了这样一个事实：异域生活拓宽了海外作家的视野，使其写作获得更为开阔的表达空间。我参加一些活动，经常会在私底下听到类似艳羡的话。

哈　金：海外作家的视野并不宽阔到哪儿去，他们有自己更难的苦衷。像我说的那部关于劳工的小说，只能用汉语写，只能在对当下的国内生活有了切身经验后才能写。福克纳几乎从不旅行，只写自己的家乡，他的视野源自他的内心和天才。

傅小平：当然，海外作家是否在创作资源上占有某种优势，并不是不可探讨的话题。一个重要方面的便利，应该体现在小说的视角上。对所谓的"西方视角"，你有何感想？

哈　金：所谓"西方视角"并不是最重要的。从技巧上说，作家必须能思考，有文化，眼界宽阔些，否则，很难把故事讲好，讲丰满。

傅小平：同一个历史事件被不断重述，会不会产生过度阐释的情况，你觉得该如何避免？

哈　金：对重大历史事件应该多写，而不是少写，但必须写得好。理想的状态是每一部新作品都不重复以前的作品，都有新的贡献。这非常难做到。

从内心讨厌以华丽的辞藻来掩盖贫乏的内容

傅小平：说回李白，李白应该说是一个有宗教感的诗人，在他的部分诗歌里，能见到道教的影响。你给这部李白传记取了"通天之路"这个标题，包括题记里引用李白《长歌行》中的"富贵与神仙，蹉跎成两失"，也多半有这方面的考虑。我觉得有必要做点辨析，李白想打通的"天"应该不是指通俗意义上的天，而是天道，或得道成仙。该怎么理解李白的这种宗教意识？

哈　金：他的世俗的天是朝廷，另一个是道家的仙境，这在本质上也多少是世俗的——道教是世俗的宗教。但李白跟别的诗人不一样，他的确也追索与政治无关的天堂——仙境，这使他的诗多了一个层次，一个很感人的层次。他渴望脱尘拔俗，长生不老，却又心系朝廷京都。这种心灵的挣扎很多人都能感同身受。他的两个天是搅在一起的，他自己往往也理不出头绪。

傅小平：李白这种富有宗教感的写作，给人以空前绝后之感，后世似乎很难学习。相反，杜甫的很多诗歌却堪为后世学习临摹的范本。而自唐代以后，杜甫践行的儒家思想，也一直被奉为正统。我不确定时下流行的扬杜抑李，是否也多少受了一点思想正统的影响。

哈　金：杜甫的诗的确更深沉些，思想也正统，所以要写杜甫传，在别的语境中也许很难找到共鸣。汉语语境之外的读者并不都接受儒家思想，所以故事不好讲。但如果把杜诗译得非凡，也许会有别致的辉煌，就是说要看谁来写了。

傅小平：英国 BBC 四台播出了《杜甫：中国最伟大的诗人》，据说这部纪录片的拍摄，受了史学家洪业用英文写就的、于 1952 年由哈佛大学出版社出版的、两大册同名传记的影响。你个人怎么看世人对李白和杜甫的比较？以你的判断，两位诗人在美国的影响可有高下之别？

哈　金：洪业的《杜甫：中国最伟大的诗人》仍是英语中的权威之作，但李白的诗歌在西方影响要大些，读者更多。宇文所安翻译了杜甫的全部诗歌，这是件了不起的事，但仍没能改变在西方李白的名声比杜甫更大的状况。李白的声誉多少归功于庞德译的几首他的诗，给人耳目一新之感，是现代英诗中的一道风景。

傅小平：虽然你在代后记里说，你写这本书除了你得照顾病中的太太无法重新写长篇，还有一个原因是你恰好发现英文中没有完整的李白传记。但我觉得你写李白，或许有一定的必然性。也就是说如果让你在写李白与写杜甫之间做一个选择，你很可能会选择写李白。因为相比杜甫，你或许更偏好李白。你写诗也遵从李白作诗"明月直入，无心可猜"的标准。你自己怎么看？除了这个标准，李白写诗，是否对你还有别的方面的影响？

哈　金：年轻时的确更喜欢李白，但现在觉得杜甫伟大。不过，要写传记，我更愿意写李白，他的世界观是多层次的，背景和身世又比较复杂，可以把故事讲得有趣。另外，他性格上有些毛病，这让他更可爱。而杜甫太庄严了，很难找到性格方面的冲突和戏剧性。

傅小平：这篇题为《写作与生存》的代后记，我读了挺有感触。对于写作，我们容易强调精神性因素，而忽视其物质因素。但作家的生存境况，实际上对他的写作有非常直接的影响。这本传记在这方面有所侧重，不少读者读后都感慨李白对妻子不好，但其实你对此做了辩护。我想，你自己面对的境遇，也或许让你对李白多了一份同情之理解。有意思的是，你写李白的这部分篇章，还包括他与儿女的亲情，他入赘后引来女方兄长对他的百般刁难等，是最能让我们近距离触摸到李白的体温的。你是有意识这样写的吗？

哈　金：我侧重他的家庭方面，主要想重现一个比较真实的李白，他有着普通人的烦恼和苦衷。他的爱人们没跟他过上好日子，但她们热爱他的才华，做了巨大的付出。身为伟大的诗人，李白不可能是宅男。他云游四方，似乎也合情理，最终他留下了壮丽的诗篇。生活和艺术常常难以两全，能够成全其一就不容易了。而后现代的艺术家们往往追求两全，这是非常难的。李白的例子告诉我们艺术是有代价的，所以他的故事能感人。

傅小平：你遵从李白作诗的标准，想来指的是你以汉语写的那些诗，也就是2017年在国内出版的《哈金新诗选》里的诗。你用英文写诗，或许是遵从另外一种标准。按你说的，写诗的最基本动机是要成为该语言的一部分。那是不是说，你以英文写诗，是要成为英语的一部分；以汉语写诗，是要成为汉语的一部分。这或许是两种很不相同的写作体验。

哈　金：的确如此，不过我说的是终极成就。用不同的语言，自然要意识到该语言中的各种回声和传统，感觉不一样，终极目标也不一样。但我以小说立身，要努力写出一些优秀的长短篇。

傅小平：从这本《哈金新诗选》在国内引起的反响看，诗人们大多表示了肯定和赞赏。王家新说，你的许多诗甚至不借助于任何修辞，却有一种真切感人的效果。孙文波赞赏你的诗展示了一种非常直接、朴素、诚恳地对待世界以及对待文学的态度。但读者却不太买账，比较多批评你的诗失之简单、直白，不够含蓄蕴藉，言下之意是缺乏诗艺。这些都只是参考。就我个人来讲，我更关心的是，你怎样以简单而不单薄的表达方式，写出诗的感染力与情感撞击力？

哈　金：汉语讲究华美，而英语注重力量。我受英语文学影响多些，但也从内心讨厌华美的文字，因为有些诗人往往以华丽的辞藻来掩盖贫乏的内容。写得跟别人不一样是好事，起码是另一种声音。凡是嘴上不说的词，我绝不写进诗里，所以可能给人直白的印象。这也是我所追求的。

傅小平：你多年以后重拾汉语写作，当你用汉语写下第一首诗时是怎样的心境与状态？你研究过西方现代派诗歌，对国内当下诗人的写作应该也不隔膜。在这样的背景下，你以这样直接、朴素的方式写诗，依我看是需要有绝大的自信的。何来这样的自信？

哈　金：你看《圣经》中的诗歌比我写的要直白许多倍，没有人说那不是诗，关键是内容在那里。一开始我只想用汉语打草稿，再用英语重写，但做起来觉得汉语仍是我的第一语言，这些诗应该直接用汉语写成，就先用汉语完成了，并出版了两本汉语诗集：《另一个空间》和《路上的家园》。

傅小平：你的诗大体看来有比较强的叙事性，即便指向抒情，也保留了一定的叙事元素。而且所谓叙事，主要是如王家新所说，更贴近个人经验和细节的日常生活化的叙事。你还有一些诗就像你的诗歌译者明迪所说，看起来像是纯粹的、白描的场景描写，背后却隐含了故事。由此延伸开去，你诗歌的叙事性里，同时还包含了故事性。

哈　金：这可能跟我写小说有关。其实，弗罗斯特说过，每一行优秀的诗都是戏剧性的。英美诗人写诗时常用的一句话是"把故事讲好"。我一直主张应该更注重诗的戏剧性。张曙光等人也提出了戏剧入诗的重要性。

全面并非好事，让人难以在一方面出类拔萃

傅小平：你作为小说家和诗人的双重眼界，或许给你解读李白带来

了某些新质。我读到几篇短评也这么认为。其中有一篇提及，你的诗人眼光使你很重视对李白多元思想背景的寻根溯源。但依我看，更可能是你的生活阅历，让你格外看重李白的多元思想背景。

哈　金：你是对的，都是流落人嘛，但我更幸运些，生活还算安定。李白的背景是多元的，应该强调他的特殊背景，特别是"外来人"的身份。我觉得他在社会上是挺不安分的，总要设法创造自己，好显得非凡。这完全能理解。

傅小平：在分析《登金陵凤凰台》这首诗时，你写道，律诗总体上不是李白的优势。但这首诗一出，标志着李白当时已创作出了他那个时代每种诗歌形式的杰作。你又写道，李白也由此成为一个能以任何诗歌形式出类拔萃的诗人。这是不是说，一个大诗人也有必要是全面的诗人。你写诗，写小说，写评论，包括还为歌剧《秦始皇》写歌词等，是否也包含了让自己成为全面的作家，或者说是在写作各方面都出类拔萃的努力？

哈　金：那倒不一定，但李白的诗确实给人"黄河之水天上来"的感觉，他的才华磅礴汹涌。其实，全面的作家并不是好事，很难在一方面出类拔萃。但李白是诗仙，不能以通常的尺度来衡量。一般来说，把一种艺术做好了就相当了不起。我只想做好一件事。

傅小平：很遗憾没能读到《残骸》，但王家新、明迪都不约而同提到这首诗，想来它在你的诗歌写作中有一定的代表性。用明迪的话说，这是一首可能以《荷马史诗》为目标的诗，还因为历史题材总体看来不是你书写的重点。所以问问你，写这首有代表性的诗，是否关乎你的某种心结，或是包含了一些特殊的用意。

哈　金：那是一本很大的诗集，其中对中华文化和历史做了一些梳理，但并不是史诗，并不讲述一个宏大的故事。写作时觉得自己要在心理上有个交代，所以就写了那些诗。用你的话说，也算了结了某种心结。

傅小平：就表达意旨而言，你的诗歌指向性通常比较明确。像被谈论比较多的《怕光的人》《幸福的记忆》《中心》等，读者一看就明白。这样直指人心当然很好，但会否多少限制了意义的多元性，让读者难以进行更深层次的开掘？

哈　金：让人一看就明白难道不好吗？在世界上影响最大的两位中国古代诗人是寒山和白居易，他们的诗都是一听就懂。许多当代诗人和读者已经不明白一个浅显的道理：云山雾绕不是诗，油盐酱醋不是食。最初，诗和歌是同为一体的，歌就是让人一听就懂，能做到这点又不失肤浅，太难了。

天才通常都是偶然地出现，无法培养或复制

傅小平：你曾经谈到一个作家的作品一旦融入一个文学传统，作家自身的名声也就无关紧要了，他活在作品中。那对你来说，这应该是一个什么样的文学传统？我估计单纯地说你试图融入中国文学传统、美国文学传统，或者是俄国文学传统都未必确切。再说，作家也未必非得被动地归于某个既定的文学传统。

哈　金：这个问题对我来说不重要，因为不是我个人能左右的。我能做的只是力争写出好作品，别的根本不关我的事。

傅小平：读《活着就好》这个短篇的时候，我觉得这是接通世界性

书写传统的一种尝试。这个故事在某种意义上可以当成奥德修斯还乡的世俗版或中国版来读。我有点好奇,这个故事有原型吗?尤其是这篇小说里还加入了颇有戏剧性的地震情节。你一般都让故事自然过渡,很少这么设计故事情节。

哈　金:这个故事完全是想象的,不过其中地震的细节是我从书籍和文章中挖出来的。美国作家华盛顿·欧文写了一个名叫《一睡七十年》的故事,主人翁在山上睡了七十年,醒来连猎枪都锈烂了,回到村里,熟人都没有了,但大家对他非常好,他又融入了村里的生活。我觉得这个故事挺肤浅的,就想写一个更符合生活逻辑的故事,就是人一旦离去就再也找不到从前的位置了。《活着就好》是对美国文学的回响,写的是人生的常态。

傅小平:如果说你的写作意在融入世界文学传统,但你时隔多年用汉语写诗,也常被理解为"重返汉语"或"重归母语"。你是否可以解释一下,为何选择在那么一个时机或阶段以汉语写诗?

哈　金:我只是变换一种写作方式。这些诗我后来用英语重写了一遍,收入《遥远的中心》。这本英文诗集反应还好,得了一个小奖。现在我又开始写长篇了,没有精力写诗,我只能往前走,不能老回头。

傅小平:看到有资料说,厄普代克批评你的一部长篇小说运用英语的方法太笨拙了。"这对我作为一个以英语为母语的人来说,简直是一种侮辱。"你曾回应说,他的批评里包含了由嫉妒而生的偏见。但以我的理解,他似乎也在捍卫他心目中英语的纯正性。与此相仿,也有人认为汉语新诗受外来语和外国诗歌影响太深了,呼唤守护汉语的纯正性。但所谓纯正是怎样一个标准?李白在他的年代里,是否是用纯正的汉语写诗?这似乎是一个很难深究,也不太能解释的问题。

哈　金：厄普代克要捍卫英语的纯正性是一个因素，还有，写完"兔子三部曲"，他基本把自己写空了，一直写得不顺利。他觉得我来得太冲，应该打压一下。

傅小平：厄普代克的批评也从一个侧面反映出中国移民作家写作的困境。如果在异域他乡以中国背景叙事，也会有人批评他们写的那点事，没什么了不起的，有些方面还不如国内作家写的呢。如果脱离中国背景，写发生在居住地的故事，很多时候会被批评写得不是那么回事。

哈　金：这是普遍存在的困境。

傅小平：我不确定像谭恩美等第二代或第三代移民作家是否会面临这种困境，但他们在国内的影响力远不如第一代移民作家。另外，相比中国移民作家，印度裔移民作家在英语世界里发展似乎好得多。除了英语是他们的第一语言，你觉得是否还有别的原因？

哈　金：谭恩美他们面对的是英语世界。印裔移民作家的情况不一样，英语是印度的官方语言之一，大部分作家从小就受英语教育，印度最优秀的作家基本都生活在国外，他们已经完全融合为世界文学的一部分，他们通常以英语为第一语言，文笔精致，对英美文学传统非常熟悉。这是来自东亚的移民无法相比的。

傅小平：回到诗歌，联想到你说的"伟大的中国小说"的概念，是不是我们也应该呼唤"伟大的中国诗歌"？要依你说的"诗歌最主要还是精神"，那还应该有"伟大的中国诗歌的精神"。如果说李白、杜甫他们写出了伟大的中国诗歌，也传达出了伟大的诗歌精神，那在你看来，他们如何成就伟大？这对后世写作有何启发？

哈　金：在我看来，他们的伟大是偶然的，因为他们的天才和成就多少也是偶然的，很难学习延承。天才通常都是偶然地出现，无法培养或复制。我们所说的伟大文学，多少是某种期待。它的出现是可遇不可求的。我们能做到的只是努力为其提供和创造有利的条件。

我是独立的艺术家，以做小说家为立身之本

傅小平：其实我拿到这本李白传记后，就自然而然想到林语堂写的《苏东坡传》。这两部书写的都是中国大诗人，也都是卓有成就的海外华语作家在异国他乡用英语写就的。而你又被称为"继林语堂之后在美国广有影响的华语作家"。所以问问你怎样看这种关联？林语堂在海外写作，及他的生存境况，对你是否有启发和影响？

哈　金：林语堂在介绍中华文化方面做了大量工作。他在美国生活了许多年，却坚决不入美籍。1966年他退休回台北，蒋介石为他盖了一座西班牙风格的宅所。所以，我不能跟林语堂相提并论，我不过是一介草民。我以当小说家来立身，我把自己当作独立的艺术家。

傅小平：你提到过林语堂在他的第一部英语作品《吾国与吾民》序里表达过这样一个观点：看中国的唯一方式，以及看其他国家的方式，是寻找共同的人文价值而非异国情调。依我看，你的写作倒是在一定程度上体现了他的这一理念。

哈　金：《吾国与吾民》是我看的他的第一本书，写得真好，丰富又公正。他是这类文体的大师。我曾听夏志清先生说郭沫若嫉妒死林语堂了，因为林语堂在英语世界不断出书，而且还本本畅销。林语堂能量确实非常大，在西方这就是天才的标志——拥有超人的能量。我并不刻意写中国，中国只是我的故事的背景，我写的是人生的境遇，当然也是自己的感受和看法。

傅小平：无论是你，还是林语堂，写中国诗人的传记，都会碰到一个问题，就是怎样向外国读者介绍文化背景，因为有些背景在中国读者这里是可以略过不提的。那么，当这部作品被翻译回中国时，中国读者就会觉得这些介绍是小儿科了。我读下来，你处理得详略得当，不知道翻译有没有做缩略处理。你是怎么平衡的？

哈　金：我有两个基本原则，首先要有趣，其次要丰富但又不啰唆。基本是本能地定夺取舍。当然要有文学修养，有见地，否则读者不愿意读。汉译文通常非常忠实原文，译者是一句一句扒下来的。

傅小平：林语堂在国内主要还是被视为一位闲适作家，这多少受了鲁迅评价的影响。应该说他们两人代表了两种不同的写作路径。鲁迅关注政治时局，倡导要用文学来为中国人治病，他晚年用很多精力写杂文也与此有关，有不少后世作家据此认为，这缩小了他的文学成就。林语堂则在那个苦难的时代里依然提倡生活的情趣，他写了大量的生活散文，包括小说作品。你怎么看两位作家写作路径的选择，你会更偏向于哪一种？你如何评价他们的文学成就？

哈　金：林语堂的学问很大，在德国拿到博士学位，但作为艺术家，他格局有限，写了六部长篇，原创性都不很强，深受中国古典小说的影响，有移花接木的感觉。我觉得林语堂作为小说家眼界不高，但他写的关于中华文化的书确实是杰作，有大学问家的气度。鲁迅是另一类作家，眼界高些，但文学作品写得不多，精力都用到"打架"上了。我从一开始就提醒自己躲开鲁迅的路子。

很多没看到的层次，在修改过程中渐渐清晰

傅小平：我没读到你的小说《背叛指南》，但你太太不喜欢《潜伏》的结尾，居然是你写这部小说的起点，这让我对这部小说多了一份想象空间。由此想问问你，一般是什么触发你写小说，你会否在阐释故事，或把旧的故事写出新意上下一番苦功？

哈　金：《背叛指南》同时讲两个故事，这种形式是长篇小说中最难驾驭的形式。由于这部小说的出版，我觉得作家们开始视我为长篇写作的高手之一。从技艺上讲，这部长篇写得很炫耀，也许有点过了。

傅小平：最近查资料读到你长篇小说的译者金亮写道，你曾经对他说，你写小说的时候，完成小说的故事只是个开始，真正的写作过程是反复地修改，直到同当初的立意相去甚远为止。我的问题是，为何改到最后，非得与当初立意相去甚远，这意味着什么？

哈　金：很多没看到的层次和联系在修改过程中渐渐清晰了，作品也就更丰富了。还有，语言也更精确了。修改的过程也是分析阐释的过程。

傅小平：我知道你写作会做修改，但真正认识到你会修改到何种程度，还是金亮这篇文章里写到，你为了寻找一个准确的动词，可以琢磨好几天。一本十几万字的长篇小说，每页稿纸你竟能修改上百遍！我就特别想了解，立意、字词之外，你还会修改些什么？又是什么让你这般有耐心，做如此精心的修改？

哈　金：有时改动了一个细节，有些别的地方也要相应地改动。我不是在每页上改数十遍，而是打印出来改，每稿改四五遍，用不同颜色的笔来做。但那是以前，现在都得在电脑上做，但最后我还是要打印出来，细致地在纸上改几遍。手稿文化已经过时了，大家都不写信了，现在的书写与二十年前完全不一样。也许这是好事。

傅小平：你的短篇小说集《小镇奇人异事》简体版，被冠以"哈金唯一一部自传性小说集"之名。但这部集子让我感触很深的，其实是你写人物心理的部分。我赞同有篇文章说的，你出色的心理描写为小说添色不少，比如《复活》中的鲁汉在面对审问时大段的独白真实地再现了他内心世界的矛盾和挣扎，《运》里面的父亲唐虎在得知儿子的名字与自己相克必须除之而后快之后的所思所想。这样的心理描写是偏离自传性的，但确实让你的人物刻画更为立体丰满。

哈　金：我曾在亮甲店那个小镇上生活十几年，歇马亭也是以那个小镇为原型的，但我从来没说这是自传。

傅小平：我觉得《耻辱》《英语教授》这样的小说里，倒可能有一些自传性因素。我特别留意这几篇小说，也因为感受到其中透出你陀思妥耶夫斯基式倾诉的欲望，我也能特别感受到你的某种激愤，还有叙述的激情，而你的小说总体上是极尽克制的。

哈　金：那几篇的确反映了我比较熟悉的知识界。知识分子跟别人没有什么不同，也会同样龌龊卑鄙，但他们的境遇应该是主要原因。

国外作家都没有安全感，写不出作品文学生涯就没了

傅小平：可能因为你是男性作家，当我读你第一人称叙事的小说时，会想当然以为叙述者是男性，其实《互联网之灾》等好些篇，你用的是女性视角。这其中是否包含了你叙事创新的一种努力？你写短篇给我感觉，在构思上很用心，也试图给读者以陌生化效果。

哈　金：我并没有刻意去做。其实，《背叛指南》只有一个女性叙述者。这都是根据故事的需要，认真思考后选定的。

傅小平：你在你自己翻译的《落地》序里写道："我一直坚持可译性是创作的准则，因为文学的价值是普世的。"但实际上，像李白的诗似乎是不可译的，读翻译成英文的李白诗歌很难找到中文诗里的感觉。当然你也许不只是在翻译层面上谈可译性，你多半是把思乡心绪的一部分倾注到了《落地》的译文中，以在母语中建立一个小小的"别墅"。我由此想到，大概翻译与乡愁是可以作为一个母题来研究的。纳博科夫不也在异国他乡翻译过普希金的诗？或许他就在翻译中融入了乡愁。你怎么理解？

哈　金：小说通常是可译的，但诗无法译，因为声音不同。而声音又是诗的本质。李白的诗翻译成英文，当然会失去很多，我尽力做的只是把译文做成诗。我说不准纳博科夫是否有强烈的乡愁，但他不太喜欢美国是真的。他自己并不说什么乡愁，而通常以描写自己的人物来表达生活的错位和流亡的悲哀。纳博科夫是很超脱的作家，并没有把俄罗斯当作生活中的太阳。

傅小平：说到翻译，你提到拉什迪的一个说法：翻译实际上是丰富的过程。你还举例说，英语世界里，契诃夫的作品几年就有一个译本出来。不过对于这样的名著重译，有些读者认为是一种资源浪费，而且过多的翻译也给读者选择译本带来困扰。

哈　金：这其实是英语文学界的一个优越资源，各种经典不断有新译文出现，给古老的著作赋予新的生命。我最近读了艾米利·威尔逊译的《奥德赛》，感觉焕然一新，好像荷马离我们并不遥远。在英语中一个新译本必须跟别的译本很不同，否则出版社是不会出书的——产品不好，怎样炒作都不会有销路。而且译者通常非常热爱译著，要做到与众不同，不敢粗制滥造，不会那样浪费生命。

傅小平：想到一个问题，你身处异域他乡，写的却大多是纯粹的中国小说，甚至带有比较浓郁的乡土气息，而且在这些小说里，基本不出现外国人的形象。实际的情况是，因为有切身感受，华裔作家的写作，会很自然地过渡到表现文化冲突的命题上来。

哈　金：开始只想，也只能写中国的事情。后来慢慢范围扩大了一些。文化冲突是大家都关心的题材，但我目前对它没有兴趣。题材跟作家本人的存在状态有关系，我并不觉得自己感受到很大的文化冲突，可能是因为我甘愿生存在边缘。最终，优秀的作家必须有不同的眼光，看问题独到，如果谈论同样的问题，你说得与众不同，而且有道理，大家就会认真听。关键要努力做到"飘然思不群"。

傅小平：国内作家要是获得国家级的茅奖、鲁奖等重要奖项，基本上相当于功成名就，你频频获得主要的文学奖项，是不是意味着写作就有了很好的安顿？

哈　金：国外的作家都没有安全感，写不出作品你的文学生涯就没了。有些大作家最后连书都没有人给出。最近我读过一位曾经负有盛名的小说家的自传，是一家非常非常小的出版社出的，虽然书写得漂亮极了。国外的小说家基本上是独来独往的，纽约上州住了一些作家，从来不跟外界来往，只是出书时露一下面，做做宣传，平时只专心写作，有的十几年也听不到动静，还有的作家出书时也不跟外界打交道。

傅小平：长年身处海外的作家，在写作中回望故土，一定包含了特别复杂的人生况味。该怎么体会你和故土的精神关联？

哈　金：故土是自己过去的一部分，必须承受，也无法放下。同故土有联系是好事，能让自己看问题有不同的角度，别人也喜欢你有独特的看法。

傅小平：你最初怎么想到用英语进行创作的？

哈　金：我选择英语写作是因为当时连教汉语的工作都找不到，由于没有汉语的学位。

过去是现在的一部分，一旦上了路，就只能往前走

傅小平：说到以非母语写作的作家，会自然想到康拉德和纳博科夫。他们以非母语写作，却形成了独特的文体。事实上，即使以本民族语言写作，在文体上有所创造，也有相当的难度。这种反常和极端的写作，有可能是催生文体创新的一个动因吗？如果说一种语言代表了一种思维，那英语又怎样影响了你的文体？

哈　金：要做好任何一件事都是难的，用母语写作的作家同样有很多难关。语言并不决定个人的思维，虽然用英语写作就要用英语思考，也要有英语文学传统的意识。我认识的人中有懂十几种语言的，但他们并不智力过人。至于非母语写作能催生文体创新的说法，那有些太浪漫，有几个人曾做到？光花在掌握一门语言上的功夫就要以十年为单位来计算，人的一生有几个十年？我还是那句话，最好用你的第一语言写作。某些人用外语写一两本书也许不太难，但要走得长远，是要付出超人的劳动的。小说家最宝贵的财富是青春年华，要想写出里程碑式的书，动笔要趁早。

傅小平： 在美国，作家在大学任教是一个比较普遍的现象。那么，教学工作是否对你的写作产生影响？

哈　金： 教书对写作的影响主要是要占用很大精力，但教书能给作家们一个稳定的收入，让他们不受制于图书市场，专心写自己要写的作品。另一方面，大部分长篇小说家不愿意教书，许多大学想雇用长篇小说家，但雇不到。我教过书的埃默里大学的原副校长，有一回给大家看了他对学校的"如意算盘"，其中有一条是学校将拥有一位具有全国知名度的长篇小说家。二十年都快过去了，他们还没找到那样的人。对我来说，教书还有几个好处，教文学会常常提醒自己什么是真正的文学，跟年轻作家打交道会知道他们在想什么、写什么，使自己不孤陋寡闻。我们住在乡下，非常安静，这一点我十分珍惜。对于有些作家来说，大学也是言论自由的最后堡垒，所以他们很多人都在大学里教书，也使自己的生活稳定下来。

傅小平： 印象中，你对村上春树和波拉尼奥持比较高的评价。有意思的是，这两位作家都偏重国际性，而非民族性。你个人写作在国际性与民族性两方面有何偏重？我看到有文章说，你的博士论文就写的奥登、庞德、艾略特、叶芝等英语现代诗中的中国文化素材，你大概很早就开始探索如何在这当中走一条自己的路，你觉得现在走成了吗？

哈　金： 我没有什么大计划，只是想把书一本一本做好。当然，即使写的是中国题材，也应该设法跟世界别的地方和文化有联系，让故事有普世的意义。村上的句子和段落写得很好，而波拉尼奥的力气很大。这些都是我看重的，但我并不对他们的方法和角度有兴趣。他俩都有自己的局限,都不是我心仪的大作家。

傅小平:你在李白传记代后记里提及,英文写作最困难的地方是怎样在"成功"之后仍能不断地写下去。你在接受采访时也说过一句:"在中国,人们讲究才华,在这里,能量才是关键。"这些话,我读了有启发。打个比方,要从能量上讲,美国同时代作家里,罗斯就要比厄普代克大,因为罗斯源源不断地写出高水准的作品。但问题就在于该怎样保持能量不断写下去?你今后还有什么样的写作愿景?

哈　金:罗斯是大作家,完全沉入写作中。对我来说,他是英雄,是榜样,我希望能像他那样倾心地写作,把生命和写作融为一体。我正在写一系列长篇,但愿能完成这些书。

高尔泰

过去了的事，就让它过去

高尔泰，1935年生，1992年出国，美学家、画家、作家。曾在敦煌文物研究所、中国社会科学院、兰州大学、四川师范大学、南京大学等高校及研究机构任职。著有美学著作《论美》《美是自由的象征》及散文集《寻找家园》《草色连云》等。

写作是对漂泊感和无意义感的抗拒

傅小平：读《寻找家园》，于我是在分享一种至为独特的生命体验。在我的感觉里，这本书是安静的、纯净的，却充满了激情和力量；它是通体敞亮的，却遍布阳光透过树林间隙在地上投下的斑斓的色彩；它的姿态是沉郁而又内敛的，却有着强大的磁场。在某种意义上，这称得上是一本用心血淬炼成的"失败之书"，也是见证一个注定不可复制的个体精神历程的"磨难之书"。我还能想到的两个极端意象是，它像是鲁迅所说的"地火在地下运行"，但最终抵达了海德格尔所言的"澄明之境"。特别想知道你是在怎样的状况下写作这本书的，隔了这么些年，又如何看自己写下的这本书。

高尔泰：对我来说，所谓寻找家园，无非就是寻找意义。出国后，谋生不易，有一次记者来访，问我有没有"得到了天空失去了土地"的感觉？我说没有，从来不曾拥有的东西，不会感到失去。所谓不曾拥有的土地，只是个比喻。人生短暂渺小，它的意义，只能植根于身外大的世界和长的历史。我的漂泊感和无意义感，也就是一种世界没有秩序、历史没有逻辑、个人没有着落的感觉，似乎宿命。我写作，无非就是对这种宿命的抗拒。这个意思，在书的序言中，好像说到了一些。你问我隔了这么些年怎么看这本书，我说，回头看去，它就像一棵植物，在盐碱砂石里长出，自然而然地，就在那里了。它所能得到的，一切阳光雨露的滋润，都来自中国民间。我因此也触摸到了，"祖国"这两个字的深层意义。

傅小平：从汉语写作的角度看，《寻找家园》可谓另类。这本书消解了经历过极端年代的人写作中难以剥离的革命语调。它没有近年被捧得很高的木心散文中处处透出的那种"民国范"，也不见有近年汉语写作中俯拾即是的"翻译腔"。如若找寻渊源或许可以追溯到古代洗尽铅华的汉语写作一脉。所以，崔卫平说你借以写作的是"当代《红楼梦》般的汉语"。想听你说说，你从哪里习得了这样的文学素养？除了文学阅读，你的绘画训练和哲学思考，是不是也对你的写作产生了很大的影响？何以你的写作会和你身处的时代氛围拉开这么大的距离？

高尔泰：这些问题，我先前没有想过。要说影响，我想最大的影响，该是古汉语吧。童年时代，在那个闭塞的山村里，父亲给我的最初的教育，就是古文。许多东西，觉得好得不得了，到现在都背得来。这个影响，是看不见的。绘画也是，但不是什么画都是。商品画是商品，宣传画是宣传，装饰画是装饰。这里所谓绘画，纯粹是心灵的表现。点、线、色彩和点线色彩的符号——文字，无非表现的媒介。符号操作与视觉操作，概念运算和意象经营会互相影响，也会互相制约。在《画事琐记》中，我提到过苏联式技术训练怎样改变了我的感觉思维方式，那是在技术层面上说的、一种精神奴役的效果。所以我也不敢说，和当时的时代氛围，拉开了多么大的距离。当然也有一些距离，那可能和我从小到大被孤独、被局外人的经历有关。也可能和性情古怪，难以归类，不便管理有关。

傅小平：《寻找家园》一个很突出的特点，就是朴实而细腻。我想这很能体现你的美学观。在早年的《论美》中，你曾写道："最朴素的语言，就是最美丽的语言。"另外就这本书的题材而言，你在繁体版自序中说，称为自传、回忆录等都不恰当，相比而言，把它归为"散文"比较合适。不妨结合你的美学观，谈谈对散文的理解。

高尔泰：散文的特点是散，比较随意，可以论政，可以议事，可以写景，可以抒情；可以讲故事、说家常；可以形而上、形而下；也可以是这些的融合；可以长，可以短，也可以没有严格的逻辑结构。《庄子》有个大的理论框架，《史记》有个大的历史顺序，但如果从中挖出一小段，独立地看，也有可能是一篇很好的散文。我天性散漫，有一种对于结构、体系之类刚硬框架的恐惧，总觉得那就是老子说的"坚强者死之徒"。喜欢散文，也是天性使然。我作文，力求"不隔"。"不隔"的理想，是王国维提出来的，比如"池塘生春草"，比如"空梁落燕泥"，没有典故，没有藻饰，没有感叹号，没有可有可无的字，读之如在目前，那就是不隔。我所谓的朴素，无非就是那个。这不是说我已经做到了那个，而是说我这样要求自己。

美的追求和人的解放，不可分割

傅小平：在《论美》一文中，你写道："在文学和艺术的领域中，诗占着一个非常特殊的地位，和美一样，诗也是一种感受，不过它比美更深微，更复杂，更辽远。"你还写道："语言愈朴素，它就愈接近于真。"这些观点你都点到即止，没有展开论述，也就给读者的理解留下了空间。我想，你所说的"诗"该是不能等同于"诗歌"的，和当下流行的滥俗的诗歌更是差之千里。但"诗"是否包含了"诗性""诗意""诗化"等意思？国内学者刘小枫考察19世纪德国浪漫派文学传统，还写过一本题为《诗化哲学》的书。该怎么理解"诗"这个经常被误用的词，是我特别想求教于你的。

高尔泰：狭义的"诗"字，只是指某种文体。有文体，不等于就有诗。我们讨论的是，这个文体以外的"诗"字，具体是指什么。我的理解，所谓诗的境界，是一种特定的情境，它来自特定的感觉方式和思维方式。一个伟大的诗人，比如杜甫，不管走到哪里，所见无不是诗。"一卧沧江惊岁晚，几回青琐点朝班。"世界上没有比"青琐点朝班"更庸俗的事情了，但是放在"一卧沧江"之下，就有了浓浓的诗情。把这诗情表现为文字，是诗人的本事。把这文字复活为诗情，是读者的本事。

傅小平：我特别想到歌德的自传《诗与真》。之所以有这样的联想，是因为你在谈论"美"时，绝少提到"真"。你提到"爱与善是审美心理的基础"，也"应当是批评的原则"。但在我们惯常的理解里，真善美是"绑"在一起言说的，也可以说从真到美是一个递进的序列。我不知道把"真"赶出美的疆域，是不是因为你对"真"抱有一种特别的不信任？对此，你一定有自己的思考。

高尔泰：真善美三者，是一个完美的圆，任何一个都不可或缺。自然科学家们公认，一个物理公式，或者一个数学方程，都有美不美的问题。如果不美，就意味着不正确。在这里，"正确"一词，可以解释为"真"，也可以解释为"善"。猎豹奔跑的姿势很美，这个"美"，意味着速度（不美影响速度），同时也意味着，对于猎豹而言的"真"或者"善"。社会现象比较复杂，道理是一样的。80年代我发表过一篇文章《美感与快感》，专门谈这个问题。里面"最佳存在方式"一词，可以解释为"真"，亦可以解释为"善"。

傅小平：以我的理解，在20世纪50年代和80年代的两场美学论争中，都把你的美学观斥为"主观唯心论"，是一种偏执的理解。因为实际上，你没有否认"存在决定意识"的根本前提。只是在美学范畴里，你高扬"主体意识"，其意义也不只局限在美学领域，更带有思想解放的色彩，有强烈的时代感和现实关怀。所以，你倡扬的美学，某种意义上是为人生的美学，实践的美学，关于人的处境的美学，与那些从概念到概念的空泛的美学有根本区别。而"唯物""唯心"的两分法，从当下语境看，着实不如强调"唯真""唯实"来得实在。时过境迁，你对当时的美学观有何新的理解？

高尔泰：我首先强调的是，"把人当人"。对于我来讲，美的问题和人的问题，是一个问题。前者是从属于后者的。所以《美是自由的象征》的第一篇，是《关于人的本质》，那以后关于异化理论和人道主义的思考，都是从这里来的。美的追求和人的解放，不可分割。所以我常常强调，美学是哲学的内隐框架，美的哲学是人的哲学的核心部分。80年代我发表过一篇两万多字的文章《什么是哲学》，对这个问题，讲得比较具体。现在曾经沧海，看惯了世事如棋，比较能沉住气了，但是仍旧认为，美的追求和人的解放，不可分割。

傅小平：我个人感觉，在美学范畴里，主体意识是怎么强调都不为过的。问题是怎样保持所谓主体意识，所谓美感的纯粹性。我们置身的现实常常是，我们"感受"到的美，并不是由心而发的、自己所能发现的独特的美。多半是被教材、广告等媒介刻意塑造起来的美。因此，多少庸俗的事物，借着发现和追寻美的名义得以到处流传。对当下的美学处境，你是怎么看的？

高尔泰：我所理解的主体意识，实际上就是个体意识，或者说自我意识。这种意识，完全独立于那种没有个体自我的群体意识。过去的群体意识，是做齿轮螺丝钉"驯服工具"；现在的群体意识，是追星跟潮流合群而大，思想感情都是外包的。两种群体意识的共同点，就是没有自我。失重不等于自由，跟风不等于审美。在众多的声音之中，附和最大的声音，虽然是自由选择，仍然是没有自我的。我们只有确立真正的主体意识，才有可能在今天的眼花缭乱之中，找回失落的自我。

傅小平：作为美学家，读者一般会把你和李泽厚联系起来说。让我印象最深的是，你提到，李泽厚否认当代美学领域意见多于三种，否认美学领域存在政治斗争。你当时觉得不可思议，后来又无心再理会。作为读者，我也有些不理解，美学领域在当时的确存在很多争论，为何意见没有多于三种？感觉上，这像是李泽厚的即兴和率性之辞。我觉得这似乎很可讨论。

高尔泰：过去了的事，就让它过去吧。至今我仍然感谢，当年他把我从兰州大学哲学系，借调到社科院哲学所，我得以在北京，度过了关键的三年。

傅小平：现在想来，不管80年代人文学者之间有着怎样的分歧，各种各样的争论都是在相对平等而开放的环境里展开的。而且那时学科之间没那么壁垒森严，各界之间也有很多的相互交流。比如你当年还曾呼唤钱学森等人介入美学讨论。而说到美学，如果说当下有多么的寂寥，就可以说那时有多么的生气勃勃。所以现在很多人都在怀"80年代"的旧。我看到李陀对80年代下了一个定义说，那是一个思想非常活跃的时代，可也是一个见识相当肤浅的时代。回望80年代，你想必很有感慨。

高尔泰：我真的很感慨。在那个曙光乍现的时分，一下子有了许多具有意义的议题。从人的价值、真理的标准、生活的意义、生产的目的性等的讨论，到物理学与美学的探索，都很深刻尖锐，激活了权利意识，开拓了精神空间，触及了问题的实质。思想解放带来的，不仅是人的觉醒、学术思想的深化，还有新潮诗歌的高扬、新潮美术的崛起，以及文学写作的多元化……都标志着，那是一个生机勃发的年代。

傅小平：读你的美学论著，我止不住想做一个假设：假如你依然置身于国内的语境，你很可能会继续这样的"美学散步"，你的美学观也很可能会有更为持续而深远的影响。当然这只是假设,你似乎从来不屑于做体系性的建构,而且也反对对美学规律乃至任何规律的追寻。如此,你的美学观是"羚羊挂角,无迹可求"的,你只是给出了线索,却没有指明道路,想必普通读者很难进入你的美学情境,和你一起设身处地去探寻、去思索。所以即使你继续美学探索,你的思考也很可能只是"空谷足音"。你自己是怎么理解的?你是否因此感到过知音难觅的孤独?

高尔泰:我总是直蹿直伏,很少能够"散步"。除了《美的追求与人的解放》,我真正专门谈美,始于《美感与快感》一文。本想作为提纲,深入摸索一下。但是看了几篇新小说,情不自禁地,又写起文学评论来。接着卷入了文学问题的争论。这种情绪化的做派,只能说明,我不是一块做学问的料。

我之所以为我,只能说是上帝掷骰子

傅小平:出于你艰辛磨难的人生经历,国内不少人称你为"当代中国难得的奇人"。个人感觉,作家徐晓写的一段话或许更准确地刻画出你的精神形象:"他控诉,但不止于个人的悲苦;他骄傲,但同时也有悲悯;他敏感,但不脆弱;他唯美,但并不苛刻。"事实上,你本人无意强调自己经历的磨难,而且你以平常心进入《寻找家园》的写作。在书中,你也写到自己的不堪,比如对常书鸿的亏欠等,你也写下了自己真诚的忏悔,并由此反复表达了对生命的感激之情。我想知道,你从何处获得了这种无所怨悔的向上之气?

高尔泰:我们生逢一个快速变化的时代,一切都是意外的、被动的、无从掌握的。你问是什么导致了我之所以为我,我只能回答说,上帝掷骰子。

傅小平：我想，当徐晓形容你是"来自另一个世界的孩子"的时候，她实际上想说的是，你拥有为"这个世界"所罕见的高贵品质，以至于感觉你是你处身的这个世界里的异乡人。这让我想到尼采"瞧，这个人"的自叹，你大概是当得起这样的一声感叹的。能否说说你是怎样深刻体认到自己"时时刻刻"的处境，并力图有所超越的？与你的精神境界形成鲜明反差的，是你自觉并不太强的现实生存和适应能力，尽管这一强一弱可能恰恰体现了你人生的智慧。因此更想知道，你所能依恃的最可宝贵的品质是什么？

高尔泰："可贵品质"四字，我万不敢当。懵懵懂懂，而能够死地生还；生存能力很差，而能在滚滚红尘之中拥有小小一方清净；索居独处杜门谢客，而能在遥远故土拥有那么多真诚的朋友和陌生的知音，都无关毅力智慧人格，我只有感激命运。

傅小平：在我的感觉里，你是一个真正的理想主义者。之所以要强调是"真正"的，一方面是因为你似乎不曾为虚假的理想裹挟着踉跄向前，而且你不像很多人一样经历过虔诚的信仰期，恰恰相反，你很多时候是先知先觉的，另一方面，你一定体会过深刻的虚无。你有很多的"不信"，但你始终是有所信的。那你信的是什么？你又是如何持有这种"信"的？

高尔泰：我有时候很羡慕那些虔诚的宗教徒，他们因为有信仰，生活得比较踏实，也比较省心。而我没有宗教方面的信仰，没有信仰，意义虚无，空虚感导致窒息感，不得不用写作来呼吸。这本书写了十来年。开头是手写的，后来才学会用电脑来写。心灵是活的东西，无法在一个点上停留。十来年间，心情是有变化的。

事实"去蔽",得靠独立客观的调查

傅小平：前些年,你和萧默先生有一个争论。这场争论最后演变为人格高下评判的意气之争,着实有些遗憾,相信孰是孰非自有公断。但涉及"记忆与反思"这样一个话题,其实是可以往制度、文化等更深层面开掘的。遗憾的是,类似争论总是过多停留在人事纠葛上。事实上但凡是人,他的记忆都不可避免地带有选择性。某一方面的敞开,都可能造成对另一方面的遮蔽。任何建设性的论争,其实都应该起到去蔽的作用,从而推进反思一步步走向宽广和深入,你以为呢？

高尔泰：事实的"去蔽",不靠记忆,靠独立客观的调查。有事实,才有认知和反思,才可以有个根据,来讨论建设性的问题。

傅小平：你流传甚广的名言,美是自由的象征,我最早是听大学里一位老师说起的。说实在的,当时并不怎么理解,但它深深打动了我。这倒不是因为它比"美是道德的象征"之类的说辞更有说服力,而是因为我能感觉到,这句话里融入了你至为深刻的生命体验。某种意义上你是一个自由思想者。然而你经历的处境,可以说是最不自由的。所以,我总感觉你所追求的"自由",并非"张扬个性"这么简单,还包含了"活得最真、活得最多"的意味。你是怎么理解"自由"的？

高尔泰："自由"这个词,能动多义。我所理解的"自由",作为哲学概念是叙述词,和"必然"相对应；作为政治概念是价值词,和"奴役"相对应；作为艺术概念是动词,和"守旧"相对应,与"创造""突破"同义。总而言之,我把"自由"二字,看作"他由"的反面。什么是"他由"？用现在的话来讲,就是一个"被"字。

傅小平：另外，在你的书里，很少读到对人的批评和苛责，更多的是为你同时代人回忆过往时特别可贵的善意的同情和理解。可以想见，这是建立在对人性的体察的基础之上的。我想知道，宽容或是宽恕，对你来说意味着什么？

高尔泰：宽容是强者的特权，弱者如我辈，没资格谈宽容。你所说的宽容或者宽恕，对于我来说，只是一种对别人的理解，包括对敌人的理解，这是我力求做到的。

傅小平：从《寻找家园》里，大体是能读出你"美的踪迹"的。你青少年时期的成长同样充满艰辛，但你的个性是自由发展的。这里面有你身为教育家的父亲高竹园先生的深刻影响，虽然他也劝阻你不要把绘画当成志业，但并不阻碍你往这方面发展。这其中也有当时教育给人留下了很多空隙的原因。联想到蔡元培等人曾经倡导的"以美育代宗教"的教学理念和思想主张，真是感慨良多。你是怎么理解这种理念的？你认为怎样才算好的教育，理想的教育？

高尔泰：非常感谢，你提到我的父亲。他的确是一位杰出的教育家，只是被战争的烽火和战后的动乱所埋没，许多理想没有实现。他教我的东西，有些已不合时宜了。我后来吃的苦头，多与他的教育有关。联系到蔡元培先生"以美育代宗教"的理想，现在看来，很可能要等很久才有可能实现了。

傅小平：《寻找家园》给人很深印象的，还有你写到绘画对你一生的影响。尽管最初父亲不支持，但恰恰是绘画给你带来了一生的福祉。而写作却让你遭遇了很多磨难。你现在以美学家、画家和作家知名，你最认同哪一个身份？

高尔泰： 一辈子东奔西跑，很难"专门"什么。我学的是画画，在国内画政治宣传画，确实救了我一命。在国外画宗教宣传画，也确实为我打下了一个安身立命的基础。但是画那种画，精神上很痛苦。如果我不痛苦，受得了，早就发财了。画了些想画的画，自己很喜欢，但是不懂如何操作买卖。写作同样是心灵的需要，但是稿费很低，有等于无。我们生活很简单，也只能说一句，性格就是命运。至于认同哪一个身份，我实在说不上来。

个人自由幸福，才是一切的终极目的

傅小平： 无论是《寻找家园》，还是别的文字里，都不怎么看到你详写在美国生活的经历。偶尔写到，基本上也关乎国内的现实。在《画事琐记》一文中，你写了被国内一位已故大诗人的女儿骗取信任开办画展的事，尽管只是淡淡地记录了整个过程，但字里行间隐现的悲凉之感，还是能感同身受的。你一直关注国内艺术发展的状况，诚如你自己在书末尾说到的，你依然是纯中国的。你果真相信"越是民族的就越是人类的，越是古典的就越是现代的"？书里的最后一句"我们的许多故事，也都是笨出来的"意味深长，怎么理解？

高尔泰： "越是民族的就越是人类的，越是古典的就越是现代的"这句话，我相信后半句。如果一个人面对古代的东西，比如原始洞窟岩画、埃及法老陵墓或者希腊神庙，只能看到它们的考古价值，看不到里面至今活着的审美精神，那么这个人，不足以与之谈人文。如果一个人读了释迦牟尼、柏拉图、老子、庄子、李白、杜甫，说是"至今已觉不新鲜"，那么这个人，不足以与之谈历史。雅斯贝尔斯说得好，古人的许多东西，至今没人超越。在这个意义上，它们很现代。但是这么说，又牵扯到历史是不是在进步，和什么是历史进步尺度的问题。我觉得归根结底，科技、制度等，都只是手段。个人的自由幸福，才是一切的终极目的。只有个人自由幸福的程度，才能作为历史进步程度的标志。如果电子时代钱淹脚背的人们，生活得不比农耕时代幸福，那么古典和现代之间，就不会有明确的界限。

傅小平： 在《寻找家园》繁体版自序中，你写道：对于我们来说，做"人"就是叛逆，做"人"就是漂泊，做"人"就是没有故乡。"在那之前很久，我早已在内在流亡的途中，把一切都看作了异乡。"但你分明还在执着地寻找着家园。那你是否已找到了家园，抑或依然在寻找的路上？或者不断寻找和找寻不到，都是你注定要承受的深刻悖论，你明了只是用这一生去寻找就已经足够？

高尔泰： 何为"家园"？很难说。先抽象一点儿说吧。我们都来自宇宙混沌，或者说来自大自然，本身就是自然物。但是现代生活，或在线上，或在卡上，离自然已很遥远。窗台上放一盆植物，就像靠近点什么；假期到海边或者动物园里转转，就像透一口气。一个监狱里的犯人，在牢房里发现一只蚂蚁或者一叶小草，都会非常喜悦欣慰。这种喜悦欣慰，就是家园之感。现代人有意无意，都在寻找。悖论与否，顾不得了。